Trincheiras da crítica literária

O crítico José Veríssimo nos circuitos jornalísticos da *belle époque* carioca

Rachel Bertol

*"Tem sempre estado entrincheirado e chega
a meter medo à enorme tribo dos palermas literários".*
Sílvio Romero, *Zéverissimações ineptas da crítica*, 1909, p. 14

*"Nós estamos na idade da crítica,
como já estivemos no período da poética".*
Graça Aranha, *Revista Brasileira* (tomo XIII, p. 198), 1897

*"Estamos todos eletrizados; não passamos de condutores elétricos,
e o jornalismo é a bateria que faz passar pelos nossos cérebros,
pelos nossos corações, essa corrente contínua".*
Joaquim Nabuco, trecho do discurso de inauguração
da Academia Brasileira de Letras, 20/07/1897

*"É o senhor José Veríssimo o único dos nossos críticos que
acompanha o nosso movimento literário passo a passo [...].
[Veríssimo] oficia todos os dias, e é com ele que os autores contam".*
Antonio Salles, "Estudos de literatura brasileira",
Correio da Manhã, 06/01/1903, p. 1

"A crítica atual é a informação e a reportagem".
João do Rio, em *O momento literário*, 2019 [1909], p. 39

**Para Heloy Fornari Bertol,
com muitas saudades**

Prefácio

José Veríssimo foi um dos maiores críticos literários do seu tempo. E foi também um importante homem de imprensa. Esse perfil híbrido não era uma particularidade sua, mas uma característica compartilhada como outros profissionais com quem conviveu no Rio de Janeiro, então a capital da República. Na verdade, no final do século XIX e no início do XX, a crítica de literatura se fazia nas redações dos principais jornais e revistas do país e era considerada uma atividade de grande prestígio na cultura jornalística de então. *Trincheiras da crítica literária*, livro de Rachel Bertol, fala sobre essa intrínseca relação entre literatura e jornalismo no Brasil da Primeira República, a partir da trajetória exemplar de José Veríssimo. A autora lança um olhar sobre o crítico que difere do usual, focando justamente na sua atuação em periódicos e buscando destrinchar todo o complexo circuito cultural e comunicacional em que sua prática se inseria. Com sensibilidade e acuidade, desvenda os mecanismos da crítica na imprensa e, ao mesmo tempo, analisa o jornalismo da época. Une perspectivas próprias da literatura, da história e da comunicação, lançando um olhar inovador para o assunto. E esse é apenas um entre os muitos méritos do seu trabalho.

Rachel Bertol desenvolve um primoroso trabalho de pesquisa. A partir de documentos inéditos, apresenta uma face de José Veríssimo pouco conhecida. Mostra, por exemplo, como o crítico foi um dos propulsores do movimento intelectual que levou, em 1897, à criação da Academia Brasileira de Letras. E demonstra como, nesse processo, foi determinante sua atuação à frente da *Revista Brasileira*. Os documentos encontrados revelam que a publicação não foi criada de forma amadora, como muitos pensam, mas por meio de uma sociedade em comanditas, baseada em preceitos profissionais que Veríssimo queria ver realizados.

PREFÁCIO

Foi na Oliveira Lima Library, em Washington, que Rachel Bertol encontrou alguns documentos, como recibos assinados por Veríssimo, essenciais para entender o papel da *Revista Brasileira*. Lá, a autora se deparou também com cerca de 180 cartas do crítico, enviadas ao longo duas décadas, ao diplomata Manoel de Oliveira Lima. O material foi todo transcrito e serviu de eixo para muitas reflexões desenvolvidas no livro.

A pesquisa também se baseou em material epistolar preservado na ABL, com destaque para a correspondência com Mário de Alencar, filho de José de Alencar, que ficou bastante próximo de Veríssimo após a morte de Machado de Assis. A consulta a esse material e a outras coleções – como as cartas do próprio Machado, de Euclides da Cunha e de Graça Aranha – forneceram subsídios fundamentais para a compreensão dos circuitos comunicacionais da chamada *belle époque*. Rachel Bertol fez ainda uma investigação de fôlego na hemeroteca da Biblioteca Nacional e encontrou, na materialidade discursiva dos periódicos, pistas importantes para suas reflexões.

A autora mostra como a crítica literária se constituía, na época, em meio a modelos de jornalismo em disputa. É nesse contexto que entra em cena João do Rio, como oponente de José Veríssimo. A pesquisa traz informações importantes sobre o embate entre os dois homens de imprensa e sobre o motivo, até então pouco conhecido, da saída de Veríssimo da ABL. O episódio transcende a dimensão biográfica dos dois personagens e aponta para questões mais amplas relativas a um mundo cultural em transição.

Se João do Rio foi um opositor de Veríssimo, Machado de Assis foi seu maior aliado. Era grande a proximidade e cumplicidade intelectual do crítico-jornalista com o autor de *Dom Casmurro*. Veríssimo lutou por sua memória e, até o fim de sua vida, se manteve fiel ao amigo, que considerava o maior escritor brasileiro de todos os tempos.

Um elemento central da análise de Rachel Bertol, pouco explorado por outros autores, diz respeito à relação indissociável entre o jornalismo, a crítica literária e o debate de ideias. A preocupação de Veríssimo em formar públicos e a "opinião pública" brasileira, acentuada por sua vocação pedagógica, foi constante em sua trajetória.

TRINCHEIRAS DA CRÍTICA LITERÁRIA

Em muitos momentos ele trabalhou em jornais oposicionistas e fez das redações o lugar principal de suas lutas políticas, sociais e estéticas. Praticava um verdadeiro jornalismo de combate. Por isso, a autora escolheu o termo "trincheira" para organizar os capítulos da segunda parte do livro, em que trata dos periódicos onde ele atuou.

A primeira trincheira de Veríssimo foi o *Jornal do Brasil*. Ele trabalhou no periódico na época em que Joaquim Nabuco foi seu diretor de redação. O jornal era, então, monarquista, e Veríssimo, republicano. Mesmo assim, o crítico sempre se lembraria daquela redação com saudosismo, lamentando que os jornais estivessem perdendo o caráter de propulsor de grandes debates e se voltando mais para a reportagem e a crônica. A segunda trincheira foi a *Revista Brasileira*, sobre a qual já falamos. A terceira e a quarta foram o *Correio da Manhã* e *O Imparcial*, ambos jornais recém-fundados. A imprensa republicana se formava, e Veríssimo participou ativamente desse momento palpitante da história da imprensa brasileira.

Nesse contexto, merece destaque a relação de Veríssimo com Lima Barreto, composta por Bertol a partir de fragmentos que juntou aqui e ali. Ao contrário do que normalmente se afirma, Veríssimo reconheceu a qualidade literária de Barreto, e o escritor nutria grande gratidão e respeito pelo crítico. Os dois tinham algo em comum, afinal. Ambos vinham do subúrbio carioca e não das áreas mais abastadas e nobres da cidade, como a maioria dos homens de letras de então.

Não é possível falar de Veríssimo sem citar também Euclides da Cunha. A relação entre os dois foi profissionalmente importante para ambos, mas contraditória do ponto de vista pessoal, como mostram as cartas a Oliveira Lima. Veríssimo foi responsável por consagrar Euclides no circuito editorial. Escreveu, em dezembro de 1902, o primeiro texto sobre *Os Sertões*, publicado no *Correio da Manhã* não no rodapé, como alguns acreditam, mas com grande destaque na primeira página do jornal. Esse artigo foi provavelmente o mais importante da carreira do crítico.

Trincheiras da crítica literária permite que conheçamos melhor as engrenagens da imprensa na virada do século XIX para o XX. A literatura, naquele contexto, ainda ocupava um espaço central na vida cultural da intelectualidade brasileira, fazendo circular

PREFÁCIO

ideias, disputando e negociando sentidos e produzindo sociabilidades. José Veríssimo é personagem riquíssimo que permite a entrada nesse universo. Ele foi o crítico literário de maior presença e atuação na imprensa na Primeira República, ao lado de Sílvio Romero e Araripe Junior.

Hoje, no contexto das mídias digitais e em rede, quando tanto se discute o papel do jornalista, uma pesquisa histórica cuidadosa e sensível como a de Rachel Bertol nos mostra que a profissão, na verdade, sempre foi um campo aberto à batalha dos sentidos. José Veríssimo se dizia jornalista e, ao mesmo tempo, crítico literário. Ele trabalhou muito pelo reconhecimento de sua prática, entendida como profissional e como instrumento de lutas, debates e mobilização para causas. E, para ele, essa dubiedade nada tinha de contraditória.

Por fim, vale destacar o uso criativo que Bertol faz da obra de Friedrich Kittler, que mostra a potência da vertente de estudo alemã no campo das teorias das mídias hoje. O conceito de *redes discursivas* do pensador foi fundamental para a compreensão do contexto investigado e de muitos impasses vividos por Veríssimo no cotidiano, assim como para o entendimento de certos anacronismos da sua atividade. O olhar voltado às engrenagens das mídias – suas dinâmicas internas, como sugere Kittler – nos ajuda a pensar sobre aquilo que pode ficar deslocado no complexo tempo da história.

——

Ana Paula Goulart Ribeiro é professora da Escola de Comunicação e do Programa de Pós-Graduação em Comunicação e Cultura da UFRJ.

Sumário

PRIMEIROS PRESSUPOSTOS

1.1 Deslocando o olhar	13
1.2 Uma forma duplamente derrotada e maldita	14
1.3 O código da crítica (uma proposta de estudo)	18
1.4 O vapor das cartas: fontes primárias	21
1.5 Trincheiras e retratos	25
1.6 Leitor ideal de Machado de Assis e o 'humour'	29

PRIMEIRA PARTE

Capítulo 1: O personagem, as circunstâncias

1.1 De Machado a João do Rio. A decadência da crítica e a invenção do rodapé	33
1.2 Esferas memoráveis	40
1.3 Quem tem medo do impressionismo?	48

Capítulo 2: O tempo

2.1 Máquina de escrever	59
2.2 Instantâneos	63
2.3 Escalas	76

SEGUNDA PARTE

Trincheira 1

1.1 No *Jornal do Brasil*: um crítico jornalista	87
1.2 O jogo da estátua	105

Trincheira 2

2.1 *Revista Brasileira*: uma sociedade em comanditas	111
2.2 Segunda fase	143
2.3 Um circuito intenso	147

Retratos

3.1 Breve querela transnacional ainda sobre a *Revista Brasileira*	161
3.2 América Latina	163

Trincheira 3

4.1 *Correio da Manhã*: novo jornalismo, nova literatura	167
4.2 Aranha, companheiro inestimável	181
4.3 *Os Sertões* e a guerra da linguagem	187

Retratos

5.1 *Kósmos*: o luxo carioca	207
5.2 Memória machadiana	208
5.3 Lima Barreto	210
5.4 *Zéverissimações*	213
5.5 A manobra de João do Rio	216

Trincheira 4

6.1 *O Imparcial*: um combate apaixonado	219
6.2 Velho Bruxo	232
6.3 Futurismo	237
6.4 Guerra	242

CRÍTICA VS. REPORTAGEM: POR FIM — 255

Referências bibliográficas — 258

Nota final — 271

Primeiros pressupostos

1.1 Deslocando o olhar

Este trabalho busca investigar os circuitos comunicacionais relacionados à crítica literária na imprensa a partir da atuação de José Veríssimo Dias de Matos (1857-1916) em periódicos cariocas da Primeira República. "Homem de letras", como ele próprio se definia, o crítico surge aqui também como "homem de imprensa", com uma atuação intensa em jornais e revistas da capital ao longo de 25 anos, até sua morte. É preciso lembrar que a crítica literária foi uma instância de bastante prestígio na cultura jornalística no século XIX. Em sociedades profundamente identificadas com a literatura, o crítico era visto como aquele que detinha os códigos da criação literária. Assim, podia dispô-los de modo a ordenar o cenário cultural, no qual a literatura era central, e costumava concentrar em suas mãos poder e prestígio.

Como para quase todo "homem de letras" oitocentista, trabalhar na imprensa era atividade regular comum. Veríssimo é considerado o introdutor no país de primeiras noções de teoria literária, a partir de seu trabalho essencialmente jornalístico, o que indica a vitalidade de sua trajetória (ver SOUZA, 2015). No entanto, seus escritos costumam ser lidos de forma destacada do meio em que primeiramente foram publicados. Embora possa haver boas exceções, essa clivagem entre texto e meio, verificada para o caso dele, caracteriza boa parte dos estudos literários sobre crítica. O primeiro sentido da pesquisa, portanto, é contextualizar as críticas na materialidade comunicacional.

Esse deslocamento implica situar o crítico nos lugares em que atuou, sobretudo a "redação" do jornal ou da revista, onde se negociam as condições de publicação dos textos. A crítica literária surge confrontada às demandas cambiantes e específicas da técnica exigida para o trabalho na redação. Assim, a pesquisa "flagra" o personagem nesses espaços. Um dos três principais críticos de seu tempo, ao lado de Sílvio Romero e Araripe Júnior, é, entre esses, o mais atuante na imprensa republicana, o que reforça o interesse em estudá-lo a partir da perspectiva comunicacional.

O trabalho, portanto, surge de uma curiosidade bastante simples: o que é possível descobrir quando se realiza um deslocamento do ponto de vista a partir do qual o crítico literário costuma ser abordado? Ou seja, o que acontece quando se observa a questão pelo lado dos jornais em que o crítico atua? O personagem José Veríssimo é rico o suficiente – denso no lado literário e intenso no jornalístico – para a análise dos dilemas envolvidos nessa questão. Dessa forma, recombinam-se elementos dos sentidos sobre o que significou ser "homem" de letras ou de imprensa no Brasil. Uma hipótese inicial é que, sem esse deslocamento sugerido, a compreensão sobre a prática da "crítica literária na imprensa" sempre ficará pela metade. Por outro lado, não se compreenderia plenamente o jornalismo no período sem levar em conta os mecanismos da crítica.

1.2 Uma forma duplamente derrotada e maldita

A proeminência da reportagem foi conquistada aos poucos, desde o século XIX, sobrepondo-se a outras práticas então comuns, com a sedimentação de novas camadas profissionais sobre aquelas que davam identidade à imprensa periódica. Na medida em que a notícia sobressaiu nas páginas impressas, outras formas de texto também usuais nos jornais, como os chamados "artigos de fundo", tornaram-se indistintas, passando a segundo plano. A expressão "artigo de fundo" designava aquilo que dava sustentação ou amarração aos demais textos. Era comum o crítico literário oitocentista atuar nesse espaço, com suas peculiaridades. No entanto, a ideia de "fundo", neste caso, pode ser sugestiva: como tal, é algo que poderia ser descartado sem grande prejuízo ao que se busca mostrar em primeiro plano. A consolidação da figura do repórter e da reportagem, com variações locais, foi um processo que ocorreu em muitos países, incluindo o Brasil, em geral sob a influência norte-americana.

Na atualidade, no entanto, o tipo de jornalismo que se começou a construir no século XIX, tendo se consolidado no XX, vem passando por profundas transformações. Este seria um momento de ampla transição. Não é apenas uma mudança relativa à contemporaneidade. Há toda uma cadeia de novas perguntas feitas sobre o passado, que surgem na medida em que se iluminam lugares que se encontravam em pontos cegos no ângulo de visão analógico.

Tomando dos estudos literários a proposição de Ludmer (2013), este trabalho seria a expressão de uma "atitude pós-autônoma". A ideia se inspira na seguinte passagem:

> E embora o foco de Ludmer seja, sim, a literatura contemporânea, se aceitarmos a pós-autonomia não como método, mas como *atitude*, então ela permite ler com outros olhos a literatura e a cultura do passado, permite explorar relações e sentidos que antes ocupavam os pontos cegos da crítica. Pensando deste modo, talvez o polêmico prefixo 'pós' não devesse ser lido como interrupção e início de uma nova época, mas como reconhecimento de que a literatura nunca foi, de fato, autônoma (COSTA, 2014, p. 15; grifo meu).

Trata-se de constatar que os relatos de autonomia a respeito da área jornalística, construídos ao longo do século passado (Ludmer diz o mesmo para os estudos literários), em termos profissionais e/ou acadêmicos, precisariam ser redimensionados (o que na prática já vem acontecendo); se funcionaram como política para a tentativa de constituição de campos autônomos, agora começam a perder efetividade na maneira como se configuraram[1].

Os relatos de autonomia na área jornalística, que se desenvolveram desde o início do século passado, ganharam impulso na década de 1950 no Brasil, quando haviam sido criados os primeiros

---

[1] Ludmer toma como ponto de partida "as velhas construções" de Bourdieu para buscar compor "uma paródia do campo literário" (2013, p. 77). Só como paródia seria possível estruturar hoje o campo literário autônomo. Seu objetivo é compor um manifesto a favor dos relatos da pós-autonomia.

cursos superiores relativos à prática, base para a institucionalização da área da Comunicação[2] a partir dos anos 1960. Os anos de introdução do *lead* chegam a possuir aura mítica (ver RIBEIRO, 2007). Costuma-se muitas vezes associar a vitória da modernização à derrota da influência literária ou de uma "literatice" no fazer jornalístico. Porém pode-se destacar:

> O processo de demarcação das propriedades específicas da narrativa jornalística se realiza por movimentos de aproximação e distanciamento da literatura, os quais nunca se estabilizaram por completo, como mostra a retomada constante da questão sobre as fronteiras entre literatura e jornalismo. Quando os jornalistas querem discutir os territórios próprios e os territórios comuns da literatura e do jornalismo, a reportagem é a modalidade do trabalho jornalístico preferida, para simbolizar a identidade do jornalismo que possui alianças ocasionais com a literatura, mas que também precisa lutar contra ela (SOUZA, 2010, p. 12).

Assim, lembra a autora, os manuais de redação, que começaram a circular no Brasil com a chegada do *lead*, em meados do século passado, oferecem-se como objetos etnográficos, pois a caracterização do jornalismo da perspectiva do manejo textual implica a diferenciação quanto a outras formas de uso da palavra: "A literatura reaparece nos manuais de redação como a alteridade estilística preferencial para distinguir a boa e a má expressão jornalística" (SOUZA, 2010, p. 42).

O curioso a destacar – e este é um paralelo que dificilmente se faz, mas que pode ser fecundo – é que a década de 1950, quando se incorporou plenamente a reportagem como instância de identidade, distanciando-se da literatura, foi aproximadamente o mesmo

---

2 Em 1947 foi criada na iniciativa privada, em São Paulo, a Escola de Jornalismo Cásper Líbero, a primeira do Brasil; em 1948, fundou-se o curso de jornalismo da Faculdade Nacional de Filosofia, da Universidade do Brasil, convertido em 1967 na Escola de Comunicação da UFRJ (MELO, 1979, p. 35). Pompeu de Souza e Danton Jobim, profissionais que introduziram o *lead* na redação do *Diário Carioca*, de José Eduardo de Macedo Soares, foram professores desse curso pioneiro no Rio, em seus primeiros anos.

TRINCHEIRAS DA CRÍTICA LITERÁRIA   RACHEL BERTOL

período da institucionalização universitária e autonomização dos estudos literários no país[3].

Mais interessante ainda é que o processo de criação de cursos superiores de Letras também criou seus mitos. Um dos mais conhecidos no Brasil nasceu da vitória da cátedra contra o rodapé, com a polêmica que opôs, a partir de 1948, o professor Afrânio Coutinho a Álvaro Lins, o crítico de mais renome atuante na imprensa de seu tempo. É um mito construído a partir do jornalismo (e em reação a este), o que de alguma forma demonstra, mesmo que em negativo, a importância deste e dos meios de comunicação para os estudos literários.

Desse modo, as duas áreas, historicamente associadas, enfrentaram na mesma época, e de maneira relativamente vitoriosa, lutas por autonomização (de alguma forma, "viraram as costas" uma para outra). Se existe pelo menos um resultado comum entre elas (além da afirmação de relatos de autonomia) seria a "derrota" da crítica literária na imprensa brasileira. O gesto pós-autônomo oferece, portanto, um caminho para que possamos nos reaproximar dessa forma duplamente derrotada e maldita, tanto na história do jornalismo quanto na dos estudos literários.

Ao longo do século XX, na área do jornalismo, tudo que pudesse de alguma forma ofuscar a ideia de objetividade foi deixado de lado: seja a opinião, seja ainda a emoção (instância que aqui não analisamos, mas cuja rejeição pode ser associada ao movimento de depuração acionado pela objetividade). Apesar desse banimento, opinião e emoção são tópicos que retornam com força à cena jornalística no início do século XXI. O momento parece propício, portanto, para se repensar as bases, no Brasil, do circuito em que se formou a atividade da crítica literária na imprensa, a qual, conforme reiteramos, foi uma instância de grande prestígio na cultura jornalística do século XIX.

Aqui, não se objetiva saber como emergiu a figura do repórter, mas o que sua ascensão à boca de cena acabou por deixar à sombra.

---

3   O ensino universitário de Letras começou nos anos 1930, integrado às Faculdades de Filosofia. A partir de 1963, são introduzidas as disciplinas de linguística e teoria da literatura com muito êxito. Em 1968, o curso de Letras é desmembrado da Filosofia (SOUZA, 2015, p. 216).

Busca-se ir ao fundo do palco onde, de longe, as formas são indistintas devido ao escuro que cobre as personagens que passaram a ocupar a parte de trás, menos iluminada. Nesse deslocamento, o autor do artigo de fundo vai aparecer como um ativo homem de imprensa. Em se tratando de um crítico literário, convergem nele os principais debates de seu tempo. Para se buscar desvelar os sentidos do drama apresentado no palco, quer-se ir, antes, aos dias prévios àquele da estreia para, desse modo, observar o que aconteceu nos muitos ensaios, com suas imperfeições, repetições, cacos e horas de treino à exaustão.

1.3 O código da crítica (uma proposta de estudo)

A historiografia sobre a imprensa no Brasil apresenta três fases, tomando como base a divisão de Morel (2010). A primeira, iniciada no século XIX, teria como base uma perspectiva historicista e positivista, que considerava o material impresso uma fonte documental autêntica, registro para comprovar o que se disse ou realizou. Também se iniciou nesse período, até o início do século XX, um esforço para a coleta de dados, acompanhado de algumas contextualizações. Um exemplo seria o trabalho de Alfredo de Carvalho em torno das comemorações do IV Centenário, com diferentes estudos enfocando estados brasileiros – e Carvalho, justamente, era amigo próximo de Veríssimo, que o considerava o melhor conhecedor de história da imprensa no Brasil, com destaque para seu trabalho sobre Pernambuco (embora o crítico também afirmasse que se tratava de um historiador menor, devido a seu fraco poder analítico).

A partir de meados do século XX, contudo, os estudos históricos de tipo socioestrutural, com apogeu nos anos 1970, deixaram de lado a imprensa, porque esta não teria valor como fonte fidedigna (justamente o oposto do que se acreditava na fase anterior). A imprensa seria um modo de falsear o real. Não obstante, Morel lembra que mesmo nessa fase houve exceções, como os trabalhos pioneiros de Nelson Werneck Sodré (1966), Rizzini (1977), Marques de Melo (1973), entre outros. No caso de Sodré, em sua *História da imprensa no Brasil* (fonte ainda muito importante, da qual uso como base a edição revista de 1999), busca-se abarcar todo o tema, a partir de um enfoque marxista (embora haja nele lacunas, como lembra Morel, por ser um trabalho individual com objeto tão amplo, que pesquisas recentes vêm evidenciando). Sobre os primórdios da imprensa no Brasil, a pesquisa de Rizzini apresenta dados imprescindíveis, e, no caso de Melo, trata-se de um clássico que analisa, com uma abordagem sociológica, as condições para o surgimento da imprensa no país.

A terceira fase teria se iniciado a partir da renovação historiográfica que se afirmou nos anos 1980, sobretudo a partir da França, com a ênfase em abordagens políticas e culturais. Assim, o papel da imprensa como fonte documental foi redimensionado, tomada pela perspectiva de um testemunho de seus protagonistas e dela própria. Deixou-se de ver a imprensa como "reflexo" da realidade (ou o seu oposto). Tratava-se de observar os periódicos "na complexidade de um contexto" (MOREL, 2010, p. 8). O trabalho de Lilia Moritz Schwarcz *Retrato em preto e branco* (1987), com uma abordagem antropológica, seria pioneiro no Brasil no estudo da história da imprensa em que se observa essa noção de contexto. Na área da Comunicação, essa abordagem frutificou em estudos como os de Marialva Barbosa (1997; 2007; 2010) e Ribeiro (2007), entre outros. Eles têm por peculiaridade a atenção aos modos de fazer jornalístico para compreender a complexidade dos processos socioculturais relacionados à imprensa – aspecto este bastante valorizado neste trabalho. Autores como Darnton (2010 [1990]) e Chartier (1990), ao darem atenção à formação de públicos leitores e circuitos culturais desde o início da Modernidade, tornaram-se algumas das principais referências nessa linha. Também Ginzburg (1998), com seu método indiciário, assim como Bourdieu (1989), ao analisar a economia das trocas simbólicas nos processos culturais.

O trabalho que agora se apresenta possui inegável influência dessa corrente, embora o objeto "crítica literária na imprensa" tenha provocado perguntas que encontraram ressonância também em estudos das chamadas "teoria das mídias", especialmente a partir da corrente alemã iniciada por Kittler (1990 [1985]), Wellbery (1990) e retrabalhada em alguns aspectos por Gumbrecht (1994; 1998a; 1998b). O livro pioneiro de Kittler sobre as redes discursivas

PRIMEIROS PRESSUPOSTOS

1800 e 1900, ao realizar uma releitura do pós-estruturalismo francês conectando-o à tradição filosófica alemã, apresentou, na expressão de Gumbrecht, uma nova "sensibilidade intelectual" relacionada às materialidades. Inspirado nessas descobertas, o grupo coordenado por Gumbrecht anualmente em Dubrovnic, nos anos 1980, desenvolveu a ideia de "materialidades da comunicação", hoje bastante difundida.

Ensaia-se, aqui, um método para estudar a crítica literária na imprensa, a partir do fluxo de publicação em série no periódico. Uma crítica solta, desconectada do meio em que foi publicada, tal como costuma aparecer reeditada em livro, não permite associações entre os diferentes vestígios. Assim, trata-se de ir ao jornal e ler as críticas no ritmo de publicação, o que, embora seja um exercício simples, dificilmente se faz. Há várias incorreções sobre a trajetória de Veríssimo que poderiam ser evitadas somente com essa leitura, que contempla a tensão da crítica com os demais textos à sua volta na página do jornal, na maneira como foi arranjada naquele espaço-tempo. As ideias, as proposições e os fatos vão sendo delineados à medida que são apresentados ao público. As próprias ideias apresentam materialidade. É preciso relacionar, ainda, a série das críticas com a história do meio. Buscam-se subsídios nas fontes primárias, como os periódicos e a consulta a material epistolar, sem dispensar a bibliografia disponível, em diferentes áreas. Aos poucos, os elementos para a composição dos "instantâneos" relacionados à atividade do crítico podem se encaixar. Em alguns momentos, vê-se de relance aquelas antigas redações. Trata-se de investigar a maneira como a crítica era composta, a partir das possibilidades de comunicação, por dentro das redes que propiciavam sua existência e afirmação.

As redações, por sua vez, não se encontram soltas no espaço; bem ao contrário, são espaços porosos por onde se infiltra a cidade. Diferentemente das redações da segunda metade do século XX em diante, praticamente fortificações em que se protege o corpo de profissionais com forte aparato de segurança e onde é comum nem sequer haver janelas (quando muito, o sol se insinua por brechas), as pequenas redações do tempo de Veríssimo expunham-se permanentemente às intempéries do contato com o público. A cidade em si é uma mídia (KITTLER, 2017, p. 235). O conjunto não se completa sem que se saia da redação, a pé ou em bonde, explorando diferentes espaços urbanos do Rio de Janeiro relacionados ao crítico literário na *belle époque* tropical.

Nesse ponto, devo ainda fazer referência à minha trajetória como jornalista. Nos anos 2000, trabalhei como jornalista na área de cultura, acompanhando a literatura e os movimentos do mercado editorial. Os primeiros estímulos para a atual pesquisa nasceram ao observar, de dentro da redação do jornal, como a maioria das histórias de crítica literária anulava a presença dos periódicos que inicialmente haviam publicado esses textos. Portanto, há um sopro de memória pessoal que anima este trabalho.

1.4 O vapor das cartas: fontes primárias

Para "flagrar" o crítico em ação, a pesquisa no acervo de periódicos revelou-se uma fonte inesgotável. O material espistolar do crítico também se mostrou decisivo. O período de seis meses que passei na Universidade de Princeton, durante a pesquisa, permitiu que eu tivesse acesso ao acervo da Oliveira Lima Library, na Universidade Católica da América, em Washington, D.C., onde foi possível encontrar um conjunto de cerca de 180 cartas que o crítico enviou ao diplomata Manoel de Oliveira Lima (1867-1928) ao longo de duas décadas.

Foram necessárias duas viagens à capital para reunir o material, que corresponde a cerca de mil páginas manuscritas, transcritas por mim para servir de base para o trabalho. Para tal, fez-se necessário um esforço inevitavelmente minucioso e paciente com a caligrafia e a ortografia antiga, que optei por atualizar[4]. Entretanto, houve um lado recompensador nesse processo, porque, como diz Farge, "não será jamais dizer a que ponto o trabalho em arquivos é lento, e o quanto essa lentidão das

---

4   A maioria das coletâneas recentes reunindo correspondência segue esse padrão, como a reunião de cartas de Machado de Assis realizada pela Academia Brasileira de Letras em diferentes volumes. Nessa linha, para não haver discrepâncias, também atualizei a ortografia dos textos de jornais de época. Assim, botei em itálico, nas transcrições das cartas, os pronomes de tratamento que estavam indicados somente de forma abreviada.

mãos e do espírito pode ser criativa" (2009, p. 59). O que a autora chama de "sabor do arquivo" passa pelo gesto artesanal de poder manipulá-lo e copiá-lo.

Essas cartas oferecem um testemunho rico, com informações de todo tipo sobre suas ideias e seus embates cotidianos: a pesquisa que agora se apresenta demonstra a vitalidade dessa correspondência. Desta, são apresentados trechos (e foi preciso um esforço de contenção para não expor dados interessantíssimos, mas que não fariam sentido no atual contexto).

Nas últimas décadas, a Oliveira Lima Library tem sido decisiva para completar a correspondência de inúmeras personalidades da cultura brasileira. Foi assim, por exemplo, com Euclides da Cunha (GALVÃO; GALOTTI, 1997), Machado de Assis (em cinco volumes reunidos pela ABL), Gilberto Freyre (GOMES, 2005), para citar alguns dos mais recentes trabalhos nesse sentido. Embora as cartas de Oliveira Lima para Veríssimo tenham sido entregues para a Academia Brasileira de Letras em 2015 (antes não se sabia onde estavam), não foi possível ter acesso a esse material. No entanto, o inventário preliminar do arquivo na ABL indica que Veríssimo provavelmente guardou carta a carta recebida de Oliveira Lima: sinal do seu apreço pelo diplomata, mas também consciência do valor histórico do material que havia acumulado. Não são poucos os artigos em que Veríssimo destacou a importância do arquivo particular, dos bilhetes e das notas de intimidade para a compreensão e a vivacidade da História. Assim, saudou o surgimento de *Um estadista do Império*, de Joaquim Nabuco, como a melhor obra em todos os gêneros no ano de 1898, por trazer essa dimensão pessoal – além de revestir a memória do filho em relação a seu pai, o senador Nabuco de Araújo, de valor documental sobre o período imperial.

Na medida em que não foi possível dispor das cartas enviadas de Oliveira Lima a Veríssimo, certamente há uma parte que falta: a carta não existe por si, solta, e só se completa quando obtém a resposta esperada daquele a quem é endereçada (ver GOMES, 2005). Não obstante, o material já disponível, por sua abundância, oferece muitos subsídios. Por suas palavras, vislumbra-se o Oliveira Lima de Veríssimo. Embora a correspondência esteja pela metade (e

ainda mais por isso), o trabalho com cartas impõe desafios específicos, entre os quais observar as condições em que se deu a escrita,
o tipo de cumplicidade estabelecida entre os correspondentes, as
teatralizações de si diante do outro. É assim que, num dia de maio
de 1909, nos vemos com Veríssimo às seis horas da manhã, escrevendo apressadíssimo para não perder a "mala" do vapor daquele
dia: havia urgência em falar sobre a "magnífica impressão" que lhe
havia causado a "magnífica conferência" que Oliveira Lima fizera
em Paris sobre Machado de Assis. As cartas iam e vinham no ritmo
do vapor no Cais Pharoux.

Pode-se avançar que esta correspondência conseguiu atravessar décadas de maneira farta por conta da afinidade intelectual
entre ambos, que praticavam um jornalismo de combate com seus
artigos na imprensa. Até a Primeira Guerra, compartilhavam a
mesma visão a respeito da política internacional brasileira, mi-
litando afinados pela aproximação do Brasil com os países da
América hispânica, em detrimento da política pan-americanista
de Joaquim Nabuco e Rio Branco. Não se cansavam de usar a pena
para isso. Oliveira Lima apresentou a Veríssimo inúmeras publicações estrangeiras e contatos com editores de revistas estrangeiras. Era sempre um material bem-vindo para o crítico ávido por
temas para seus textos de jornal. Veríssimo, de seu lado, muitas
vezes foi conversar com Garnier e com Laemmert, livreiros-edito-
res, em nome do diplomata.

Os homens de letras oitocentistas sabiam do valor do material
epistolar para a História. Não à toa, Machado de Assis, em seus
dias finais, deu a Veríssimo a incumbência de cuidar da sua correspondência depois que ele morresse. O Bruxo do Cosme Velho,
todavia, não deixou vestígios das cartas trocadas com sua mulher,
a portuguesa Carolina Augusta Xavier de Novaes, morta em 1904,
depois de 35 anos de casados. Certamente, tendo sido sempre discreto sobre sua vida pessoal, foi prudente, prevendo que suas cartas
despertariam a curiosidade editorial. De alguma maneira, a correspondência de todos esses personagens foi preservada por eles
próprios à espera de leitura, como os diários íntimos que os autores guardam em gavetas. Retirados pelo pesquisador da poeira
de um sótão, podem então cumprir o destino para o qual haviam

sido secretamente preparados (ver a ideia de "pacto autobiográfico", LEJEUNE, 1975, apud FARGE, 2009, p. 16).

A amizade entre Veríssimo e Oliveira Lima cresce com o tempo. Há momentos de emoção, de constrangimento, de banalidades. Sobretudo, Veríssimo gosta de conversar sobre seus contemporâneos, falar bem ou mal. Machado de Assis será sempre muito presente, assim como os comentários sobre a situação política, que muito irrita e preocupa o crítico, a paixão comum pela História, o cotidiano na ABL, a sobrevivência – a de Veríssimo na imprensa e como professor, e a de Oliveira Lima, sempre precisando negociar a carreira no Itamaraty. As famílias também estreitam os laços; vê-se pelas "amabilidades", pequenos presentinhos que se enviam através sobretudo das mulheres – Dona Flora, mulher de Oliveira Lima; Maria, de Veríssimo; e Anna Flora, filha do crítico, cuja presença nas cartas cresce aos poucos. Anna Flora até seria uma ajudante do pai, que falava dela com ternura e que o ajudava a ler a difícil caligrafia das cartas de Oliveira Lima. Seria, portanto, a primeira leitora das cartas recebidas, uma intermediação que indica certa impessoalidade na correspondência.

A pesquisa também se baseia em material epistolar preservado na Academia Brasileira de Letras, com destaque para a correspondência com Mário de Alencar, filho de José de Alencar, que por certo tempo depois da morte de Machado de Assis ficou bastante próximo de Veríssimo, devido à amizade comum com o escritor. A consulta a esse material e a outras coleções – como as cartas já publicadas do próprio Machado, as de Euclides da Cunha e os rastros espelhados na correspondência de Graça Aranha das cartas que recebeu de Veríssimo (o Veríssimo de Aranha)[5], entre outras – diversifica as fontes. É uma maneira de relativizar a "voz única" das cartas de Veríssimo a Oliveira Lima. Repara-se o primeiro contraste no tom: o crítico sentia-se plenamente à vontade com Machado e com Graça Aranha, ao passo que com Oliveira Lima se mantém sempre a formalidade.

---

5   Esse material é uma rica fonte da biografia de Graça Aranha por Azevedo (2002).

O missivista é um ilusionista, muitas vezes não necessariamente para o outro, mas também diante de si próprio. As cartas, portanto, encerram armadilhas, sem jamais se libertar da narrativa em que o autor busca dar coerência a si próprio. Assim, é o próprio jogo da "ilusão biográfica" (BOURDIEU, 2006) que se busca relativizar com as múltiplas fontes.

1.5 Trincheiras e retratos

Durante a Primeira Guerra Mundial, fortemente engajado na Liga Pró-Aliados, contra a Alemanha, José Veríssimo, conquanto refugiado no passado literário do país, envolvido no término da redação de *História da literatura brasileira*, lançada pouco depois de sua morte, não deixava de preocupar-se com o futuro. Em carta de 23 de novembro de 1914 a Oliveira Lima, afirmava sentir em relação aos alemães e a seu militarismo "um ódio do que, sem me exagerar, não me julgava capaz". Ao contrário do diplomata na época, que previa o fim da guerra em poucos meses, Veríssimo fazia um prognóstico sombrio e achava que o conflito duraria muitos anos. "Espero, porém, que o perigo alemão desapareça do mundo com o aniquilamento necessário ao bem geral da humanidade e da civilização desses bandidos de além Reno."

Se possível, desejava ele ainda com alguma ironia que aquela situação curasse os brasileiros "do restinho de germanismo que aqui semearam Tobias [Barreto] e o Sílvio [Romero], que aliás nem alemão sabia, e mesmo através do francês pouco sabia da Alemanha". Bem antes de Romero lançar em 1909 as *Zéverissimações ineptas da crítica*, libelo contra Veríssimo, este já criticava seu germanismo e fraco domínio da língua alemã[6]. Para Veríssimo, assim como para toda a sua geração (incluindo Romero), não havia como separar as questões sociais e o debate de ideias da crítica literária. Desde o início de sua trajetória, fora constante sua preocupação, acentuada pela vocação pedagógica, em formar públicos e a "opinião pública" brasileira. Com a Primeira Guerra, sua última trincheira intelectual,

---

6 Ideia com a qual Candido tende a concordar, conforme afirma em seu *Método crítico de Sílvio Romero*, de 1945 (2006, p. 43).

PRIMEIROS PRESSUPOSTOS

não foi diferente. O crítico acreditava que a atuação intelectual pudesse "regenerar"[7] a realidade nacional.

Assim, vamos tomar emprestada a metáfora da "trincheira", que de alguma forma ele vivenciou naqueles anos de guerra e nas muitas redações por onde passou. Os capítulos, na segunda parte do trabalho, serão denominados "trincheiras". Mas esse sentido será adotado somente para os veículos em que sua atuação obteve caráter público de luta política. Por isso, não se incluiu a importante colaboração de Veríssimo no influente e conservador *Jornal do Commercio* entre as "trincheiras". Neste, o crítico não tinha espaço para exercitar o elevado tom crítico de outros espaços, mas obtinha credibilidade a fim de que pudesse fazer isso. Essas "trincheiras" também podem ser consideradas "instantâneos", por meio dos quais seria possível ver como o crítico se posicionou nos diferentes momentos.

Outra metáfora que vai organizar o trabalho é a do "retrato" (também um "instantâneo"). Enviar retratos junto com as cartas era um fascínio da época, e sinal de estima. Em 27 de agosto de 1896, quando a *Revista Brasileira* – que Veríssimo recriou e dirigiu de 1895 a 1899 – encontrava-se no auge e já se discutia na sua redação a criação da Academia Brasileira de Letras, o crítico fez um pedido a Oliveira Lima sobre o qual voltou a insistir bastante: "Como já lhe mandei dizer a *Revista* tem o seu escritório, que é já um ponto de reunião assaz frequentado. Estamos ornando-o com os retratos dos nossos colaboradores. Peço-lhe, pois, me mande o seu, que entre eles de coração lhe afirmo é um dos que mais estimo e prezo".

Ornar as paredes com os próprios retratos tornava-se fonte de prazer, conferindo à precária redação da Travessa do Ouvidor, no

---

7 A noção de "regeneração", "vinda do ideário revolucionário francês, era muito compartilhada no discurso de propaganda republicana, especialmente entre os intelectuais ligados à educação, significando o projeto de criação de um 'povo': política e culturalmente" (GOMES, 2010, p. 152). A ideia de "opinião pública" pode ser associada a esse projeto de regeneração. Morel e Barros (2003) estabelecem dois marcos iniciais para a ideia de opinião pública no Brasil, o primeiro na Independência, com um viés mais abstrato, e o segundo a partir do período regencial, com o objetivo de provocar o debate público. Sendo polissêmica, é noção tratada muitas vezes como sujeito ou entidade, mas seria "palavra", instrumento de combate (2003, p. 21).

Centro do Rio de Janeiro, certo ar solene, prefiguração de galerias imponentes daqueles que gostavam de imaginar-se imortais. Colado na parede da sala de trabalho, o retrato possibilita imaginar outros espaços e momentos. Por isso, os "retratos", na forma de algumas entradas textuais em meio às "trincheiras", irão designar momentos-chave do crítico não necessariamente ligados às redações onde atuou (mas complementares a essas). Um exemplo será o "retrato" sobre como teria ocorrido seu afastamento da ABL em 1912. A ilusão de perenidade que o retrato enseja faz com que possa ser mais diacrônico, evocando a partir de um ponto uma verticalidade temporal que atravessa os momentos pontuados pelas "trincheiras", mais horizontais e com ações mais sincrônicas (ou ações diacrônicas mais densas). A possibilidade de tirar mais de um retrato do mesmo objeto, em lugares improváveis, permite a montagem de um painel dinâmico.

Transformadas em estratégias textuais, as "trincheiras" e os "retratos" juntos propiciam uma flexibilidade temporal para compor os espaços por onde Veríssimo se moveu. Seria uma maneira de buscar ordenar o uso dos periódicos com o das cartas, as quais, ao contrário daqueles, costumam mostrar-se "sem ordenação, sem finalização, sem hierarquia", num "discurso multifacetado e com temas desordenados" (GOMES, 2004, p. 21). Se o jornal mostra a escrita pública, impessoal, enquanto a carta é uma "escrita de si", da esfera íntima, os dois teriam em comum, no entanto, o estatuto de "testemunho", como diz Morel com respeito à imprensa, na medida em que não são espelhamentos da realidade (ou o oposto), mas documentos de determinado momento, com contextualizações próprias e protocolos específicos.

Assim, não se abre mão do recurso da narrativa, que não pode ser considerada fator para a redução de complexidade, assim como seria ingênuo e caricato, conforme afirma Rocha, "atribuir ao modelo fragmentário da enciclopédia pós-moderna uma complexidade insuperável" (2012, p. 70).

Foram destacadas quatro "trincheiras", que são os principais capítulos na segunda parte do trabalho, correspondentes à atuação de Veríssimo no *Jornal do Brasil* (1891), na *Revista Brasileira* (1895), no *Correio da Manhã* (1901) e no *O Imparcial* (1912).

PRIMEIROS PRESSUPOSTOS

Nicolau Sevcenko, em *A literatura como missão* (2003 [1983]), destaca que, ao lado de autores tão díspares entre si quanto Lima Barreto e Euclides da Cunha, que seriam os mais importantes na primeira década do século XX no Brasil, Veríssimo formava um "triângulo indissociável" que funcionaria como um "prisma" para se ter acesso à vida cultural da *belle époque* carioca. O crítico, reitera Sevcenko, seria o "mestre tutelar"[8] de ambos, tendo-lhes transmitido sobretudo seu ceticismo e desencanto em relação aos rumos da República brasileira em seus primeiros anos.

O historiador, no entanto, embora forneça pistas de uma atuação significativa, não se alonga a respeito da trajetória do crítico. Se Broca (1956) nos lembra sobre a importância da atuação de Veríssimo no *Correio da Manhã*, jornal fundado em 1901 e do qual foi o primeiro crítico literário (e ser o primeiro pode encerrar uma função simbólica inaugural), Sevcenko apenas diz que Veríssimo teve atuação destacada no *Jornal do Commercio*, importante periódico de então. Mas nem Broca nem Sevcenko falam das demais contribuições jornalísticas de Veríssimo, que serão abordadas nas diferentes "trincheiras" deste trabalho.

A militância de Veríssimo em relação à América Latina, a qual atravessa sua obra, oferece outro bom motivo para "retrato". Nessa parte, em vez dos periódicos diretamente, utiliza-se como fonte principal a coletânea organizada por João Alexandre Barbosa (1986), com textos do crítico sobre o tema.

João Alexandre Barbosa é o autor da primeira tese sobre teoria literária no Brasil, justamente sobre Veríssimo, e sua importante pesquisa é analisada na primeira parte do trabalho, em comparação com as ideias mais correntes sobre o crítico, especialmente aquelas referentes à questão da crítica literária na imprensa ao longo do século XX no Brasil. Como se verá, Barbosa reconhece que as linhas dos diferentes periódicos em que o crítico atuou tinham influência sobre o que escrevia – o que demonstra sua abertura para a questão –, mas não chega a analisar essa característica.

---

8   Em artigo para a Revista *MATRIZes* (BERTOL, 2017) analisei este aspecto.

Aqui optou-se, por motivos econômicos de tempo e espaço, por trabalhar somente com a fase de Veríssimo na capital[9]. Mas sua atividade intelectual na Amazônia, que abordaremos parcialmente, tem sido motivo de novos estudos, alguns realizados por pesquisadores da região (ver PAMPLONA, 2009 e MORAES, 2015). Embora estes argumentem, com razão, que essa fase de Veríssimo seja bem menos conhecida que a da capital, para onde se mudou definitivamente em 1891, o fato é que a trajetória dele no Rio de Janeiro também não é bem conhecida, sobretudo no que se refere à imprensa, onde de fato firmou ideias entre seus contemporâneos. Não foram encontrados trabalhos sobre a relação do crítico com a imprensa da capital.

1.6 Leitor ideal de Machado de Assis e o 'humour'

A memória a respeito do crítico, conforme se verá na primeira parte, reservou para José Veríssimo a imagem de figura ilibada, personagem "mal-humorada" e quase sem graça. Esse perfil teria sido cultivado pelo próprio crítico: a ficção que construiu de si próprio, e suas cartas para Oliveira Lima não desmentem esse esforço.

O Veríssimo dos últimos anos diz-se homem sem esperança, "casmurro", como se define numa carta. Em hipótese alguma aceita negociar sua volta à ABL, mostra-se extremamente cético em relação ao Brasil, desiludido com qualquer possibilidade de aproximação do país com a América Latina, desencantado com a literatura nacional. Há uma ideia de retidão implacável no que dizia de si próprio e do país. Certamente, teria prazer em se ver considerado o "leitor ideal" de Machado de Assis (há também um sentido implacável nesse epíteto). Essa hipótese sobre Veríssimo é assoprada por Hélio de Seixas Guimarães (2004a), em trabalho lapidar sobre

---

9   Outra vertente de estudos sobre Veríssimo vem da área educacional. Um bom exemplo é o de Cavazotti (2003), sobre o projeto republicano de Veríssimo para educação. A respeito desse tema, podem-se citar ainda França (2004) e Tullio (1996). Sobre questões etnográficas, há a tese de Castilho (2012), sobre a temática indígena na obra do crítico e na qual a autora chega a trabalhar com algumas das cartas de Veríssimo para Oliveira Lima, embora sem se aprofundar, o que se justifica pela natureza do tema abordado, ausente da correspondência. Ainda há ainda uma boa contribuição de Bezerra Neto (1999) em questões etnográficas.

PRIMEIROS PRESSUPOSTOS

a presença dos leitores na obra de Machado, em que cruza o leitor ficcional, interpelado nos romances, com o leitor empírico, que existia (escasso) na realidade brasileira. Censo realizado na época indica que 84% da população era analfabeta[10], tornando parcas as possibilidades de comunicação da literatura, constatação diante da qual Machado não teria ficado indiferente.

Os romances machadianos estariam em busca do leitor que pudesse fazer mais ou menos como o escritor: "Aos vinte anos, começando a minha jornada por esta vida pública que Deus me deu, recebi uma porção de ideias feitas [...] vivi assim até o dia em que por irreverência do espírito, ou por não ter mais nada que fazer, peguei de um quebra-nozes e comecei a ver o que havia dentro delas" (ASSIS apud GUIMARÃES, 2004a, p. 260).

Machado, completa Guimarães, estaria em busca do leitor "que lê e relê muitas vezes, volta, compara, procura o que está oculto sob as aparências" (2004a, p. 262) e que pudesse, além das "ideias feitas", incrustar os livros no cérebro, "submetendo o discurso dos seus narradores à análise minuciosa" (p. 260). Ora, como escreveu, "o paradigma desse leitor ideal, várias vezes formulado pelo escritor nos agradecimentos a análises e comentários sobre seus textos, parece estar em José Veríssimo" (GUIMARÃES, 2004a, p. 260). Todas as obras de maturidade de Machado receberam críticas de Veríssimo, elogiado pelo escritor mais de uma vez "pela combinação de competência, rigor e benevolência".

Curiosamente, o crítico "sem humor" (é assim que Wilson Martins o define) foi o primeiro a apontar a caraterística de humor na obra machadiana, em 1892. Desde então, as discussões "entre humor e humorismo estariam diretamente associadas à tensão entre o nacional e o universal na obra de Machado de Assis" (GUIMARÃES, 2004b). Viria a ser um tópico importante na crítica machadiana. Já em 1912, Alcides Maia lançou *Machado de Assis (Algumas notas sobre o humour)*, com a grafia inglesa, acentuando a influência britânica e a peculiaridade dessa característica no escritor (conforme veremos, Veríssimo, claro, não deixará de

---

10   O índice foi calculado no primeiro censo realizado no Brasil no ano de 1872 e divulgado em 1876, ainda durante o Império, tendo sido muito comentado na época. O próprio Machado escreveu crônica a respeito (GUIMARÃES, 2004a, p. 32).

TRINCHEIRAS DA CRÍTICA LITERÁRIA RACHEL BERTOL

escrever uma crítica a respeito em sua coluna no *Imparcial*, com algumas restrições).

A chave do humor, que o crítico observou em Machado, indicando que estava bastante atento a essa questão, talvez possa ser útil em relação ao próprio crítico. Diante do arquivo, o pesquisador corre sempre o risco de acreditar inteiramente no que diz o personagem, identificando-se com suas palavras, transformando-o no "arquivo-prova" ou no "arquivo-reflexo" (FARGE, 2009, p. 118), sem avançar novas perguntas a respeito. Mais produtiva seria a sugestão de Moraes (2007) de fazer da carta um "arquivo de criação". Seria uma maneira de "recusar soluções interpretativas fáceis ou ingênuas, resultantes de deslumbramentos". Afinal, o correspondente epistolar, "embora nem sempre se dê conta disso, é sempre um manipulador de sensações e de realidades" (MORAES, 2007).

Com "homens de letras" – e Veríssimo identificava-se como um deles –, o cuidado deveria ser redobrado nesse sentido. A ilusão do "leitor ideal" seria como reflexo em caverna platônica, inatingível. Acolhê-la indica a ligação com Machado de Assis, importante para a compreensão dos caminhos do crítico, mas – diante de tanta seriedade de si próprio – torna-se índice de desconfiança, tendo como correlatos quase inevitáveis a ambiguidade, a ironia e até possivelmente o humor (tão ao gosto machadiano). Que venha, pois, "o leitor ideal"!

Primeira parte

Capítulo 1: O personagem, as circunstâncias

1.1 De Machado a João do Rio. A decadência da crítica e a invenção do rodapé

José Veríssimo desempenhou importante centralidade na crítica literária de seu tempo e a pesquisa revelou dois personagens emblemáticos em sua trajetória, um representando o polo positivo de um circuito em cujo centro de atração Veríssimo reinava; outro, o negativo de um circuito que o expelia. O primeiro era Machado de Assis, que considerava Veríssimo seu mais importante e melhor crítico. O segundo, que causava horror ao crítico e indicava o triste rumo que, em sua opinião, estavam tomando os jornais, dominados pela "reportagem" e pela "boemia", como dizia de maneira pejorativa, era João do Rio.

Em 1906, Veríssimo já pedia a Oliveira Lima que não votasse em João do Rio para a Academia Brasileira de Letras (ABL), por tratar-se de um "repórter sem cultura". Acabou votando em Paulo Barreto quatro anos depois, por insistência de amigos, como Mário de Alencar, mas somente com a promessa de que o repórter não votaria em outro Barreto, o general Dantas Barreto, cuja presença na ABL lhe causava horror ainda maior. Apesar disso, o militar acabou sendo eleito, poucos meses depois do jornalista, em 1910. Em 1912, João do Rio articulou e conspirou pela entrada do então ministro das Relações Exteriores, Lauro Müller. Essa eleição foi a gota d'água para Veríssimo romper definitivamente com a ABL (detalhes poderão ser lidos mais à frente).

O episódio da eleição do ministro, que a correspondência com Oliveira Lima revela, com lances dramáticos de traição, possui um simbolismo para além dos aspectos biográficos. As duras menções a João do Rio e a figuras como Emílio de

PRIMEIRA PARTE   CAPÍTULO 1: O PERSONAGEM, AS CIRCUNSTÂNCIAS

Menezes, outro representante "ignóbil" da reportagem sempre citado pelo crítico, são sintoma de seu descompasso em relação ao jornalismo que começou ser praticado no início do século XX. O barro de que fora moldado, como crítico literário de prestígio formado nos oitocentos, começava a mudar nas redações do novo século.

Veríssimo nunca foi um "crítico de rodapé", expressão que no Brasil se tornou sinônimo de crítica literária na imprensa ao longo do século XX. No *Jornal do Brasil*, onde começou a colaborar em 1891, ano de fundação do periódico, chegou a escrever no espaço do rodapé, no Folhetim, onde não se publicavam apenas novelas seriadas, mas também crônicas, notas humorísticas, crítica. Tratava-se de natureza eclética bastante diversa daquela da crítica de rodapé especializada que encontraria seu auge nos anos 1940. Flora Süssekind, que qualifica os anos 1940 e 1950 como o período de "triunfo" do rodapé, cita como uma das suas características a não especialização dos seus autores, "na sua totalidade 'bacharéis'" (2003, p. 16). Sua perspectiva, porém, é a da especialização obtida com formação teórica em cursos superiores de Letras. Na perspectiva do jornal, quero dizer que se tratava de espaço profissionalizado para a crítica, e como tal especializado ou exclusivo dessa prática. O rodapé se torna, enquanto sinônimo de crítica literária na imprensa, uma marca geral, indicando características comuns nos diferentes jornais dessa especialização profissional. Isso embora as diferentes colunas tivessem nomes próprios. Trata-se de uma especialização em relação a outras práticas jornalísticas, mais bem demarcada espacialmente e caracterizada que na fase anterior, de Veríssimo.

Em publicações como *Jornal do Commercio*, *Correio da Manhã* e *O Imparcial*, o crítico ocupou o espaço nobre dos artigos de opinião (ou de "fundo", apesar de sua localização em primeiro plano na página). O espaço em que o dono do jornal, seus principais articulistas e outras eminências dedicavam a análises políticas, sociais e econômicas, em geral na primeira página, era muitas vezes o mesmo das críticas literárias. O texto que Veríssimo dedicou a *Os Sertões*, de Euclides da Cunha (em 03/12/1902), por exemplo, inaugural na imprensa a respeito da obra, tomou praticamente metade da primeira página do *Correio da Manhã*, com grande destaque. Com a repercussão, o livro virou um *best-seller* para os padrões da época, provocando intenso debate crítico.

A trajetória de Veríssimo na imprensa é também aquela das transformações da crítica literária nos jornais. São mudanças que se referem, em parte, às demandas do meio em que os textos eram produzidos e publicados. Observou-se neste trabalho que a invenção do rodapé, herdeiro do folhetim, teria sido uma reação à perda de espaço da crítica literária nos jornais. Sobretudo a partir de 1908, ano da morte de Machado de Assis, Veríssimo havia pressentido as mudanças.

A maneira como se afastou da ABL e as características de sua última atuação cotidiana na imprensa, em *O Imparcial*, a partir de 1912, fornecem elementos nesse sentido, além do que afirma em sua correspondência. Não que houvesse desistido da literatura, mas não encontrava o mesmo ambiente para defendê-la publicamente. Não teve pressa em publicar sua *História da literatura brasileira*, que veio a lume somente em 1916, logo após sua morte. A realização do livro fora acalentada pelo menos desde o fim do século XIX, inspirada em grande parte no que considerava inadequado, ou seja, uma inspiração às avessas, na história da literatura escrita por Sílvio Romero (1888).

Depois do nível alcançado por Machado, o que mais valeria a pena na literatura brasileira? Tanto que o livro de 1916 possui como subtítulo a indicativa frase *"de Bento Teixeira (1601) a Machado de Assis (1908)"*. Sem ver o surgimento de reais talentos literários – nem Euclides de Cunha o animava –, Veríssimo também começava a estranhar os rumos tomados pela imprensa.

Portanto, a morte de Machado significou para o crítico mais do que a morte do grande amigo e daquele a quem defendia como o maior escritor da literatura brasileira, cuja importância, vaticinou a Mário de Alencar, aumentaria no século XXI (carta de 20/12/1908). Na perspectiva de Veríssimo, a morte do autor de *Memórias póstumas de Brás Cubas* pode ser tomada como símbolo de esvaziamento do circuito comunicacional em que a crítica literária ao estilo dos oitocentos havia reinado; na primeira década do século XX, essa crítica começava a perder a razão de ser. Os "Sainte-Beuves" dos

PRIMEIRA PARTE　　　　　CAPÍTULO 1: O PERSONAGEM, AS CIRCUNSTÂNCIAS

trópicos, em sua tradição francesa[11], logo precisariam mudar de estratégia, sob o risco de ficarem falando sozinhos.

O Momento Literário, publicado em 1909 por João do Rio, ilustra a cisão da crítica na primeira década do século XX no Brasil. Veríssimo surge entre os que se recusaram a participar da enquete, ao lado de Machado de Assis, Graça Aranha, Aluísio Azevedo, Artur Azevedo, Alberto de Oliveira, Gonzaga Duque e Emílio de Menezes. Cada um apresentou uma desculpa de alguma forma aceitável, menos "o conhecido crítico". Segundo João do Rio, numa roda de amigos ele teria comentado que o inquérito seria uma maneira de "fazer livros à custa dos outros".

"Tamanha amabilidade impediu-me de insistir" – escreveu o jornalista sobre as tentativas de ouvi-lo –, "e obrigou-me a pedir a Deus que a produção da literatura nacional aumente. Só assim o *senhor* José Veríssimo não insistirá na pesca na Amazônia para continuar a sua série de *Escritos e Escritores* [*sic*]". O inquérito pode ser interpretado como uma espécie de afirmação (ou até revanche) do jornalismo sobre a crítica. À pergunta sobre se o jornalismo seria "um fator bom ou mau para a arte literária"[12], seu principal propósito ao consultar os cerca de 30 escritores, pode-se acrescentar se o jornalismo seria, *no lugar da crítica*, um bom ou mau fator... Já nas primeiras linhas da apresentação, em "Antes", João do Rio afirma:

> O público quer uma nova curiosidade. As multidões meridionais são mais ou menos nervosas. A curiosidade, o apetite de saber, de estar informado, de ser conhecedor são os primeiros sintomas da agitação e da nevrose. Há da parte do público uma curiosidade malsã, quase excessiva. Não se quer conhecer as obras, prefere-se indagar a vida dos autores. Precisamos saber? Remontamos logo às origens, desventramos os ídolos, vivemos com eles. A curiosidade é hoje uma ânsia... *Ora, o jornalismo é o pai dessa nevrose, porque transformou a crítica e fez a reportagem.* Uma e outra fundiram-se: há neste momento a terrível reportagem experimental. Foram-se os tempos das variações eruditas

---

11　Os jornais na França também passaram pelo processo em que o repórter e a reportagem obtiveram destaque. Sua própria tradição, que havia influenciado o mundo no século XIX, se modificou sob influência anglo-saxônica.

12　Para um estudo sobre a atualização dessa pergunta um século depois ver Costa (2005).

sobre livros alheios e já vão caindo no silêncio das bibliotecas as teorias estéticas que às suas leis subordinavam obras alheias, esquecendo completamente os autores. Sainte-Beuve só é conhecido das gerações novas porque escreveu alguns versos e foi amante de Mme. Victor Hugo. Talvez apenas dele se recordem por ter essa senhora esquecido o gigante para amar o zoilo. Quem vos fala hoje, a sério, de Schlegel, de Hegel, ou mesmo do pobre Hennequin? *A crítica atual é a informação e a reportagem* (RIO, 2019 [1909], p. 38-39; grifos meus).

No desfecho, volta a atacar seu alvo. No trecho "Depois", no qual conclui os resultados do inquérito reproduzindo um suposto diálogo com um amigo, não há rodeios: "Meu amigo, eu acho que a crítica está absolutamente acabada" (2019 [1909], p. 328). As reflexões de Sainte-Beuve (mais uma referência ao crítico francês), os ensaios científicos ou metafísicos para explicar a composição da *Comédia*, de Dante, entre outros exemplos que cita, "desapareceram por completo". João do Rio é taxativo: "Hoje, sejamos francos, a literatura é uma profissão que carece do reclamo e que tem como *único crítico* o afrancesado Sucesso" (p. 328; grifos meus). O êxito de uma obra seria resultante de "uma força", que não seria "cega", destacou João do Rio, em metáfora que remete à ideia de Justiça e, portanto, àqueles que julgam, os quais, a exemplo dos críticos, deveriam ser "cegos" para serem justos. Essa "força" também não seria "inexplicável" e basear-se-ia em "leis fáceis de determinar", o que pode ser tomado como outra contraposição à crítica, nem sempre fácil. As novas leis, ao contrário, seriam fáceis porque nascem da "notoriedade lucrativa" e do "valor de mercado" – e "a venda é uma força". João do Rio expõe, desse modo, dilemas que já estavam sendo vivenciados por Veríssimo.

Diante do crítico, o inquérito de João do Rio tem seu sentido iluminado: para afirmar seu espaço, no início do século XX, a reportagem precisava enterrar a crítica, a instância de maior prestígio nos jornais até então. Por isso, o jornalista entrevista os escritores, afinal "não se quer conhecer as obras, prefere-se indagar a vida dos autores". A crítica não seria mais necessária. João do Rio oferece-nos de maneira clara uma clivagem que seria marcante e promissora a partir de então, ao opor reportagem e crítica.

PRIMEIRA PARTE   CAPÍTULO 1: O PERSONAGEM, AS CIRCUNSTÂNCIAS

Não se trata, portanto, de situar a derrocada da crítica somente após os anos 1950, conforme é costume em estudos no Brasil que relacionam esse processo à polêmica da cátedra contra o rodapé. Numa análise importante que avança no sentido de levar em conta nos estudos literários a presença dos meios de comunicação, Rocha (2011) afirma que um dos motivos da perda de espaço da crítica literária na imprensa foi a ascensão das mídias audiovisuais meados do século. Esse fator, argumenta ele, teria sido muito mais preponderante do que a suposta vitória da cátedra sobre o rodapé. De maneira mais específica, sugerimos que a crítica precisou, já desde o início do século XX, se ordenar à racionalidade de espaços nos jornais da primeira metade do século passado, quando a reportagem começou a ganhar a cena, impulsionada por diversos fatores, inclusive por tecnologias mais potentes de impressão e transmissão, como o telégrafo. O rodapé foi consequência disso.

Nesse formato, os limites da crítica foram mais bem demarcados: os textos passaram a ter tamanho fixo e o local que lhes era reservado não se comparava àquele grandioso da crítica a *Os Sertões*. Antonio Candido, por exemplo, ao comentar o início de sua atuação na imprensa como crítico de rodapé na *Folha da Manhã* (SP), em 1943, ilustra bem essa mudança. Vê-se que é uma perspectiva já adaptada à realidade do repórter e da reportagem, bastante diversa daquela de Veríssimo.

> A minha formação o que foi? Era a coisa que o jornalista, o foca[13], que é jogado e fala: 'Você tem que escrever sobre o escândalo no Senado'. E tem que escrever! Eu aceitei a tarefa de escrever sobre os livros da semana. Cinco laudas datilografadas com dois espaços, 30 linhas e 70 toques (CANDIDO, depoimento concedido a RODRIGUES, 2011, p. 240).

Apesar dessa limitação, a regularidade de publicação dos rodapés e sua multiplicação por muitos jornais fazia com que atendessem de maneira eficaz e com sucesso à oferta editorial, maior em relação ao período anterior. Cumprindo essa função, amarrada à ordem econômica, o rodapé teve força para invadir o espaço

---

13   No jargão da imprensa, "foca" é o repórter novato.

do folhetim, dando-lhe nova característica, nem que fosse por algumas décadas, oferecendo variedade aos leitores e renome a seus autores.

> É a crítica jornalística, é o "rodapé" que fez com que a literatura fosse submetida, por essa época [anos 1940], a uma grande vigilância crítica, que se desconhece hoje em dia. O aparecimento de um livro e do comentário subsequente era um acontecimento social, e a crítica, sendo uma atividade de homens cultos, sem cunho necessário de especialistas, um ato de sociabilidade (BOLLE, 1979, p. 24).

O folhetim romanceado foi se enfraquecendo, pois a emoção e a sensação que os jornais passaram a oferecer com suas reportagens, com mais intensidade desde o início do século, já podiam rivalizar com a ficção. Marialva Barbosa (2007, p. 50) destaca: "Compondo o texto a partir de um mundo, o repórter gera um novo mundo: um mundo que mescla realismo e romance, uma vez que a estrutura narrativa lembra a dos romances folhetins, ainda que os personagens sejam retirados da realidade". A invasão da sensação reforça-se na década de 1920, "abandonando as longas digressões políticas" (p. 49). Nas páginas em que são publicadas ilustrações e fotografias em profusão, destacam-se nas manchetes os horrores cotidianos. "Qualquer crime ou acidente serve de pretexto para gravuras repelentes: crânios abertos, braços decepados, olhos esgazeados e mãos crispadas pela dor", condena o jornal *O Paiz* (apud BARBOSA, p. 49) em 2 de novembro de 1916 – o ano da morte de Veríssimo[14].

Por força das transformações na imprensa, a crítica mudou na forma, mas a compreensão que se tinha dela não variou na mesma velocidade. Foi aberto o caminho para um distanciamento entre sua compreensão, idealizada com base na memória, e a realidade que se oferecia para sua expressão. Duas camadas de práticas profissionais, portanto, foram se sobrepondo: uma memorável,

---

14 Sobre o processo de "folhetinização" da informação, ver também Meyer (1996, p. 224). A autora se refere a como esse processo começou a ocorrer na França, na segunda metade do século XIX, a partir da competição entre *faits divers* do noticiário e o romance folhetim.

PRIMEIRA PARTE   CAPÍTULO 1: O PERSONAGEM, AS CIRCUNSTÂNCIAS

outra possível. O efeito foi muitas vezes um sentimento nostálgico. Sonhava-se principalmente com os anos de glória da crítica, tal como os de Veríssimo (apesar das lutas que havia começado a travar, ele simbolizou esse ápice). Isso implicava, porém, outras nostalgias, como a da centralidade da literatura e do papel grandioso atribuído ao intelectual.

Esse descasamento pode levar a um processo de construção mítica, procedimento que se repete com frequência no universo do jornalismo, conforme observa Marialva Barbosa, "instaurando um momento de glórias e virtudes, em contraposição a um presente onde todos os valores existentes anteriormente se perderam" (2007, p. 80). A presença da crítica literária na imprensa brasileira ao longo do século XX se estabelece no cabo de força entre memória e prática possível[15]. E José Veríssimo, que havia acusado o golpe das transformações na imprensa, passou a integrar a esfera memorável da crítica brasileira no século passado. Seu legado foi reivindicado tanto no jornalismo quanto na área acadêmica.

1.2 Esferas memoráveis

Álvaro Lins, "titular" (a expressão designava os críticos principais) do rodapé do *Correio da Manhã* nos anos 1940, coroado por Carlos Drummond de Andrade "o imperador" da crítica literária em seu tempo[16], tinha em Veríssimo seu modelo. Havia entre os dois, além disso, coincidências biográficas: ambos foram professores do Colégio Pedro II, possuíam origens provincianas (Veríssimo vinha do Pará; Lins, de Pernambuco), integraram a ABL (com a qual se desentenderam) e escreveram para o mesmo jornal, sendo que Veríssimo foi o primeiro crítico literário do *Correio*, a partir do ano de sua fundação, em 1901. São semelhanças citadas por Bolle que "devem ser encaradas não só como coincidência, mas como

---

15 Sobre a questão das anacronias da crítica literária no Brasil ver Bertol, 2020a.
16 Por ocasião da morte de Lins, Drummond, que atuara como cronista do *Correio da Manhã*, junto com Lins, escreveu sobre o crítico na sua coluna no *Jornal do Brasil*: "Foi o imperador da crítica brasileira, entre 1940 e 1950. Cada rodapé de Álvaro, no *Correio da Manhã*, tinha o dom de firmar um valor literário desconhecido ou contestado. E quando arrasava um autor, o melhor que o arrasado tinha a fazer era calar a boca" (06/06/1970).

submissão voluntária a um modelo conscientemente escolhido" (1979, p. 58). É no crítico do início do século que Lins "se autoprojeta e de quem se sente e se quer herdeiro" (p. 57).

Esta reivindicação do legado de Veríssimo no campo jornalístico, nos anos 1940, não passou despercebida a João Alexandre Barbosa, que em 1970 defendeu na Universidade de São Paulo (USP) a primeira tese de teoria literária no Brasil, sob orientação de Antonio Candido, tomando como objeto a obra de Veríssimo – escolha temática que, por seu marco fundador, encerra algum simbolismo. O trabalho foi publicado em 1974 com o título *A tradição do impasse.*

É preciso destacar a peculiaridade do momento vivido por Barbosa, de consolidação teórica literária no Brasil. Encontrar, então, uma linhagem de tradição na crítica literária brasileira – e uma tradição praticamente tão antiga quanto a República – seria tarefa bem-vinda, apesar do "ambiente acadêmico anti-historicista da década de 70" (SOUZA, 2015, p. 307). Nesse tempo, segundo Souza, vivia-se a voga da "absolutização do imanentismo pregado pelas diversas orientações estruturalistas, então no auge do seu prestígio" (p. 307). No entanto, o estudo de João Alexandre Barbosa também bebe de suas fontes contemporâneas, e, segundo escreve Alfredo Bosi no prefácio ao livro *A tradição do impasse*, as "incertezas, matéria do impasse [em Veríssimo], examinam-se [...] à luz de distinções da Teoria Literária tomadas, em boa parte, ao formalismo russo e à Linguística estrutural" (1974, p. 14).

De seu lado, o próprio Candido havia publicado *Método crítico em Sílvio Romero,* em 1945, e Afrânio Coutinho reuniu a obra de Araripe Júnior, em sucessivas edições da Casa de Rui Barbosa, entre 1958 e 1970. Os três críticos (Veríssimo, Romero, Araripe), que conviveram e escreveram sobre os mesmos autores, tendo todos participado da criação da ABL, foram naturalizados ao longo do século XX como os fundadores da crítica literária brasileira. Mas mesmo em seu tempo já eram reconhecidos como os três maiores por seus contemporâneos. Embora os três atuassem na imprensa, Veríssimo se diferenciava por sua presença mais constante em jornais – e Araripe era mais presente em jornais que Romero. Este nunca chegou a fazer crítica militante em jornal ou revista. "E por

PRIMEIRA PARTE   CAPÍTULO 1: O PERSONAGEM, AS CIRCUNSTÂNCIAS

isso mesmo se irritava com a atividade excessiva desenvolvida por Veríssimo nesse sentido" (BROCA, 1956, p. 244). Já Araripe somente no século XIX, antes da proclamação da República, teve atuação de crítico militante, mas escrevia esporadicamente para diferentes jornais, muitas vezes em tom mais ensaístico do que com o objetivo de exercício de crítica.

A crítica literária, claro, já existia no Brasil antes dessa tríade e era praticada por muitos outros no tempo em que os três críticos citados atuavam na imprensa. No romantismo, por exemplo, desempenhou papel fundamental. O próprio Machado fora crítico literário até o fim dos anos 1870 e chegou a escrever uma espécie de programa para a prática, intitulado "O ideal do crítico" (1865). No entanto, o Machado romancista e cronista sobrepõe-se ao crítico. Os críticos que vieram antes do período republicano não tiveram as condições de realizar obras extensas e com linhas programáticas plenamente desenvolvidas. Até porque muitos morreram cedo (ver SOUZA, 2015).

A partir dos anos 1950, por meio das ascendências escolhidas na crítica oitocentista, os professores firmavam posição e, não raro, questionavam-se uns aos outros. Em muitas passagens de *A tradição do impasse*, por exemplo, fazem-se objeções a análises negativas de Afrânio Coutinho sobre Veríssimo, que seriam marcadas pelo anacronismo e certa superficialidade apressada em caracterizá-lo como moralista, e quase nada além disso. Mas, além de Álvaro Lins, Coutinho travara polêmica com Antonio Candido, a quem Barbosa dedica seu livro, o que evoca uma intrincada ciranda de controvérsias.

A tradição do impasse integra-se, portanto, a esse movimento geracional e reivindica para os estudos teóricos a memória de José Veríssimo. No livro, observam-se as diferentes formas de apreensão de sua obra ao longo dos anos, a fim de situá-la no âmbito da teoria. O primeiro momento iria até a publicação em 1936 de uma biografia por Francisco Prisco, que, segundo Barbosa, teve o mérito de "reunir informações esparsas e mesmo perdidas por força de uma evolução cultural desordenada, como a nossa" (p. 209). O trabalho repetiria, sem realizar uma investigação aprofundada da linguagem de Veríssimo, ideias anteriormente estabelecidas.

O livro de J. A. Barbosa é até hoje a principal referência sobre José Veríssimo. Além disso, Barbosa desempenhou um papel pioneiro ao reunir em diferentes coletâneas textos de Veríssimo que estavam perdidos em jornal – sem esse trabalho, por exemplo, não se teria noção da "vertente" latino-americanista de Veríssimo. No entanto, o levantamento realizado para sua pesquisa de 1970 deixa de fora pelo menos dois trabalhos que foram observados por Wilson Martins (2002) como fundamentais para melhor conhecer a obra do crítico. Um é o artigo publicado por Mário de Alencar na *Revista do Brasil,* no primeiro tomo desta, na edição de fevereiro de 1916, mês da morte de Veríssimo. Muito próximo dele, em decorrência da amizade comum com Machado, Alencar "indicava três fases em sua carreira de crítico: a do nacionalismo, a da função social da literatura e a do julgamento puramente estético" (apud MARTINS, p. 200). Barbosa, em 1970, sem citar Alencar em nenhuma passagem, também apresentou o plano de divisão em três fases para analisar a obra de Veríssimo – e esta esquematização seria uma das principais contribuições de seu trabalho para compreender o trabalho do crítico. Embora com perspectiva variada, há na análise de Barbosa pontos em comum em relação a Alencar, que discutiu o assunto de maneira muito resumida num artigo de revista em homenagem ao crítico, então recém-falecido. No texto, ao destacar a importância de Veríssimo, Alencar fez objeções a seu profundo ceticismo, que teria como corolário e poderia ser explicado, segundo ele, pela força de seu ateísmo (com o qual evidentemente não concordava).

Outro comentário de primazia sobre Veríssimo veio do brasilianista americano Isaac Goldberg (1887-1938). Em *Brazilian Literature*, publicado em Nova York a propósito das comemorações da Independência em 1922, Goldberg teria sido o primeiro a realizar uma análise aprofundada da obra de Veríssimo. Ele apresenta uma proposição original: estando à frente "de todos os que no Brasil já haviam tratado de literatura", Veríssimo pode ser considerado "tão pouco 'brasileiro' quanto Machado de Assis" (GOLBERG apud MARTINS, 2002, p. 486). O crítico oitocentista, destacou o brasilianista, seria "um espírito livre, um verdadeiro cidadão do mundo", aspecto que deveria ser valorizado diante da pequena "oligarquia intelectual" do país. Sua maneira de escrever, malvista entre os brasileiros, soava ao americano de modo diverso: "é, pelo menos para o estrangeiro, uma fonte de constante encanto por sua simplicidade, objetividade e, usualmente, desataviada lucidez".

No entanto, a independência de Veríssimo elogiada por Goldberg – "ele serviu, e serviu com admirável escrúpulo, nobreza e sabedoria, à causa da verdade e da beleza" – também foi enaltecida pelos brasileiros. Entre as características positivas do crítico sempre citadas, a de maior destaque, observa Barbosa, é "o louvor, antes de mais nada, da probidade do autor, a sua dedicação à tarefa a que se entrega" (1974, p. 204). Artigo de José Maria Bello, publicado no *Jornal do Commercio* em 11 de fevereiro de 1916, poucos dias depois da morte de Veríssimo, destaca em tom de homenagem que a literatura brasileira havia perdido, "quiçá, o seu único crítico", que, "se há de ficar na nossa memória como um espírito de extraordinária argúcia, uma inteligência admiravelmente lúdica e equilibrada, ficará, igualmente, como exemplo de absoluta integridade moral".

A restrição que faz refere-se à forma como redigia, algo que, no entanto, como acabamos de ver, agradava ao brasilianista americano. Para Bello, "o seu fraco foi o estilo [...]. Veríssimo não foi jamais um escritor sóbrio e elegante: algumas vezes, a própria clareza lhe era duvidosa. É um defeito? Decerto, e grande e grave. Mas quem não os tem?". Esse aspecto também foi usado por Sílvio Romero com sarcasmo em seu libelo polêmico *Zéverissimações ineptas da crítica* (1909), com ataques a Veríssimo, e ainda seria retomado muitas vezes por outros comentaristas.

Não obstante, há no artigo elogioso de Bello, observa Barbosa, um tom de opinião superficial também presente em textos daqueles que o criticaram, como Pedro do Couto, que em 1906 apontou três ausências em Veríssimo: falta de clareza, de concisão e de "ponto de vista filosófico" (apud BARBOSA, 1974, p. 206). Esta afirmação se tornaria lugar-comum entre os que, "explícita ou implicitamente", tomam como modelo a obra de Sílvio Romero, completa Barbosa: "Os detratores de José Veríssimo insistem na sua má formação filosófica ou mesmo certa cautela (tomada como pejorativa por aqueles) na emissão de juízos críticos" (1974, p. 206).

Assim, os estudos da primeira fase seriam marcados "por ideais estéticos indefinidos e muito de moralidade – que se constituiu numa espécie de *fable convenue* a respeito do autor e de sua obra" (BARBOSA, 1974, p. 208). Em lugar dessas análises que seriam constituídas por "traços gerais", Barbosa sugere o "cuidado da investigação particularizada", sem pretender – reitera ele no início de seu livro – realizar a defesa do crítico. Repetir com Elísio de Carvalho "que o crítico foi 'sincero', 'sentido', 'refletido' e 'sem cabotinismo' [...] é oferecer antes razões para a tautologia" (1974, p. 207). Carvalho, apesar disso, teria sido um arguto analista da obra de Veríssimo e havia observado três características principais em sua obra: o problema da cultura, a função social da arte e a defesa da língua. De acordo com Martins (2002), os aspectos destacados por Elísio de Carvalho correspondem de certa maneira às três linhas apontadas por Mário de Alencar (autor que Barbosa não cita). Não obstante, embora Barbosa reconheça que essa classificação seja "até certo ponto útil" (1974, p. 208), Elísio de Carvalho também não teria conseguido superar o ponto de vista moral.

Se considera compreensível que essa tautologia, presente em análises como a de Carvalho, tenha guiado a biografia de 1936, Barbosa surpreende-se com que seja retomada por Álvaro Lins. Não que fosse errado elogiar, como Lins diria, o "julgamento mais exato, mais imparcial, mais justo. Uma vitória que não vinha só da inteligência, mas das qualidades morais da sua personalidade: a isenção, a vocação de juiz, a ausência de inveja, o amor à verdade" (apud BARBOSA, 1974, p. 208). Mas esse tipo de exaltação adjetiva não seria a melhor via para conhecer a lógica das ideias (ou a linguagem, como diz Barbosa) de Veríssimo, por "falta de rigor interpretativo".

Porém, apesar da surpresa negativa de Barbosa em relação a Lins, o teor da mirada que este lança sobre seu predecessor integra a memória que se tem do crítico – mesmo que possa haver falta de rigor interpretativo na constituição dessa memória. Assim, forma-se o tecido memorável que atua no cotidiano, notadamente no do jornalismo. O que se tece é a imagem idealizada do crítico destemido, compromissado, na medida justa, com a verdade de seus princípios. Se na opinião dos detratores houve falta de estilo e de ponto de vista filosófico – e as opiniões negativas também concorrem no cotidiano e em parte explicam por que existem poucos trabalhos a seu respeito –, o próprio Lins oferece uma reposta: "De tudo o que estamos dizendo hoje sobre os escritores daquela época, o traço essencial, a definição insubstituível já se encontra na sua crítica" (apud BARBOSA, 1974, p. 210).

Destacar a independência de Veríssimo e identificar-se com ela não era pouca coisa para Lins. A ênfase na individualidade e na liberdade ganha relevo em sua época, devido à ameaça do nazifascismo (BOLLE, 1979), questão à qual não estava indiferente. Já em seu primeiro rodapé no *Correio*, escreveu: "A personalidade, a individualidade, a liberdade – tudo o que é essencial na figura do homem corre o risco de uma anulação em favor da coletividade" (apud BOLLE, 1979, p. 59). Podemos pensar também em que medida suas afirmações não se relacionariam a crescentes pressões de mercado, num momento de maior desenvolvimento em comparação com aquele de Veríssimo. Havia exigências mais fortes dos jornais para se manterem competitivos e do mercado editorial para a publicação e a difusão das obras. O aspecto econômico, como já observamos, não seria dos menores para a sobrevivência dos rodapés, publicados em ritmo industrial (embora Veríssimo também escrevesse nesse "ritmo industrial" e textos em geral bem maiores).

O fato é que, assim como em Veríssimo, as questões políticas e sociais faziam-se presentes em Lins – interesse que "vai num *crescendo* até o quinto volume [de 1947] do *Jornal de Critica*" (BOLLE, 1979, p. 84), série em que republicava pela Editora José Olympio os textos do *Correio*. Depois, curiosamente, diminuíram até desaparecer no sétimo volume – e a partir de 1948, recordemos, tem início sua estridente polêmica com Afrânio Coutinho. Mas a crescente especificidade literária das críticas não deve ser tomada como diminuição do interesse por questões políticas, tanto que nos anos 1950 Lins se torna chefe de gabinete de Juscelino Kubitschek, recompensa pela militância favorável ao presidente nas páginas do *Correio*, onde àquela altura atuava como editorialista. Sinal ainda do prestígio da crítica, pois foi com sua proeminência na atividade que Lins se tornou conhecido.

Naquele quinto volume das críticas de Lins, de 1947, há uma apresentação de Antonio Candido intitulada "Um crítico", na qual analisa o que chama de dilaceramento presente em Lins e em muitos críticos que lhe eram contemporâneos, e que "opõe, dentro do pensamento, o aspecto de interpretação estética ao aspecto de participação política" (apud BARBOSA, 1974, p. 211). Candido estaria também falando de si próprio, enquanto um desses contemporâneos? Reiterou ele: "[...] o Senhor Álvaro Lins reconhece a necessidade do crítico situar-se politicamente, embora distinguindo dois reinos, senão independentes pelo menos autônomos: o da Literatura e o da Política". A separação seria recomendável para "impedir o aviltamento da Arte", embora represente "uma cunha metida na unidade espiritual do crítico".

Na conceituação teórica de Barbosa, a ideia de "cunha" poderia ser facilmente substituída pela de "impasse" – ou seja, a "tradição do impasse", que, embora possa ser observada a partir de múltiplas contradições, seria resumidamente a tradição do impasse entre crítica de cunho social e aquela voltada para questões estéticas. Tanto que Barbosa destaca esse trecho de Candido sobre Lins – no qual ele aponta para "a cunha metida na unidade espiritual do crítico" – a fim de observar de que modo atuava em Lins a mesma "problemática básica" presente em Veríssimo, ou seja, a do "crítico dividido entre a preocupação especificamente literária e a aspiração em dar uma função social à sua atividade" (1974, p. 211). Esse impasse, que seria fundamental para Veríssimo, possui uma série de desdobramentos em sua atividade.

A busca da especificidade estética é tomada como ponto positivo em relação ao crítico na memória que lhe reservam os estudos literários. A começar por Antonio Candido, Veríssimo seria "o mais literário dos nossos velhos críticos" (2000 [1965], p. 116). Roberto Acízelo de Souza destaca que Veríssimo "alcançou o que era, no seu tempo, a fronteira do conhecimento na sua especialidade" (2015, p. 334). Ele teria começado a "extrapolar o âmbito da crítica e da história literárias, disciplinas oitocentistas [...], para acercar-se de questões situadas num espaço disciplinar novo e destinado à plena definição somente no curso do século XX, a teoria da literatura, de que foi pioneiro entre nós" (2015, p. 333).

Foi na imprensa, em dois artigos escritos para o *Jornal do Commercio*, no ano de 1900 – "A crítica literária" (12/02) e "Que é literatura?" (22/10) –, que formulou questões sobre o método e o objeto dos estudos literários. Suas questões vão no sentido de sugerir para a literatura uma investigação "em termos propriamente estéticos" (SOUZA, 2015, p. 334). Na introdução de *História da literatura brasileira*, em trecho muito citado em sua fortuna crítica, Veríssimo afirma: "Literatura é arte literária. Somente o escrito com o propósito ou intuição dessa arte, isto é, com os artifícios de invenção e de composição que a constituem, é, a meu ver, literatura. [...] Esta é neste livro sinônimo de boas ou belas-letras, conforme a vernácula noção clássica" (1998 [1916], p. 24).

Assim, Veríssimo, que, apesar de seus vislumbres teóricos, continuou a ser um crítico oitocentista e um historiador da literatura, fez um esforço de "drástica depuração" (SOUZA, 2015, p. 337). Nesse ponto, costuma ser comparado a Sílvio Romero, que adotava, a partir da tradição alemã, uma definição de literatura pela qual esta compreendia "todas as manifestações da inteligência de um povo: política, economia, arte, criações populares, ciências... e não, como era costume supor-se no Brasil, somente as intituladas belas-letras" (ROMERO apud SOUZA, 2015, p. 336).

Outra consequência da depuração de Veríssimo seria não seguir tão à risca o critério de nacionalidade para o julgamento da obra literária. Adotar esse ponto de vista foi resultado, em grande parte, do impacto que lhe causou a leitura de Machado de Assis. Ao deixar de seguir estritamente os critérios vigentes, sua crítica teria cedido ao que muitos chamam de impressionismo, que indicaria sobretudo falta de critério, diga-se de critério teórico, para a leitura das obras. A característica costuma ser associada à crítica literária na imprensa, impregnando a memória que se tem desta.

1.3 Quem tem medo do impressionismo?

Nos estudos literários, é comum expor a posição de Veríssimo em contraposição à de Romero, seu detrator. Toma-se como caso exemplar dessa oposição, decorrência da diferença na maneira de definir a literatura, as visões dos autores em relação à obra de Machado, a quem Romero também costumava atacar, virulentamente. Ninguém, como o escritor carioca, teria sofrido tanto com o "talento dissociado" de sua pena ferina, que podia dar bons diagnósticos, ainda que muitas vezes para corpos errados (GUIMARÃES, 2004b).

A partir do contraste de ideias entre Romero e Veríssimo, seria possível explicitar a origem de duas vertentes influentes na crítica literária brasileira, uma com ênfase sociológica (caso de Romero) e outra mais estética (de Veríssimo). A explicação sintética de Rocha (2011, p. 96) dá por ora uma ideia geral dessa oposição: "Eis a origem do desacordo fundamental na apreciação da obra de Machado de Assis: artificial e estrangeirado na apreciação de Romero; artístico e universal, na perspectiva de Veríssimo".

A distinção entre os dois começou a acentuar-se com a crítica a *Quincas Borba* que Veríssimo publicou em 11 de janeiro de 1892 no Folhetim de segunda-feira do *Jornal do Brasil*. O texto sobre o romance de Machado, como já notaram diferentes observadores (BARBOSA, 1974; GUIMARÃES, 2004b), representa uma virada no programa de Veríssimo. O crítico começou, então, a distanciar-se do ideário da Geração 1870, na qual se formou – ele, que havia iniciado em 1877 sua atividade intelectual na província. Seu livro de 1890, *A educação nacional*, passaporte para seu ingresso nas rodas de prestígio da capital, traz uma epígrafe de Sílvio Romero, sinal da influência que sofrera do autor sergipano. O trecho tirado da *História da literatura brasileira* (1888) destaca: "Este livro, quero que seja um protesto, um grito de alarma de *são brasileirismo*, um brado de entusiasmo para um futuro melhor" (grifo do original). Na crítica de janeiro de 1892, escreveu:

> A obra literária do *Senhor* Machado de Assis não pode ser julgada segundo o critério que eu peço licença para chamar de nacionalístico. Esse critério, que é o princípio diretor da *História da Literatura Brasileira* e de toda a obra crítica do *Senhor* Sílvio Romero, consiste, reduzido a sua expressão mais simples, em indagar o modo por que um escritor contribuiu para a determinação do caráter nacional ou, em outros termos, qual medida do seu concurso na formação de uma literatura, que por uma porção de caracteres diferenciais se pudesse chamar conscientemente brasileira (VERÍSSIMO, *Jornal do Brasil*, 11/01/1892).

PRIMEIRA PARTE   CAPÍTULO 1: O PERSONAGEM, AS CIRCUNSTÂNCIAS

O talento, continuou o crítico, deveria ser reconhecido como critério do valor, "independentemente de uma inspiração mais pegada à vida nacional". Veríssimo também enfatizou (como já destacamos) a importância do humor machadiano como critério de análise, algo que viria a crescer na fortuna crítica do autor.

Na introdução da segunda edição de *A educação nacional*, publicada pela Francisco Alves em 1906, Veríssimo chegou a desculpar-se pelo ponto de vista excessivamente nacionalista, "acaso estreito e mesquinho" (2013, p. 59), da época do lançamento. A obra, buscou explicar, fora redigida logo após a proclamação da República, "na doce ilusão e fagueira esperança de que o novo regime [...] havia realmente de ser de emenda e correção dos vícios e defeitos de que os seus propagandistas, entre os quais me poderia contar, levaram mais de meio século a exprobar à monarquia" (p. 29).

Em 1906, ele voltou a reiterar a necessidade de defesa da educação leiga e universal, que deveria incluir as mulheres (às quais dedicou um capítulo incluído na nova edição, com duras críticas ao elevado índice de analfabetismo entre elas, mesmo nas classes abastadas). O livro também retrata em cores fortes as marcas perversas da escravidão nas famílias brasileiras. Na nova introdução, o autor nega que seja patriota:

> [...] ao menos não o quero ser na acepção política deste vocábulo, assevandijado pelo uso desonesto que com ele se qualificam os mais indignos republicanos. [...] Não façamos da Pátria um ídolo, um novo Moloch, a quem tudo sacrifiquemos (VERÍSSIMO, 1906, p. 59).

O tom no fim do prefácio dessa segunda edição chega a ser de levante – "quase uma declaração subversiva", comenta José Murilo de Carvalho na reedição de 2013 (p. 24). "As conveniências da humanidade, da justiça e da verdade – escreveu o crítico – devem prevalecer às da nossa pátria, da iniquidade e da mentira" (p. 59). Em 1892, quando escreveu a crítica a *Quincas Borba*, somente cerca de meio ano depois de ter chegado ao Rio, podendo então movimentar-se pelos bastidores da República, Veríssimo começava a deixar para trás o entusiasmo, sinalizado no brado romeriano de sua epígrafe.

TRINCHEIRAS DA CRÍTICA LITERÁRIA   RACHEL BERTOL

O desencanto se acentuaria com os anos. Diante da obra machadiana, ele sentia vontade de despir-se de fórmulas:

> Por isso, a [obra] do *Senhor* Machado de Assis deve ser encarada à outra luz e, sobretudo, sem nenhum preconceito de escolas e teorias literárias. Se houvéssemos, por exemplo, de julgá-la conforme o critério a que chamei de nacionalístico, ela seria nula ou quase nula, o que basta, dado o seu valor incontestável, para mostrar quão injusta [*sic*] pode ser às vezes o emprego sistemático de fórmulas críticas. Eu por mim cada vez acredito menos nelas (VERÍSSIMO, *Jornal do Brasil*, 11/01/1892).

Guimarães (2004b), coincidindo com Barbosa (1974), observa que, nesse texto, se abria mão de critérios anteriores, Veríssimo cedeu ao "impressionismo". O termo, que em crítica literária possui peso pejorativo, quase sinônimo de vale-tudo, aderiria anos depois a críticos como Álvaro Lins, tendo a conotação negativa reforçada (no caso deste) sobretudo pelo viés de Afrânio Coutinho. Não por acaso, o titular do *Correio da Manhã* seria herdeiro de Veríssimo.

A crítica a *Quincas Borba* pode ser tomada como exemplar das contradições que definiriam a renovação da crítica de Veríssimo. "Não parece haver dúvida de que, através desse texto, o crítico se desarmava de um instrumental de reflexão elaborado em bases racionais e se decidia pelo império do gosto e da opinião", escreveu Barbosa (1974, p. 143). Exemplos disso seriam as afirmações em favor do "valor incontestável" e da importância do "talento" acima do critério nacionalista. Mas este critério não se anulou totalmente, tanto que o livro traria "uma porção de tipos e situações eminentemente nossas".

> O *Senhor* Machado de Assis, cujo temperamento parece avesso à representação quase fotográfica, à fotografia banal da vida, [...], não obstante a forma fantasiosa e velada, irônica e humorística do seu romance, fez nele um quadro excelente da nossa vida e dos nossos costumes. E fê-lo tanto melhor que talvez o fizesse sem a preocupação de o fazer (VERÍSSIMO, *Jornal do Brasil*, 11/01/1892).

PRIMEIRA PARTE   CAPÍTULO 1: O PERSONAGEM, AS CIRCUNSTÂNCIAS

A menção a uma resistência à "representação quase fotográfica" ou à "fotografia banal da vida" evoca metaforicamente um universo imagético sugestivo para uma apreciação considerada impressionista. Ao dar ênfase à fotografia incomum, não banal, que teria permitido a Machado alcançar "um quadro excelente da nossa vida", Veríssimo aproximou-se da ideia de "instinto de nacionalidade", desenvolvida por Machado em seu ensaio de 1873. Na opinião de Barbosa, essa identificação seria mais um fator a configurar o impressionismo: "Na verdade, falar, como Machado, em 'certo sentimento íntimo' que se deve exigir do escritor 'que o torne homem do seu tempo e do seu país', enquanto critério de definição de nacionalidade de obras literárias, é optar pelo indefinível" (1974, p. 144).

Guimarães (2004b) reitera que essa nova ênfase, com "o relaxamento dos critérios etnográficos e geográficos [dos primeiros anos da crítica de Veríssimo], recorrentes e comuns à crítica romântica e naturalista, *tirava o foco da paisagem local*" (grifos meus). Condenar a ausência das paisagens locais nos romances de Machado "seria um dos lugares-comuns" da crítica contemporânea ao autor, lugar-comum de que Veríssimo se desviou. Sua perspectiva ensejou a valorização de aspectos estéticos, "arejando a atmosfera crítica dos determinismos ambientais e sociais que marcaram a crítica da sua geração" (GUIMARÃES, 2004b). Assim, conseguiu chegar mais perto do autor que os demais. Por outro lado, ainda segundo Guimarães, sem romper plenamente com os padrões vigentes, como o de nacionalidade e o da função social para a arte, teria recaído em "impressionismo e contradição".

Essa contradição seria uma das características do impasse apontado por Barbosa (1974, p. 202), "a partir de uma conciliação impossível entre o impressionismo e o naturalismo críticos". Nesse sentido, aquele se refere ao ideal estético, e o naturalismo, apesar de sua gama de variações em diferentes escolas, em última instância se inspira, assim como o realismo – e este em medida ainda mais perene –, na relação intrínseca entre arte e representação do real. "Eu não creio que o Realismo seja propriamente uma escola; o Realismo é a mesma Arte, pois que a Arte não é senão a tentativa de representação do Real", definiu Veríssimo na segunda série de

Estudos Brasileiros (1894, p. 66), no qual reuniu a crítica a *Quincas Borba* e outras publicadas no *Jornal do Brasil*. O trecho foi destacado por Barbosa (1974, p. 64) para explicar as contradições no autor.

Na perspectiva de Bolle, é esse tipo de contradição o que permitiria a renovação constante da crítica, sem a qual esta acabaria por perder potência. O termo "impressionismo" possui origem francesa e foi transposto das artes plásticas. Já nasceu polêmico e seria um dos primeiros reflexos na crítica dos dilemas em torno da ideia de representação na arte, a partir, sobretudo, do surgimento do simbolismo. Ao escrever sobre Álvaro Lins, Bolle definiu o impressionismo como crítica não científica.

Assim, podem ser consideradas impressionistas "a crítica epicurista de Anatole France e Jules Lemaître por oposição à crítica determinista de Taine e de Brunetière; a crítica 'estética' de José Veríssimo por oposição à crítica 'sociológica' de Sílvio Romero; a crítica de Álvaro Lins em face do *new-criticism* propugnado por Afrânio Coutinho" (BOLLE, 1979, p. 62). Na época em que Bolle lançou seu livro sobre Álvaro Lins (resultante de seu doutorado, também orientado por Antonio Candido), no fim dos anos 1970, seria, ainda segundo a autora, "toda a crítica que se rebela a uma estrita obediência estruturalista". Além disso, somente aquilo que os impressionistas revelaram se teria tornado matéria de estudo dos estruturalistas, "isso porque o estruturalismo ortodoxo – como de resto toda a crítica científica – não assume postura judicativa, não é axiológico" (BOLLE, 1979, p. 62).

No enfoque imanente, não axiológico, a obra é considerada "um sistema autossuficiente", onde não se realiza o movimento de "recuo em relação ao texto". Esse recuo equivaleria a uma atitude "culturalista", necessária ao exercício judicativo, tal como praticado por Lins, relacionando o que foi escrito ao campo social e a outras obras literárias, além da constante "atenção às sensações pessoais ante o texto" (BOLLE, 1979, p. 62). Ao adotar o "culturalismo" sem abrir mão do ideal estético, Lins seria herdeiro da tradição de impasse tal como definiu Barbosa (1974) a partir de Veríssimo.

No entanto, Alfredo Bosi, já no prefácio de *A tradição do impasse*, relativizou a presença do impressionismo em Veríssimo. Escreveu ele que essa característica "quadra-lhe apenas em parte" (1974, p.

PRIMEIRA PARTE CAPÍTULO 1: O PERSONAGEM, AS CIRCUNSTÂNCIAS

14). Afinal, havia "um critério nesse pedagogo de sólido caráter e poucas esperanças: o de um artesanato que purgasse o poema, o romance e o drama de qualquer excesso – sentimental, naturalista ou ideológico – e reduzisse os mais variados conteúdos a uma forma lisa, plana e sociável" (p. 14).

Ao apresentar o livro de Barbosa, Bosi encontrou uma imagem que sintetiza bem a ideia defendida na tese. Haveria dois planos na obra de Veríssimo. Um é o do significante: "Tocando nas formas, Veríssimo escolhia padrões tradicionais de gosto que lhe pareciam assegurados pelo passado literário: foi acadêmico". No outro plano, do significado, "recortando os conteúdos das mensagens, ele não poderia deixar de ser contemporâneo de si próprio; e a ideologia do republicano involuído e do nacionalista em crise articula, sempre que pode, juízos de valor" (1974, p. 14).

Com essa alternância de enfoques, "deixou sem resposta a questão central de toda crítica literária: o que faz de uma obra, uma obra de arte? A conquista de uma forma ou o seu grau de representatividade social?". Esse impasse, perguntou-se ainda Bosi, não seria aquele "reiterado em quase toda crítica militante?". Já se constituindo numa tradição, tal impasse exigiria "um exame epistemológico sempre renovado da autonomia ou da dependência do discurso crítico em nosso tempo" (1974, p. 14).

Wilson Martins, em sua busca enciclopédica das "famílias espirituais" da crítica literária brasileira, em obra lançada em 1952 e reeditada com muitos acréscimos e revisões em 2002, observa que a "família" impressionista seria a maior e mais antiga do país, ainda que, "também, a mais caluniada" (p. 88). No entanto, Veríssimo, "que iria se distinguir como o nosso maior crítico *literário* do século XIX" (p. 201, grifo do autor), não faria parte dela. Martins o situou na estirpe mais seleta – pelo menos em sua perspectiva, pois incluiu nela um número bem menor de pessoas – da "família" estética.

Reconheceu, no entanto, que há aspectos em sua obra que poderiam aproximá-lo do impressionismo, mas ponderou: "As duas [a família estética e a impressionista], aliás, não se opõem tanto quanto pretendem os maniqueístas da crítica, podendo mesmo dizer-se que uma não vai jamais sem a outra e que ambas se iluminam reciprocamente" (p. 200). Martins revalida as três características destacadas por Elísio de Carvalho quanto a Veríssimo – o problema da cultura, a defesa da língua e a função social da arte – como critérios que sempre guiaram de alguma maneira os textos de Veríssimo. De alguma forma, são características que correspondem às três fases apontadas por Mário de Alencar (nacionalismo; função social da arte; crítica estética), as quais foram retomadas por Barbosa (que, por sua vez, não cita Mário de Alencar). "Foi o primeiro dos nossos críticos que recusaram obstinadamente as medidas pessoais de julgamento, os argumentos *ad hominem* e a influência dos sentimentos emocionais na crítica" (MARTINS, 2002, p. 203). E completou: os que "voltarem com seriedade a seus livros verão que disse singelamente [...] a maior parte do que hoje avançamos orgulhosamente como novidades".

Impressionista ou não, o fato é que o crítico "jamais abandonou a premissa romântico-realista de literatura como expressão/representação" (SOUZA, 2015, p. 340). Quanto à presença de elementos do romantismo na obra de Veríssimo, Bosi observa que tanto ele quanto Romero devem muito ao romantismo, especialmente o da fase de 1860-1870, "social liberal", antes de adotarem esquemas realistas e científicos. O jovem autor das *Cenas da vida amazônica* era um estudioso tomado pela paixão da etnografia, do folclore, da ficção regional, lembra Bosi. "Os seus mitos fundamentais chamavam-se, ainda, Nação e Povo. A ciência do tempo dava-lhe, de empréstimo, a noção de Raça". Assim, a definição de Barbosa desse primeiro momento como de uso simultâneo de "esquemas ficcionais e etnográficos" seria acertada. "Abre, nesse passo, um caminho para futuros intérpretes: examinar a superposição de critérios positivistas e a herança romântica no pensamento nacional a partir de 1870" (BOSI, 1974, p. 13).

Veríssimo sempre teceu ressalvas ao simbolismo (especialmente em relação ao que via como péssima cópia realizada pelos autores nacionais dessa corrente europeia) e às vanguardas estéticas que começavam a surgir no início do século XX[17]. O ideal de representação na arte, tão caro à sua perspectiva, começava a ruir. Por

---

17 Álvaro Lins também será refratário às vanguardas do modernismo. "A crítica de Álvaro Lins vai do período da absorção do Modernismo à sua recusa" (BOLLE, 1979, p. 19).

outro lado, também não aprovava o tipo de jornalismo que começava a despontar no Brasil desde o fim do século XIX. Haveria alguma relação entre as mudanças na arte e na literatura com aquelas no jornalismo? Algo acontecia na virada do século, e Veríssimo não se sentia disposto a acompanhar.

O impasse de que fala Barbosa – ou "a cunha metida na unidade espiritual do crítico", na expressão de Candido – é observado neste trabalho também em relação às demandas do meio jornalístico em relação ao texto crítico. Nas diferentes fases da trajetória de Veríssimo, sempre se manteve "a ideia da Crítica como atividade cultural ampla e não apenas literária" (BARBOSA, 1974, p. 65). Ora, não seria esta também uma demanda do jornal em relação à crítica?

Quando se fala em crítica literária na imprensa, palavras como "superficialidade", "pressa", "eloquência" – e "impressionismo" – costumam ser destacadas, mesmo em relação aos críticos oitocentistas. Mas, por outro lado, o que sustentava a prática de uma crítica literária complexa, como a de Veríssimo e de seus contemporâneos, naquele espaço efêmero? Veríssimo não era uma exceção, embora algumas vezes conseguisse ser excepcional no que fazia. Seu caso comportaria uma tipologia – foi desse modo que Barbosa (1974) o analisou –, donde a tentação de estabelecer a linhagem de uma tradição por meio de sua trajetória.

Os jornais, decerto, também precisam submeter-se àquilo que Barbosa observou como uma "espécie de obrigatoriedade de época, discutida em termos de 'necessidade' por Roland Barthes" (apud BARBOSA, 1974, p. 208); "[...] o problema não é apenas de escolha pessoal em se adotar este ou aquele modo de ver a cultura". Assim, o jornal torna-se cenário de guerra onde, nos bastidores e na relação com o público, as obrigatoriedades da época – ou do tempo – são diariamente renegociadas.

No estudo de Barbosa, há uma frase – apenas uma – em que ele observa que o teor das críticas, redigidas primordialmente para os jornais, "revela, simultaneamente, quer a linha do periódico em que foram editados, quer a espécie de público que procuravam atingir" (1974, p. 68). Como a obra do crítico se compõe na maioria de textos para jornais (o que dificulta formar uma ideia de conjunto, pois apenas uma parcela foi reunida em livros), deduz-se que seus vínculos com as redações tenham sido intensos. No entanto, Barbosa não se aprofunda nessa questão, e os diferentes jornais para os quais Veríssimo colaborou são diferenciados apenas por seus nomes próprios – ou seja, são indiferenciados –, apesar do que afirma sobre as linhas editoriais. No entanto, na imprensa encontram-se chaves para ampliar compreensão do "impasse" que Barbosa toma como central para entender a crítica de Veríssimo.

Capítulo 2: O tempo

2.1 Máquina de escrever

Em carta de 9 de junho de 1899 a Oliveira Lima, José Veríssimo pedia desculpas pela demora em escrever e justificava-se pelo excesso de trabalho – "desde que me transformei em uma máquina de escrever para ganhar o pão", dizia. Àquela altura, a *Revista Brasileira*, que fizera reviver e dirigira desde 1895, tendo-se consolidado como a publicação cultural mais importante de então, estava perdendo ritmo e deixaria de circular. Nas cartas, Veríssimo não escondia as dificuldades financeiras da publicação, nem as suas. Conseguiu transferir o prestígio obtido com a *Revista* para o *Jornal do Commercio*, onde em 2 de janeiro daquele mesmo 1899 havia se tornado titular da seção Revista Literária, publicada semanalmente na primeira página (não como rodapé). Diferentemente de sua entrada na imprensa da capital, no *Jornal do Brasil*, em 1891, na época recém-chegado da província, agora ele já estava consolidado como crítico literário. Sua centralidade na atividade se reforçaria com a seção do importante jornal.

Convertendo-se em "máquina de escrever", Veríssimo não deixava de fazer alusão às máquinas (de fato) anunciadas com frequência nos jornais, como a Remington de 1897: "A mais aperfeiçoada de 26 modelos atualmente existentes", exaltava a propaganda de 27 de setembro no *Jornal do Commercio*. Também havia anúncios de aulas sobre como utilizá-las[18]. Transmutar-se em máquina de escrever era figura de expressão então comum, o que indica a presença dessa tecnologia no imaginário, embora datilografar não fosse considerada a mais nobre das atividades. Escrever à máquina era serviço para amanuenses, tarefa de escrivães subalternos[19].

---

[18] "Ensina-se o manejo das máquinas de escrever 'Remington', etc., etc., isto é: Curso completo para aqueles que dedicam ao comércio, preparando bem e com rapidez para as lutas e necessidades da vida", dizia o anúncio da Escola Comercial (Rua do Rosário, 124), de 22 de janeiro de 1899, no *Jornal do Commercio*. Desenvolvi mais sobre a questão da máquina de escrever, nesta perspectiva, em artigo escrito com Martins (MARTINS; BERTOL, 2018).

[19] No Folhetim "Os olhos de Emma Rosa", assinado por Xavier de Montepin, em 25 de maio de 1886, no *Jornal do Commercio*, podia-se ler: "Tivemos ocasião de apresentar aos nossos leitores esse escrivão, desempenhando com correção irrepreensível as funções

PRIMEIRA PARTE   CAPÍTULO 2: O TEMPO

Por não ser trabalho de primeira linha, não deixa de haver certa ironia na autoidentificação de Veríssimo com uma dessas máquinas na interlocução com o amigo diplomata. Além da sobrevivência, a máquina é referência à necessidade de tempo para dar conta das atividades aparentemente frenéticas: seria promessa de maximização da produtividade. A metáfora da metamorfose maquínica – é metáfora, pois não há indício de que ele tivesse costume de utilizá-las[20] – apontava para a existência de um campo de trabalho para o crítico, para o editor e para o professor, em suma, para a atuação do letrado. É todo um circuito ritmado pela batida das teclas o que se vislumbra. Ao tornar-se máquina, Veríssimo enfatiza ainda a relação corporal com o aparato. Inventada inicialmente para o uso de cegos, a geringonça exige postura corporal; ao substituir a pena, cria um distanciamento em relação ao texto. Nos primeiros modelos, nem sequer era possível ver as letras que se batiam. A presença da máquina de escrever na correspondência evoca a *materialidade* do circuito de atuação do crítico.

Materialidade, nesse caso, não é apenas o papel-jornal: refere-se ao impacto do conjunto das instituições (igreja, sistemas educacionais) e dos meios que elas predominantemente empregam (rituais, livros de tipos especiais etc.) (PFEIFFER, 1994, p. 7). Levar em conta a materialidade foi uma das demandas do objeto "crítica literária na imprensa". Não se trata de uma materialidade estanque, mas daquela integrada a circuitos de circulação cultural, articulados por temporalidades específicas. Seria a materialidade justamente o fio condutor que explicaria o paralelismo de crises e de lutas autonômicas (como já assinalamos) entre a área do jornalismo e a da crítica literária no século XX.

Em decorrência da noção de materialidade como enfoque para a análise, outro conceito que se tornou relevante ao longo da pesquisa foi o de *crítica hermenêutica*, tal como desenvolvido pelos alemães

---

de *máquina de escrever* os interrogatórios ditados pelo juiz e pelos indiciados./ Ora, a correção de que acabamos de falar impõe ao escrivão, personagem muito subalterno, um mutismo absoluto" (grifos meus).

20   De acordo com Bahia, "em 1912, ingressam nas redações máquinas de escrever que começam a substituir as canetas com bico-de-pato. Tesoura e gilete sobreviverão por longo tempo, ao lado da cola" (2009, p. 138).

Friedrich Kittler e Hans Ulrich Gumbrecht. O principal livro de Kittler, *Aufschreibesysteme* (1985), é fundamental para a compreensão das engrenagens dessa modalidade crítica. O título em alemão forma um neologismo que poderia ser traduzido literalmente como "sistemas de notação" ou "sistemas de escrita", tendo sido vertido para o inglês como *Discourse Networks 1800/1900* (1990).

No pequenino e esclarecedor posfácio, que com sua linguagem direta contrasta com a utilizada na obra, e que incluiu na edição americana, Kittler fornece uma síntese de sua proposta e afirma que a *rede discursiva* (*discourse networks*) designa a rede de tecnologias e de instituições que propicia a determinada cultura a possibilidade de selecionar, estocar e processar dados relevantes (ele de fato utiliza termos da cibernética para referir-se ao passado). Tecnologias como a da impressão de livros e as instituições relacionadas a esses processos, como a literatura e a universidade, constituíram, de acordo com o autor, relevantes formações históricas que na Europa dos anos de Goethe – período e personagem aos quais dá atenção especial na primeira parte de seu livro – tornaram-se a condição para o surgimento da crítica literária.

Assim, a crítica literária seria praticada no âmbito da crítica hermenêutica, que "depende de sustentação institucional, seja a universidade, sejam academias ou jornais" (ROCHA, 1998a, p. 21). As noções de materialidade, de rede discursiva e de crítica hermenêutica se referem todas, portanto, na perspectiva aqui adotada, a circuitos de circulação cultural. Nos termos de Kittler, a crítica hermenêutica depende da materialidade das redes discursivas.

Em *Discourse Networks*[21], o autor observa como ocorreu a consolidação institucional da crítica hermenêutica entre fim do século XVIII e início do XIX, conhecido pela definição de Koselleck na tradição alemã como "período sela", ou seja, anos de influente modernização epistemológica, quando se constituem o idealismo e o romantismo. Observar as redes discursivas do período romântico alemão mostrou-se exercício produtivo no estudo sobre os

---

21 Neste trabalho, vou me centrar na fase inicial das publicações de Kittler, que respondem melhor a questionamentos em torno do objeto aqui pesquisado. Seu trabalho teve muitas outras fases, mas as ideias posteriores não serão aqui analisadas e nem invalidam a força de seus primeiros escritos.

circuitos relacionados a Veríssimo por, pelo menos, dois motivos. Primeiramente, pelo enfoque adotado, em que a literatura é tomada como midiaticamente constituída ou em sua "medialidade", expressão cunhada por Wellbery (1990) a respeito de Kittler no importante prefácio à edição americana de *Discourse Networks*. Abre-se, assim, uma via útil para analisar os mecanismos da crítica na imprensa.

Em segundo lugar, a proposição de Kittler nos interessa pela influência que o romantismo alemão teve, primeiramente em outros países da Europa e certamente no Brasil. O ponto de passagem é fornecido pelo próprio Goethe, a personagem central da rede 1800, cuja trama, entretanto, não sai do universo prussiano (o que não será o caso na rede 1900). Esse foco se justifica porque, na primeira parte do livro, quando se destrincham as redes do romantismo, a moldura espacial é a do Estado-nação. As condições históricas e culturais alemãs fazem diferença – e o autor reitera a importância das variáveis locais para a análise das redes discursivas. Goethe dá a senha para sair do nacional quando cria a noção de *Weltliteratur*, em inglês *world literature*, que se refere a influências, empréstimos, adaptações das diferentes literaturas no mundo. Kittler não chega a tratar disso, embora Wellbery em sua introdução observe que seu livro pode "incitar releituras" (1990, p. XXVII) em termos de condições discursivas específicas. *World literature*, de acordo com Goethe (ideia tomada muitas vezes como precursora dos estudos de literatura comparada), realiza-se no trânsito, "no comércio, na troca, na comunicação" (WELLBERY, 1990, p. XVIII).

Para falar da virada de 1800 a 1900, Kittler dá especial destaque ao uso cada vez mais intenso da máquina de escrever, do telégrafo, do gramofone, do filme. Surgem, com esses meios analógicos, novas formas de gravação (ou memorização), de armazenamento e de transmissão de dados. Esse é o momento em que Veríssimo atua; na época em que começa a Primeira Guerra, o crítico já havia encerrado sua *História da literatura brasileira*. Em carta de 28 de julho de 1914, por exemplo, ele afirma a Oliveira Lima: "A minha *História* (já que me fala dela) está pronta, *passada a máquina*, mas não acha editor nas condições que desejo" (grifos meus).

Praticamente metade do livro é dedicada ao romantismo no Brasil, quando se consolidam tendências para uma literatura autônoma em relação àquela da antiga metrópole portuguesa, como desejavam os intelectuais então, e quando se estabelecem, igualmente, as bases (ou a materialidade, mesmo que precária) para a atividade de Veríssimo. No entanto, não apenas ideias ou modas literárias são importadas – e o crítico estava atento a isso: é todo um circuito cultural idealizado o que se busca transplantar.

A passagem do manuscrito para a máquina de escrever, de acordo com a análise de Kittler, teria causado impacto equivalente a uma "mudança tectônica" (HAYLES, 2012, p. 57) que define a transição da rede discursiva de 1800 a 1900. A máquina de escrever inicia "uma mutação fundamental no modo de existência da linguagem", completa Wellbery (1990, p. XIV) ao referir-se às proposições de *Discourse Networks*. Essa mutação no que se refere à máquina de escrever seria (pelo menos até o livro de Kittler[22] e segundo ele próprio) pouco estudada se comparada às ocasionadas por outras tecnologias. No entanto, como diria Nietzsche, um dos primeiros entusiastas notáveis do uso da máquina de escrever já a partir de 1882 – devido em grande parte a seus problemas de visão –, com o novo mecanismo se abria a possibilidade da "escrita automática". Aos poucos, ingressava-se no universo das experiências linguísticas que começavam com o simbolismo e cresceriam no expressionismo. O consumo da crítica hermenêutica sofreria abalos.

2.2 Instantâneos

As "trincheiras" e os "retratos", as pequenas entradas escolhidas como forma de composição textual, podem ser associados ao que Kittler chama de "instantâneos de um momento", que seriam mais úteis para observar as redes discursivas que as estritas histórias intelectuais: "[...] instantâneos (*snapshots*) de um único momento podem

---

22 Segundo Gumbrecht, na ocasião da morte de Kittler, em 2011, "as reações do público intelectual alemão foram mais numerosas, minuciosas e intensas do que as provocadas pela morte de qualquer outro praticante de ciências humanas desde o fim da Segunda Guerra Mundial" (2017, p. 515). O autor teria sido o responsável por renovar em seu país o campo de estudo das mídias, conferindo-lhe novo vigor, no diálogo intenso com a tradição filosófica alemã e com o legado do pós-estruturalismo francês. A mídia teria reagido à morte daquele cujas pesquisas e publicações estabeleceram um novo espaço intelectual e acadêmico para a própria mídia.

PRIMEIRA PARTE

CAPÍTULO 2: O TEMPO

ser de mais valia que as histórias intelectuais" (1990, p. 370; tradução livre). O objetivo do autor é investigar como os livros processam informação. Todos os demais aspectos que se referem aos livros já teriam sido analisados pela crítica literária tradicional, menos este. Levar em conta essa característica constitui o estudo da "medialidade"[23].

Uma das implicações disso é tomar a literatura em conjunção com as instituições que conectam os livros às pessoas, sejam escolas, universidades ou jornais. Embora Kittler não dê atenção direta aos jornais, no caso brasileiro e latino-americano os periódicos desempenharam no século XIX papel preponderante a fim de conectar a literatura às pessoas. Como lembra Anderson, o jornal, no século XIX, pode ser considerado uma "forma extrema" do livro – um livro vendido em escala colossal e baseado em popularidade efêmera (2008, p. 67). Tanto o jornal quanto a biblioteca e seus livros, as instituições de ensino com suas cartilhas de alfabetização, as filosofias da linguagem e as máquinas de escrever poderiam ser compreendidas pelo que Kittler chama de "sistemas de notação" (ou "rede discursiva"). A demanda pela crítica literária a partir da rede discursiva também abarca a dos jornais por essa modalidade de texto; no momento em que a rede discursiva 1800 começa a declinar, os jornais tenderão a perder interesse pela crítica literária. A atenção a essa configuração é fundamental para a compreensão dos embates vividos por Veríssimo no cotidiano dos jornais. Assim, a rede discursiva se mostrou o caminho a partir do qual foi possível seguir os embates que travou como lutas pessoais, mas que encerravam questões mais amplas; no calor das vivências, chegou a intuí-las.

No Brasil, já existe uma tradição de estudos que levam em conta os circuitos comunicacionais relacionados a livros e a periódicos. A partir da proposição de Darnton (1990) dos circuitos comunicacionais dos impressos, nos anos 1990 Marialva Barbosa (1997) já discutia a necessidade de pensar a história dos sistemas de comunicação levando em conta a ação dos produtores de conteúdo, dos leitores,

---

23 Em inglês, escreve-se *mediality*. No Brasil, onde a palavra "mídia" foi criada a partir da pronúncia inglesa da palavra *media*, faria sentido usar "midialidade". O livro não foi traduzido para o português, mas optamos por "medialidade" para seguir a grafia de alguns artigos já escritos no Brasil a respeito. Ver, por exemplo, Rocha (1998a) ou Müller; Felinto (2008).

das materialidades envolvidas: "É preciso se debruçar sobre a mensagem, sobre o construtor daquelas mensagens, sobre os meios de transmissão e, na ponta extrema do processo, sobre um receptor que apreende e se apropria de forma diferenciada daquelas mensagens". Esse processo precisaria ser observado em sua relação com outros sistemas, como o econômico, o social, o político, o cultural. Essa perspectiva abriu um campo produtivo para a história dos meios comunicacionais no país.

A partir dela, os meios deixam de ser meras fontes para a pesquisa histórica ou palco para o desempenho de personagens singulares em narrativas que costumam negligenciar "as dinâmicas e os processos institucionais e macrossociais" (RIBEIRO, HERSCHMANN, 2008, p. 21). O objetivo não é apenas realizar a descrição do material empírico numa sucessão de aparecimentos e de fins, sem reparar nas tensões e nas articulações entre ruptura e continuidade. Os enunciados, vistos do prisma dos sistemas comunicacionais, não são considerados simples conteúdo (ainda que a partir de variados critérios metodológicos) desvinculado da historicidade dos processos comunicacionais e sociais. Inseridos nesses processos, os meios podem ser observados a partir de suas especificidades e da materialidade. Parte-se do pressuposto de que a "comunicação é um processo que se materializa em múltiplos sistemas", com diversas "modalidades de inscrição cultural" (BARBOSA; RIBEIRO, p. 15, 2011).

A noção de sistema, é claro, também perpassa as redes discursivas, que por sua vez abarcam e/ou ampliam a noção de circuitos de comunicação. Na medialidade, os lugares dos produtores de mensagens, canais, receptores podem ser ocupados ou até deixados vagos por diferentes agentes: "Homens e mulheres, retóricos ou escritores, filósofos ou psicanalistas, universidades ou institutos técnicos" (KITTLER, 1990, p. 370). As mídias não são somente aparato como a televisão ou a internet: referem-se, antes, a todo suporte material, como um corpo, um alfabeto, um sistema numérico, o espaço urbano – os sistemas de notação, enfim – capazes de produzir efeitos de cognição, de informação e de comunicação. Assim, todas as bibliotecas conformam redes discursivas, mas nem todas as redes discursivas se baseiam em livros.

PRIMEIRA PARTE   CAPÍTULO 2: O TEMPO

Com o fim do monopólio da escrita, Kittler sugere que a crítica literária aprenda com a teoria da informação que leva em conta formas de armazenamento, de transmissão e de mensuração de performances. Toda uma agenda se abre para a investigação das relações entre formas de conhecimento e de poder. A composição de instantâneos para acesso às redes discursivas torna-se produtiva especialmente quando se comparam diferentes períodos (no mínimo dois, como os de 1800 e de 1900). Desse modo, destacam-se as variáveis entre uma sequência e outra.

Ao evidenciar os circuitos da crítica hermenêutica, no período em que ocorre pela primeira vez a alfabetização em massa, Kittler ao mesmo tempo aponta para a finitude dessa crítica. No momento de formação dos Estados nacionais, passa-se a ler a literatura alemã nas escolas e a poesia substitui a Bíblia. Pontuando a rede discursiva, tem-se a função da Mulher, igualada à Natureza (*"Nature, in the discourse network of 1800, is The Woman"*, p. 25). Trata-se da mãe, professora caseira das primeiras letras, ainda que a escrita e a publicação lhes sejam negadas (o circuito das publicações dos homens de letras, diz Kittler, era homossexual[24]). Mas a Mulher é aquela para quem se escreve, a razão de ser do poeta. Assim se origina a rede discursiva 1800: pela boca da mãe que nina seu filho com cantigas imemoriais.

Aos poucos, o sistema universitário se desenvolve, primeiramente visando a formar quadros para as novas burocracias estatais. Nasce a tradição do ensaio – ou da hermenêutica – na educação alemã desde os anos do ginasial. O ensino formal das meninas também é reforçado: elas precisam ser preparadas para a função de mães e para dar as lições de primeiras letras aos filhos. Educação (*Bildung*) torna-se uma palavra-chave. O mercado editorial se caracteriza, pela primeira vez, pelo excesso: há uma "mania" de leitura, especialmente entre as moças, que se considera salutar temperar. Esse excesso editorial torna-se uma característica importante. A rede discursiva desenvolve mecanismos de seleção pela crítica, pelas antologias, pelo ensino, com a formação de conjuntos de obras consideradas canônicas. A consolidação dos direitos de autor

---

24 Gumbrecht observa que Kittler incorpora uma consideração pragmática da diferença sexual para sua abordagem da história (2017, p. 520)

TRINCHEIRAS DA CRÍTICA LITERÁRIA

também é fundamental para a organização dos novos caminhos da circulação da cultura.

Os documentos empíricos são fundamentais para a investigação das redes discursivas. O arquivo com que Kittler trabalha compreende a própria literatura (por dentro), especialmente *Fausto*, de Goethe; uma grande variedade de material epistolar, especialmente de escritores; cartilhas de alfabetização; despachos administrativos; programas educacionais; obras filosóficas, entre outros. O poeta é a outra face da moeda em que aparece o funcionário público – um precisa do outro, e a rede discursiva se constitui com os dois. Goethe encontra-se no epicentro, ídolo admirado profundamente pelos leitores, sejam meninas colegiais, administradores públicos ou Hegel. Há uma demanda de interpretação em diferentes níveis: a hermenêutica incorpora-se no dia a dia, com as novas formas de leitura. Dos textos sagrados, o objeto da hermenêutica desloca-se para a letra do poeta, a qual adquire por sua vez sacralidade.

O romantismo, desse modo, torna-se uma *tecnologia da letra*. Kittler não o analisa como se fosse uma ideologia que propicia uma noção da autonomia artística, a voz original do gênio, a expressão singular da imaginação criativa, o encontro com a totalidade. São ideias de alguma forma presentes, mas não estão assim definidas no livro de maneira conclusiva, como um conjunto fechado. Se optasse por defini-las desse modo, antes de mostrar a materialidade em que se formam (aquilo que aponta o sentido), faria um exercício oposto ao que procura, e em alguma medida mais caricatural. Ao mesmo tempo, na sua forma de escrita, os objetos são apresentados pela sua superfície, na própria superfície da materialidade dos textos, pois aí ocorre a inscrição na rede discursiva: é o lugar da "eficácia histórica", como reitera Wellbery (1990, p. XVII). As curvas de variações, de descontinuidades, de heterogeneidades e de nuanças do tempo se desenham pela comparação entre as duas redes discursivas (e, antes de 1800, a partir de sua inspiração foucaultiana, Kittler faz referência à chamada *Republic of Scholars*, à qual não se volta com a mesma minúcia até por questões econômicas de espaço).

Enquanto tecnologia da letra, o romantismo vale-se de recursos tecnológicos diversos, como a crítica literária. A esse respeito, existe praticamente consenso: é com o romantismo que nasce a crítica literária tal como ela se desenvolveu (com variações, decerto) ao longo dos séculos XIX e XX. José Veríssimo, em sua *História da literatura brasileira*, já dava ênfase a esse momento originário:

> A crítica como um ramo independente da literatura, o estudo das obras com um critério mais largo que as regras da retórica clássica, e já acompanhando de indagações psicológicas e referências mesológicas, históricas e outras, buscando compreender-lhes e explicar-lhes a formação e essência, essa crítica derivada aliás imediatamente daquela, pelo que lhe conservou alguma das feições mais antipáticas, nasceu como romantismo (VERÍSSIMO, 1998 [1916], p. 384).

Os "sistemas de notação", como já nos mostra a abordagem de Kittler sobre o romantismo, referem-se a um nível material de desenvolvimento anterior a questões de sentido. "O que se encontra em jogo são os comandos para a seleção entre um conjunto de marcas do reservatório barulhento de todas as possíveis constelações escritas, caminhos e mídias de transmissão ou mecanismos de memória" (WELLBERY, 1990, p. XII). Seria um nível de alguma maneira mais elementar, em certa medida, um nível que oferece elementos diferentes daqueles do sentido. Este, no entanto, não é negado: os "sistemas de notação" estabelecem a base a partir da qual o sentido pode tornar-se possível. Por isso, a metáfora do drama perde força; não é uma cena que se quer desvelar em busca de atores/sujeitos históricos e sentidos. Em lugar do drama em si, quer-se dar um passo atrás, com mais atenção aos momentos de treino e às repetições preparatórias.

Já se intuem por esse caminho algumas influências: *Discourse Networks* é um livro informado pelo pós-estruturalismo e sofre o impacto da diferença deste, como assinala Wellbery. A influência de autores como Foucault, Derrida, Lacan aparece condensada e intrincada. Não se está propriamente no nível da escrita ou da "arquiescritura", conceito de Derrida certamente importante para Kittler (entre outros), na medida em que aponta para a escritura primeira, sua materialidade, invertendo assim a relação tradicional que considera a escrita mera representação da linguagem falada

(SANTIAGO, 1976). Tampouco sua análise se mantém apenas no nível dos significantes em geral, como em Lacan, com a noção de que a existência seria uma função da relação com o significante. É uma ideia igualmente importante para o autor alemão, mas ele quer apontar sobretudo para as "maquinarias historicamente específicas" que em diferentes arranjos organizam o processamento da informação.

De acordo com Bernhard Siegert, pesquisador influente nos debates de teoria alemã de mídia, o método de Kittler pode ser considerado genealógico no sentido nietzschiano. O autor acreditava de maneira decisiva, reitera Siegert, que descobrir a origem do sentido de conceitos importantes poderia modificar esses conceitos de maneira fundamental. Assim, seria mais apropriado chamar "a obsessão" de Kittler de uma genealogia em vez de uma arqueologia (2015, p. 80), como a princípio se poderia supor, pela influência de obras da primeira fase de Foucault, como *As palavras e as coisas*[25], especialmente importante para *Discourse Networks*.

A principal inovação metodológica do livro de Kittler seria estabelecer, a partir da influência pós-estruturalista, um programa positivo para o que Wellbery chama de "crítica pós-hermenêutica". Assim, dá-se o salto sobre a própria sombra[26]: o ato de buscar delimitar os caminhos da crítica hermenêutica provoca uma distância em relação a esta, ainda que não uma superação.

Nesse ponto, Wellbery se tornou "cúmplice" do projeto de Kittler, na medida em que explicitou as proposições para o que seria essa modalidade crítica.

O objetivo primordial de autores como Gumbrecht, todavia, não é propor a substituição do paradigma hermenêutico – uma totalidade por outra –, e sim criticar sua primazia no pensamento

---

25 Com a passagem do método arqueológico para o genealógico, Foucault queria assinalar que suas reconstruções de sistemas do passado e as transformações destes não pressupunham "leis" que governassem as mudanças nem pretendiam ter função prognóstica (GUMBRECHT, 1997, p. 414).

26 A expressão é de Araripe Júnior, retomada por Flora Süssekind. "Duas opções: saltar sobre a própria sombra ou tentar, tarefa quase impossível, retê-la num desenho único. É preparar o salto ou criar armadilha capaz de deter o que está sempre em movimento, sempre próximo da desaparição. Isso se tomarmos como verdadeira a afirmação feita por Araripe Júnior há mais de um século de que 'criticar a crítica' seria, para um crítico, o mesmo que 'saltar por cima da própria sombra'" (SÜSSEKIND, 2003, p. 15).

ocidental, uma postura crítica de ressonâncias especialmente fortes no universo alemão.

Seriam três as principais características da crítica pós-hermenêutica. Uma delas é justamente a medialidade, e as outras são a exterioridade e a corporeidade. O primeiro componente dessa tríade seria a exterioridade, característica sugerida desde a expressão "sistema de notação", que dá título ao livro em alemão. "O objeto de estudo não é o que está dito ou escrito, mas o fato – o bruto e às vezes brutal fato – de que foi dito, de que aquilo e não outra coisa foi inscrita" (WELLBERY, 1990, p. XII; tradução minha). A ideia de um "pensamento de fora" surge principalmente da influência de Foucault, que desenvolveu um léxico da exterioridade com as séries, os eventos, as descontinuidades e as materialidades com que busca organizar a ordem do discurso, o que lhe permitiu trabalhar com as formas institucionalizadas de sentido (FOUCAULT, 1996). A exterioridade seria uma perspectiva analítica.

No segundo tópico, a medialidade, sobre a qual já falamos, define-se como o domínio de estudo. A pedra de toque é o fato de Kittler generalizar a noção de mídia. Trata-se da condição pela qual, em determinadas circunstâncias, algo como a poesia e a literatura podem ganhar forma. Como consequência, a "história literária [...] pós-hermenêutica torna-se [...] um sub-ramo dos estudos de mídia" (WELLBERY, 1990, p. XIII). Não é um deslocamento pequeno. A literatura, assim, passa a ser vista como algo que muda historicamente de acordo com o material e os recursos técnicos disponíveis. Isso acarreta um historicismo radical que tem como consequência anular a ideia universal de literatura. O fato de a literatura ser midiaticamente instanciada acarreta a constatação de que o seu sentido seria produto de "seleção e rarefação" (p. XIV). Por requerer um canal de transmissão, inevitavelmente ocorre, afora (ou mesmo contra) a informação que carrega, a produção de ruído e não sentido (*nonsense*). A literatura se manteria em relação direta com o não sentido, que deve excluir. Ela não se define pelo que significa, mas pela diferença entre informação e ruído ou entre sentido e não sentido. Esta clivagem, reitera Wellbery, não é objeto da hermenêutica, mas surge como lugar privilegiado da pós-hermenêutica e implica a observação da rede discursiva.

Essas duas características (exterioridade e medialidade), além de anularem a perspectiva de uma literatura universal, questionam a noção mesma de ser humano universal. Isso leva ao ponto de referência e ao foco de interesse da crítica pós-hermenêutica, que seria sua terceira característica: a pressuposição de corporeidade. O corpo se torna o lugar onde as tecnologias da cultura se inscrevem, um aparato midiático e uma elaborada tecnologia. É também radicalmente histórico, continuamente refeito pelas redes discursivas em que se insere. Segundo Wellbery, nessa dimensão, o corpo – em sua multiplicidade, em suas camadas e em sua contingência – faz com que a subjetividade seja dispersa, complexificada e historicizada. Ou seja, não se trata simplesmente de pontuar a subjetividade como ausência. Mas isso não impede a redução de agência do sujeito.

A corporeidade, desse modo, "supõe um deslocamento sutil, embora decisivo, da centralidade do sujeito, modernamente visto como fonte de ações conscientes, para a centralidade do corpo, visto, numa época pós-hermenêutica, como metonímia da contingência" (ROCHA, 1998a, p. 21). Dessa perspectiva deriva a crítica do lugar do sujeito na produção de conhecimento.

Entre os seguidores de Kittler, haveria duas tendências: uma seria a dos "kittlerianos esquerdistas", e a outra, a dos "direitistas" (STERNE, 2012). No primeiro caso, estariam acadêmicos para quem a posição anti-hermenêutica é transformada numa abordagem menos intransigente. Já no segundo, estariam os que subordinam qualquer elemento humano às culturas técnicas dos tempos fechados e dos circuitos tecnológicos (WINTHROP-YOUNG, 2013 apud PARIKKA, 2015, p. 187)[27]. No prefácio à edição americana de *Gramofone, filme, typewriter* (1999), Winthrop-Young e Wutz observam que, assim como a "literariedade" foi considerada, a partir de Jakobson, o objeto de estudo formalista da literatura, o estudo da mídia deveria referir-se principalmente à medialidade, sem recorrer aos "usuais suspeitos" (p. XIV), como

---

27 Um exemplo de seguidor de "direita" citado por Winthrop-Young é Wolfgang Ernst, autor de *Chronopoetics: The Temporal Being and Operativity of Technological Media* (2016). Já à "esquerda" (entre um número maior de autores referidos), está Bernhard Siegert, autor de *Relays: Literature as an Epoch of the Postal System* (1999). O autor também é citado por Kittler (1990, p. 371) como fazendo parte do grupo de pesquisadores que trabalham a literatura como rede, a exemplo do que faz *Discourse Networks*.

a história, a sociologia, a filosofia, a antropologia, a literatura, os estudos culturais. Segundo os autores, seria preciso focar naquilo que é intrínseco à lógica tecnológica, nos links cambiantes entre corpo e mídia, nos protocolos do processamento de dados, em vez de observar esses aspectos do "ponto de vista de seu uso social". Sterne (2012), por sua vez, retoma o vigor da ideia de medialidade na sua inovadora história do mp3, pois este conceito daria mais especificidade aos estudos de mídia. No entanto, num comentário que poderíamos considerar tipicamente à "esquerda" da observação de Winthrop-Young e Wutz, reivindica que os "usuais suspeitos" das ciências sociais e humanas, e outros mais, sejam, sim, trazidos para analisar a medialidade (2012, p. 252).

A referência feita aqui a Gumbrecht, autor de uma obra original, não é tomada, claro, como se ele fosse um "seguidor" de Kittler, até porque os dois se formaram em paralelo e avançam por vias bastante diferentes, apesar das proximidades conceituais (e da amizade). Como afirma na introdução de *Produção de presença* (2010, p. 16), muitos dos *insights* desenvolvidos no livro tiveram início com a descoberta por Kittler nos anos 1980 de uma nova *sensibilité intellectuelle* (ele escreveu em francês) pelas materialidades, projeto que aos poucos e de forma suave (*"gently"*) ele tem remodelado a seu modo.

Assim, poderíamos arriscar dizer que Gumbrecht estaria entre os leitores "esquerdistas" de Kittler, ainda que seja pela ironia com que se refere muitas vezes às suas próprias posições diante da hermenêutica que tanto critica(m). Até a hermenêutica é usada por ele como recurso para analisar a obra de Kittler, quando assim considera inevitável (2017, p. 533). Pelo paralelismo de algumas questões entre os dois autores, sugerimos que certas ideias de Gumbrecht sejam observadas como complementares a *Discourse Networks*. Nos dois, há uma base metodológica comum que permite essa relação: a observação da literatura como um processo comunicacional. É o próprio Kittler quem situa o trabalho de Gumbrecht como parte do grupo que toma a literatura como rede de informação, a exemplo de *Discourse Networks*: Gumbrecht e Ludwig Pfeiffer (1994), destaca ele, reconstruíram um espaço de materialidades comunicativas que deu à literatura "sua origem e seu fim" (1990, p. 371).

De alguma forma, Gumbrecht amplia o foco das investigações de Kittler sobre a crítica hermenêutica. Com sua abordagem, a crítica hermenêutica torna-se parte de um processo mais amplo, que denomina *campo hermenêutico*. Este teria começado a constituir-se desde o início da modernidade, com o que chama de "observador de primeira ordem" (ou "primeira instância"). O surgimento desse "observador", que assinala um novo padrão de subjetividade, é metonimicamente representado pela descoberta dos tipos móveis de impressão e pela descoberta da América (1998b, p. 25). Na Idade Média, o sujeito se via como parte da criação divina, e a função do conhecimento humano seria a preservação do que lhe havia sido revelado. Já na modernidade, sob a égide da revolução copernicana, o homem passa a ver-se no papel de sujeito da produção do conhecimento. Esse sujeito moderno já não se vê como parte do mundo, mas "ex-cêntrico" a este, e se proclama "integralmente espírito" (1998b, p. 25).

Desse modo, conforma-se com a modernidade um *eixo horizontal* sujeito/objeto no qual o sujeito espiritual se confronta "com o mundo dos objetos (incluindo o corpo do próprio sujeito)". Há também um *eixo vertical*, entre superfície e profundidade, pelo qual o sujeito lê ou interpreta o mundo dos objetos. Ao decifrar o mundo dos objetos enquanto superfície e "deixá-los para trás enquanto pura materialidade uma vez que lhes foi conferido um sentido, o sujeito acredita ter atingido a profundidade espiritual daquilo que é significado, isto é, a verdade última do mundo" (1998b, p. 25). Na interseção desses dois eixos – entre sujeito e objeto; e entre superfície e profundidade – "constitui-se, séculos antes da institucionalização da hermenêutica enquanto uma disciplina filosófica específica [a crítica hermenêutica], o que poderíamos denominar de campo hermenêutico".

É nesse momento – justamente quando se dá a especialização ou institucionalização do *campo* hermenêutico pela *crítica* hermenêutica – que Gumbrecht destaca o surgimento do "observador de segunda ordem", em relação àquele de "primeira ordem" do início da modernidade. Trata-se de um tipo "que não pode senão observar a si próprio ao observar o mundo" (1998b, p. 26). Com isso, passa a levar em conta a posição em que se encontra no ato de observação – observando seu próprio corpo –, pois sabe que de determinados ângulos sua visão mudará. Esse seria o desafio da crise da representatividade, a partir do limiar discursivo detectado por Foucault (em *As palavras e as coisas*) por volta de 1800. O surgimento da fotografia, com seus retratos oitocentistas, ilustra bem os novos dilemas: sua invenção foi acompanhada pela esperança de que seria possível eliminar a relatividade do posicionamento do observador e de seu corpo "mediante o estabelecimento de um contato imediato entre o mundo e a chapa fotográfica" (GUMBRECHT, 1998b, p 29). No entanto, logo se constatou que cada fotografia "sempre revela uma inscrição decorrente das circunstâncias particulares em que foi tirada". Além disso, com a "temporalização" do século XIX, o presente se tornou o "local onde o papel do sujeito se conecta ao tempo histórico", local estrutural em que cada passado se torna futuro. Na citação sempre lembrada por Gumbrecht, o presente passou a ser "o imperceptível breve instante", como o define Baudelaire. Com o acoplamento ao tempo histórico, veiculou-se "a impressão de que a humanidade é capaz de 'fazer' sua própria história".

As histórias literárias nacionais – como a que escreveu José Veríssimo – foram respostas à nova situação. A historicização se tornou num primeiro momento uma solução para as ameaças do perspectivismo: "[...] porque um discurso no qual uma nação é identificada através de sua história (ou na qual uma espécie é identificada através de sua evolução) sempre será capaz de integrar numa sequência narrativa (a infinidade potencial de) suas diferentes representações" (GUMBRECHT, 2005, p. 64).

Já no fim do século XIX, todavia, soluções como essa começaram a dar sinais de falha. Foi-se perdendo a naturalidade com que, "desde os seus fundamentos românticos" (2005, p. 68) e com o surgimento do observador de segunda ordem, a historicidade da literatura e os discursos da história da literatura se conectaram às identidades nacionais. Como resposta, essas soluções imploldiram em variadas maneiras de compreender a literatura, numa multiplicidade de experiências teóricas.

Nessa virada, ocorre o início do declínio do campo hermenêutico, que havia começado a constituir-se com a modernidade; as tentativas de sistematização da crítica hermenêutica, celebradas como auge, poderiam ser consideradas uma resposta à crise, uma tentativa de barrar o fim de sua primazia[28]. Entre as experiências estéticas e filosóficas citadas por Gumbrecht como sintomáticas das mudanças, encontram-se a poética simbolista, as vanguardas históricas, a *Programmusik* de Wagner, além de Nietzsche (são exemplos também presentes em *Discourse Networks,* que enfatiza a importância do expressionismo). Nesses casos, há um deslocamento da questão da representação (e por conseguinte da interpretação), sendo a filosofia de Nietzsche seu estilo econômico de escrita e sua própria figura (a partir da corporeidade), tomados por Kittler como o emblema das mudanças.

Kittler observa essas passagens em conjunção com o desenvolvimento de meios técnicos como a máquina de escrever, o gramofone, o filme. Com esses aparelhos, os processos da linguagem se tornaram mais visíveis, deixando mais explícitas as materialidades (que os simbolistas logo detectam) e os recursos para a análise da "medialidade". A lógica do telégrafo, que se torna preponderante, reduz o espaço (e o tempo) para o "consumo hermenêutico" (expressão do próprio Kittler) – e essa é uma característica relevante para os jornais. O telégrafo é superfície: não suporta, segundo o autor, a leitura hermenêutica. Os fragmentos de jornal que Picasso e Braque põem em suas colagens simplesmente representam o que são: "Com esse procedimento, apenas despertam a atenção para a natureza do material que faz com eles assim sejam e para a forma da percepção que responde a essa materialidade" (GUMBRECHT, 1998b, p. 30). A partir da "exterioridade", não se procura uma profundidade oculta sob a superfície (como ditava a lição cartesiana). Segundo Gumbrecht (1997, p. 422), "deve-se aprender" (o esforço é necessário, pois não é o que se faria naturalmente) a ver os sinais – ou os rastros – na página não como sequência, mas também como simultaneidade[29], na medida em que se observam os diferentes "instantâneos" sem que haja necessariamente relações de causa e

---

28 Wilheim Dilthey (1833-1911) e Hans-Georg Gadamer (1900-2002), este com sua *Verdade e método*, são os dois autores mais referidos, por exemplo por Gumbrecht e/ou Rocha, quando se trata de observar o "contra-ataque" da crítica hermenêutica nessa perspectiva dentro do universo germânico.

29 A simultaneidade é um dos tópicos centrais da análise de Gumbrecht, sobre o qual não temos aqui como nos alongar.

efeito entre eles. José Veríssimo oferece aqui a dimensão da corporeidade: é aquela cuja presença, em sua singularidade e mesmo dor, se vê no rodamoinho do tempo.

Ainda uma breve nota: este trabalho não se pretende um exemplo de crítica pós-hermenêutica (talvez somente Kittler tenha sido de fato capaz de escrever uma obra nessa perspectiva). No entanto, tomando emprestada a noção de Wellbery sobre as influências, podemos dizer que este é um trabalho informado pela crítica pós-hermenêutica e sujeito à sua influência. Certamente, estaremos entre os leitores "esquerdistas" de Kittler, menos ortodoxos. Sua influência se tornou praticamente inevitável devido ao vigor da *artesania* com que investiga as redes discursivas da crítica literária no universo oitocentista. Foi uma influência que se impôs, neste trabalho, a partir do momento em que se quis estudar os circuitos de atuação na imprensa de um crítico do século XIX.

2.3 Escalas

Duas trajetórias põem-se agora em marcha. Em uma delas, vai-se da Europa ao Brasil, a partir do período romântico. Na outra, no rumo da pós-hermenêutica, parte-se da exterioridade à corporeidade, chegando à intimidade da correspondência do crítico José Veríssimo – parada que já nos levará à segunda parte deste trabalho.

Na primeira escala, quer-se enfatizar que, junto com a "importação" do romance, os primeiros românticos trouxeram da Europa todo um horizonte de expectativas relacionado à esfera editorial, sobretudo a esperança de glórias e de popularidade que os escritores desfrutavam na Europa. Em 1836, um grupo de brasileiros reunidos em Paris, sob o comando de Gonçalves de Magalhães, lançou a revista *Niterói, Revista Brasiliense de Ciências, Letras e Artes*, que, apesar de ter sobrevivido apenas dois números, se tornou ponto de partida para o romantismo e o nacionalismo literário. "Estava lançada a cartada, fundindo medíocre, mas fecundamente, para uso nosso, o complexo Schlegel-Staël-Humboldt-Chateaubriand-Denis" (CANDIDO, 2006, p. 331)[30].

---

30 A esse respeito, ver também meu artigo (BERTOL, 2018).

O que se vivia então na Europa era a "revolução do romance", segundo a definição de Moretti (2013). Havia um cenário vibrante para a nova literatura, com a expansão de públicos, imbatíveis na França, país que, por se situar em posição central no continente, era rota importante, o que facilitou sua vocação de polo cultural. Paris mantinha-se à frente como centro de difusão literária. Se até o Iluminismo os escritores dos países mediterrâneos eram dominantes (*vide* o caso de Cervantes), no século XIX a balança da influência já pendia para o norte da Europa. Das terras alemãs, por exemplo, vinham importantes novidades que os franceses faziam reverberar. Em 1827, Goethe, em interlocução com Johann Peter Eckermann, já pontuava que, "hoje em dia, as literaturas nacionais não significam muita coisa" (apud MORETTI, 2000, p. 54). Aproximava-se o tempo da *Weltliteratur* (*world literature*), dizia então o escritor, e todos deveriam contribuir para acelerar sua chegada.

Não apenas no Brasil, mas em muitos outros países, a influência do romance europeu se fez presente numa combinação entre as tendências importadas e locais[31]. Iniciou-se uma nova etapa na literatura brasileira, mas nem sempre como sonhavam os escritores. Nesse ponto, podemos recorrer ao próprio Veríssimo para completar essa passagem da Europa ao Brasil. Os elementos que fornece tornam-se, assim, bibliografia, além de objeto de estudo. Obcecado pelo profissionalismo, o crítico estava atento em sua *História da literatura* a características do incipiente mercado editorial brasileiro e às biografias dos autores. De acordo com o crítico oitocentista, a nascente literatura brasileira, no período do romantismo, foi marcada pela tristeza.

---

31 Para lidar com essas passagens, Moretti (2013) cunhou a expressão (e a metodologia) do *distant reading*, uma espécie de leitura à distância em oposição ao método de *close reading*, sedimentado na crítica literária. Um não invalida o outro. A distância torna-se uma condição de conhecimento, que permite focar em unidades maiores ou até menores que o texto. Assim, no estudo da *world literature*, seria possível ir além do grupo de livros considerados canônicos – em geral apenas uma parcela do que se publica – para ter noção mais clara do conjunto das publicações, sem necessariamente ler todas as obras. Isso implica a tarefa (às vezes exaustiva e por isso em geral colaborativa) de reunir dados, que possam ser "lidos" de forma coordenada por meio até de mapas e grafos (redes). Na nossa perspectiva, a ideia de *distant reading* pode ser associada à prática da exterioridade.

PRIMEIRA PARTE

CAPÍTULO 2: O TEMPO

De um lado, a melancolia de Magalhães e seus parceiros foi compatível com o próprio movimento, uma "tristeza de que penetrou a alma humana o sombrio catolicismo medieval. Na alma portuguesa, donde deriva a nossa, aumentou-a a forçada beataria popular, sob o terror da Inquisição e do jugo, acaso pior, do jesuitismo" (VERÍSSIMO, 1998 [1916], p. 185). Por outro lado, também pesava muito, reiterou Veríssimo, "o descontentamento criado nesses brasileiros pela desconformidade entre as suas ambições intelectuais e o meio". Em prosa e em verso, lastimavam eles a "pouca estima e mesquinha recompensa do gênio que, parece, acreditavam ter e do desapreço do seu trabalho literário". Mas não tinham de todo razão, comenta Veríssimo (certamente puxando pela ironia):

> Era inconsiderado pretender que um povo em suma inculto, e de mais a mais ocupado com a questão política, a organização da monarquia, a manutenção da ordem, de 1817 a 1848 alterada por todo o país, cuidasse de seus poetas e literatos. Não é, todavia, exato que, apesar disso, os descurasse por completo. O povo amava esses seus patrícios talentosos e sabidos, revia-se gostosamente neles, acatava desvanecido os louvores que mereciam aos que acreditava mais capazes de os apreciar (VERÍSSIMO, 1998 [1916], p. 185).

Além disso, a primeira geração romântica contou com o mecenato do Imperador Dom Pedro II, que, segundo Veríssimo (ainda em tom irônico), por muitos anos deve ter sido a "única opinião pública que jamais houve no Brasil". Mas a estima real não lhes bastava – a "vaidade, infalível estigma profissional destes literatos", não se contentava apenas com isso. A vaidade queria mais:

> [...] quisera o impossível, que, como nas principais nações literárias da Europa, dessem às letras aqui consideração, glória e fortuna. Foi esse, aliás, um dos rasgos do Romantismo, o exagero da vaidade nos homens de letras e artistas, revendo a intensidade do descomedido individualismo da escola. Os dessa geração, porém, ainda tiveram pudor de não aludir sequer à feição material das suas ambições, pudor que, passado o Romantismo, desapareceria de todo, principalmente

TRINCHEIRAS DA CRÍTICA LITERÁRIA   RACHEL BERTOL

depois da emigração de literatos estrangeiros, industriais das letras, e da invasão do jornalismo pela literatura ou da literatura pelo jornalismo. *A desconformidade entre aqueles nossos primeiros homens de letras e o meio*, essa, porém, era real, continuou e acaso tem aumentado com o tempo. E basta para, com a mofineza sentimental que, sobre ser muito nossa, era também da época, explicar o matiz de tristeza da primeira geração romântica, no tom geral do seu entusiasmo político literário. Aumentando na segunda geração romântica, nunca mais desapareceria esse matiz das nossas letras, sob este aspecto expressão exata do nosso humor nacional (VERÍSSIMO, 1998 [1916], p. 186, grifos meus).

Assim, os primeiros românticos sonhavam em transplantar para o Brasil todo um circuito de circulação cultural. Na impossibilidade da cópia exata, surgiria, na imaginação e na frustração dos escritores, um circuito adaptado. Esse movimento inicial, de fora para dentro, implica uma intencionalidade como marca distintiva – Roberto Schwarz (1977) analisa magistralmente essa transposição na forma e nas contradições do romance de José de Alencar, o principal romântico.

A ninguém constrangia frequentar em pensamento salões e barricadas de Paris. Mas trazer às nossas ruas e salas o cortejo de sublimes viscondessas, arrivistas fulminantes, ladrões ilustrados, ministros epigramáticos, príncipes imbecis, cientistas visionários, ainda que nos chegassem apenas os seus problemas e o seu tom, não combinava bem. Contudo, haveria romance em sua ausência? Os grandes temas, de que vem ao romance a energia e nos quais se ancora a sua forma – a carreira social, a força dissolvente do dinheiro, o embate de aristocracia e vida burguesa, o antagonismo entre amor e conveniência, vocação e ganha-pão – como ficavam no Brasil? Modificados, sem dúvida (SCHWARZ, 1977, pp. 37-38).

De acordo com Candido, só se poderá falar em "literatura nova" no Brasil a partir do momento em que se adquiriu "a consciência da transformação e claro intuito de promovê-la, praticando-a intencionalmente" (2006 [1957], p. 329). Ainda em 1836, Gonçalves de

PRIMEIRA PARTE   CAPÍTULO 2: O TEMPO

Magalhães publicou em Paris *Suspiros poéticos e saudades,* "produto direto da revivescência religiosa operada na Alemanha pelo idealismo filosófico de Kant e Hegel, [e] em França pelo sentimentalismo católico de Chateaubriand" (VERÍSSIMO, 1998, p. 191). Mas a atividade de Magalhães não se resumiu a escrever obras pioneiras do movimento romântico, a exemplo também de *A Confederação dos Tamoios* (1856). É o próprio Veríssimo quem observa como o escritor teria sido importante de outra perspectiva.

> Magalhães, e seu exemplo influiria os seus companheiros e discípulos da primeira geração romântica, sentiu que o renovamento literário, de que as circunstâncias o faziam o principal promotor, carecia de apoiar-se em um labor mental mais copioso, mais variado e mais intenso, do que até então aqui feito. [...] e ainda fez jornalismo político e literário, e crítica. Pela sua constância, assiduidade, dedicação às letras, que a situação social alcançada no segundo reinado, ao contrário do que foi aqui comum, nunca lhe fez abandonar, é Magalhães o primeiro em data dos nossos homens de letras, e um dos maiores pela inspiração fundamental, volume, variedade e ainda mérito da sua obra. Pode dizer-se que *ele inicia, quanto é ela possível aqui, a carreira literária no Brasil, e ainda por isso é um fundador* (VERÍSSIMO, 1998 [1916], p. 202, grifos meus).

Na passagem da Europa ao Brasil, portanto, articulam-se as tensões entre desejo de realização e possibilidades com que se defrontaram não apenas os românticos, mas toda uma linhagem a partir deles, incluindo José Veríssimo. Na ida de um ponto a outro, traça-se uma linha no mapa que já não pode ser apagada: chegar à cidade colonial exige um trabalho de duplicidade, uma inevitável perspectiva comparatista (se Kittler consegue abordar a rede 1800 sem sair do universo nacional, isso dificilmente poderia ocorrer para o Brasil do mesmo período). São os próprios escritores e os críticos os que se comparam o tempo todo aos de fora, assim como a sociedade de forma geral, ao importar ideias e estilos de vida. A intencionalidade destacada por Candido se torna fator preponderante para a configuração da literatura. Como destaca Gumbrecht, Candido "parece atribuir à literatura uma função

80

TRINCHEIRAS DA CRÍTICA LITERÁRIA

mais ativa e mesmo motivacional, em vez de simplesmente representacional" (2005, p. 70). É uma perspectiva que, desse modo, contribui para a observação das redes discursivas relacionadas à literatura no Brasil.

Candido dá ênfase à função dos letrados para a ordem pública que começa a consolidar-se com a vinda da Corte ao país em 1808. Deu-se "bruscamente" destaque aos intelectuais, um "relevo inesperado", pela necessidade "de recrutar entre eles funcionários, administradores, pregadores, oradores, professores, publicistas": "Daí a sua tendência, pelo século afora, a continuar ligados às funções de caráter público, não apenas como forma de remuneração, mas como critério de prestígio" (2006, p. 246). Os intelectuais foram, assim, cercados por "uma auréola de relativa simpatia e prestígio" (p. 247) que se endereçava sobretudo ao orador, ao jornalista, embora tenha repercutido na posição do escritor, mesmo quando suas obras não eram lidas.

Rama (1984), atuando pela lógica da exterioridade inspirada em Foucault (que também inspira Kittler), amplia a perspectiva de Candido para o quadro latino-americano, sem deixar de fora o Brasil. O autor uruguaio quer observar como os intelectuais se tornaram estratégicos a fim de executar políticas de controle administrativo estabelecidas nas matrizes europeias, conformando a "cidade letrada". Mas, em vez de meros executores, eles seriam projetistas, "a partir desses vastos planos que desenhavam os textos literários" (p. 39)[32].

Uma das características da atuação dos letrados no território latino-americano foi sua associação à política, tomada como uma vocação dos escritores. Em carta a Baldomero Sanin Cano na virada

---

[32] Rama está empenhado em observar a plasticidade da atuação do letrado e rejeita análises marxistas (mais comuns na época em que escreveu seu livro) e até gramscianas do intelectual orgânico (ver p. 137, onde explica que não fala dessa óptica), embora esta última seja uma possibilidade de análise considerada a partir de sua obra. "Com excessiva frequência, veem-se nas análises marxistas os intelectuais como meros executantes dos mandatos das Instituições (quando não das classes) que os empregam, perdendo-se de vista sua peculiar função de produtores, enquanto consciências que elaboram mensagens, e, sobretudo, sua especificidade como desenhistas de modelos culturais, destinados à constituição de ideologias públicas" (RAMA, 1984, p. 47). Rama toma como ponto de partida para a análise da importação das ideias europeias a noção de transculturação de Fernando Ortiz.

do século XIX ao XX, José Enrique Rodó afirmava: "Talvez não seja você alheio a esta fatalidade da vida sul-americana que nos empurra à política quase todos os que temos uma caneta na mão. E eu não considero isto inteiramente como um mal" (apud RAMA, 1984, p. 111). A partir da matriz francesa, os intelectuais – e Veríssimo não fugia à regra – viam-se como figuras redentoras. Foi assim que na América Latina não prosperou "o romantismo idealista e individualista alemão, mas o romantismo social francês, fazendo de Victor Hugo um herói americano" (RAMA, 1984, p. 82). Em entusiasmado artigo de 28 de novembro de 1901 para o *Correio da Manhã* a propósito do centenário do poeta francês (que seria comemorado em 2 de fevereiro de 1902), Veríssimo afirmou: "Para nós brasileiros, ele [Hugo] foi verdadeiramente um iniciador literário e um instituidor social. O melhor do nosso republicanismo ingênuo, liberal, humanitário, desinteressado, veio-nos dele". No pensamento brasileiro e na literatura do país, reiterou, foi grande sua influência: "Ouvimos-lhe transidos de admiração e assombro as suas vozes apocalípticas falando aos reis e aos povos. Curvamo-nos sob as suas bênçãos e maldições, vindas de Paris".

Na segunda metade do século XIX, segundo Rama, a importação do ideário positivista de Comte, de Spencer e de outros teria dado certo na medida em que se ajustava a padrões coletivizados de cultura, como os que existiam na região. Ou seja, foi uma importação seletiva, uma vez que atendia a interesses locais. Uma importação que deu certo porque, conforme observa Candido sobre ideário cientificista importado por Sílvio Romero, prestava-se "à aplicação no caso nacional, e porque este requeria, urgentemente, soluções daquele gênero" (2006 [1945], p. 217).

A ênfase no padrão coletivizado seria quase o oposto da realidade norte-americana, com seu acento no individualismo. A ascensão nos Estados Unidos de mitos relacionados ao sucesso do esforço pessoal, como o do jornalista que, trabalhando num pequeno periódico do interior, consegue denunciar injustiças, não teve vez na América Latina. Essa impossibilidade apontaria, reitera Rama, para o "peso enorme das instituições latino-americanas que configuram o poder e a escassíssima capacidade dos indivíduos para enfrentá-las e vencê-las" (1984, p. 80). Por causa disso, a dissidência só se pode afirmar por meio da coletividade. Apesar das limitações, os jornais mesmo assim conseguiram tornar-se, no fim do século XIX, o mais importante espaço de dissidência na "cidade letrada" latino-americana. A educação também viria a permitir certa autonomia: "Competia às cidades dominar e civilizar seu contorno, o que primeiro se chamou 'evangelizar' e depois 'educar'" (RAMA, 1984, p. 37). Junto à palavra *liberdade*, a única que se passou a clamar unanimemente foi *educação*.

O esforço de Rama pode ser em alguma medida comparado ao de Josefina Ludmer, a começar pelo estilo ensaístico que adotam, buscando abarcar o território latino-americano de forma ampla e tomando a literatura como principal referência. Em ambos, discute-se a relação dos intelectuais com instâncias de poder. Há neles também certa coincidência metodológica, na medida em que levam em conta a formação de públicos leitores para a configuração da literatura (afinados com Candido). Além disso, Rama trabalha em sua análise com a metáfora do mapa, enquanto Ludmer utiliza a do diagrama para moldar seu sistema "especulativo". Ao constatar a solvência dos públicos diante da literatura na contemporaneidade, Ludmer desenvolve a ideia de pós-autonomia. Já Rama estaria em outra ponta, no momento de formação desses públicos, observando como os intelectuais se organizam e travam lutas autonômicas. Nesse exercício, acaba também por desconstruir a noção de que a literatura pode ter função autônoma, tornando-se desse ponto de vista quase uma antecipação do esforço de *Aqui, América Latina* (2013), de Ludmer.

Nos dois autores, a cidade é o lugar (real e metafórico) da plasticidade intelectual. O "palimpsesto" urbano, evocando diferentes camadas de memória, constitui em Ludmer, a partir de Buenos Aires, a paisagem urbana da cidade pós-autônoma. Já Rama parte da ação do colonizador, que tomou o território latino-americano como *tabula rasa* ao desconsiderar os habitantes originais, para destacar o labor de planejamento das configurações iniciais. Ir à sociedade para ao mesmo tempo falar da literatura, dos escritores e das condições de escrita – ou seja, de toda uma materialidade que encontra na cidade seu epicentro – é movimento comum em Ludmer e em Rama. Neste, sempre se pode ler a sociedade ao ler-se o mapa da cidade (1984, p. 26). Quando se buscam nesse mapa os pontos estratégicos, como as redações de jornais, as pensões dos escritores, as agências de correios, as bibliotecas, as salas de concerto, os cafés, as sedes dos partidos, os prostíbulos, as livrarias etc. – o que se encontra, ao cabo, é sempre o "velho centro", quadrilátero de dez quadras onde "transcorria a vida ativa da cidade [...] o salão público da sociabilidade, esse espaço em que, segundo a mecânica das novelas da época, os personagens sempre se encontravam, por acaso!" (p. 143). O mapa de Rama, repleto de movimento e imaginação histórica, prefigura uma visualização interativa em que se entrecruzam, na interface gráfica, localização e dados dos personagens.

Do *Jornal do Brasil* de 1891 à *Revista Brasileira* a partir de 1895, ao *Jornal do Commercio* de 1899, ao *Correio da Manhã* de 1901 e ao *Imparcial* de 1912, pode-se traçar um roteiro geográfico não muito extenso no velho Centro carioca, em que se circula quase cotidianamente por mais de duas décadas, com eventuais idas e vindas à casa de subúrbio de José Veríssimo, no Engenho Novo. De lá, no recôndito de seu escritório, algumas vezes auxiliado pela filha Anna Flora, o crítico atualiza sua correspondência com Oliveira Lima, Machado de Assis, Mário de Alencar, Graça Aranha, e muitos outros.

O crítico José Veríssimo.
Fonte: Domínio público. Fotógrafo desconhecido.

Segunda parte

Trincheira 1

1.1 No *Jornal do Brasil*: um crítico jornalista

> *"[...] ele [Rodolfo Dantas] não compreendia o jornal senão como órgão desinteressado de doutrina, um expositor não só de fatos, mas de princípios, de ideias, de sugestões teóricas e práticas que esclarecessem, guiassem, dirigissem as opiniões e vontades".*
>
> José Veríssimo, "Rodolpho Dantas", *Correio da Manhã*, 16/09/1901, p. 1

Na introdução à segunda edição de seu livro *A educação nacional*, de 1906, José Veríssimo cometeu um pequeno lapso sobre sua biografia que há até pouco tempo, mais de um século depois, continuava a ser repetido em muitas citações, até na mais recente edição da obra, de 2013 (edição esta que conta com prefácio de José Murilo de Carvalho). O crítico contou que havia principiado no Rio sua atuação na imprensa analisando as reformas educacionais instituídas por Benjamin Constant no início do governo republicano. "O mérito dessas reformas era discutível, e o autor deste livro o discutiu no *Jornal do Brasil* do primeiro semestre de 1892, encetando nesta cidade a sua existência de jornalista, sob a esclarecida e generosa direção do saudoso Rodolfo Dantas". De fato, Veríssimo estreou na imprensa carioca com artigos sobre essas reformas, mas não em 1892, e sim a partir de 12 de julho de 1891, três meses depois da criação do jornal. Os dados podem ser conferidos na Hemeroteca Digital da Fundação Biblioteca Nacional.

É um detalhe de data, certamente, mas ofusca um fato importante: a adesão do crítico a um jornal oposicionista em seus momentos iniciais, na sua fase primeiríssima de consolidação, quando ainda era uma aposta[33]. E o *Jornal do Brasil* passaria por muitas provas até consolidar-se como "O Popularíssimo", como viria a ser conhecido depois de 1894. O "pequeno" erro, constantemente repetido, ofusca ainda o esforço do crítico por firmar-se na publicação – e na imprensa da capital – num momento especialmente conturbado da política brasileira.

Foi também no ano de 1891 que Veríssimo se mudou definitivamente para o Rio, vindo de Belém do Pará, seu estado natal, onde, no ano anterior, havia atuado como diretor de instrução pública, já no período do governo provisório, e lançado o livro *A educação nacional*.

No *Jornal do Brasil*, quando escreveu o conjunto de seis textos sobre as reformas educacionais, Joaquim Nabuco brilhava como o grande nome. Aquela primeira série de Veríssimo surgiu entre 12 de julho e 8 de agosto com todos os artigos editados na primeira página. Então com 34 anos, ele ainda não era reconhecido como crítico literário (o que não tardaria a acontecer); naqueles primeiros meses, não escrevia com tanta frequência sobre literatura. O pequenino trecho acima, citado como epígrafe, com a referência a Dantas, redigido dez anos depois, demonstra como continuou a identificar-se como jornalista, tomando como base aquele período. Na folha monarquista, José Veríssimo vivenciou o dia a dia da redação.

Refúgio fora o nome inicialmente imaginado por Joaquim Nabuco para um veículo monarquista nos primeiros tempos da República (VIANA FILHO, 1973, p. 196). Nos anos da campanha abolicionista, Nabuco tornara-se uma figura lendária, a ponto de seu rosto estampar rótulos de embalagens de cerveja e cigarro. Se a maioria dos grupos militantes na luta abolicionista era também republicana, este não foi o seu caso.

Já Veríssimo, que surgia como promessa intelectual, não aparecia na capital como figura politicamente marcada, mas certamente poderia ser incluído em outro grupo, o mais numeroso entre os militantes dos anos 1880, o dos "positivistas abolicionistas", conforme

---

33 Apresentei na Fundação Biblioteca Nacional alguns dos argumentos reunidos neste capítulo, que constituíram artigo publicado nos *Anais da Biblioteca Nacional* (BERTOL, 2019).

a classificação de Alonso (2002), corrente com a qual se identificava o político paraense Lauro Sodré, a quem o crítico se aliara nos anos de militância em Belém[34].

As diferenças entre Veríssimo e os monarquistas não soavam irreconciliáveis. Na sua tentativa de oposição ao governo provisório, Nabuco sugeriu a criação do *Refúgio* a amigos como José Paranhos Júnior, Eduardo Prado[35] e Rodolfo Dantas, que se interessava em fundar um jornal, mas em outros moldes. Escolheu o nome *Jornal do Brasil* para um veículo que fosse "noticioso, moderno e moderadamente restaurador" (ALONSO, 2007, p. 257). A inspiração viria de publicações francesas como *Journal des Débats* ou *Temps* e traria pensadores europeus, literatura e colunas de crítica à República. Uma das inovações foi sua rede de correspondentes na Europa, incluindo o próprio Nabuco, "refugiado" no seu autoexílio do primeiro semestre de 1891 em Londres com a família. O jornal[36] surgiu no vácuo da instabilidade do governo de Deodoro da Fonseca, debilitado também, àquela altura, pela crise econômica do Encilhamento, como consequência da febre de emissões sem lastro facilitadas pelas diretrizes de Rui Barbosa no Ministério da Fazenda. O primeiro número começou a circular em 9 de abril de 1891, data simbólica em que se celebravam os 60 anos da ascensão de Dom Pedro II ao trono. Contratado por 35 libras mensais (SODRÉ, 1999, p. 256), Nabuco começou a colaborar desde a segunda edição, em 10 de abril de 1891, com um artigo enviado da Inglaterra sobre a América Latina (foi, claro, o principal texto daquele dia, na primeira página).

---

34 "José Veríssimo tomou parte nas lutas de que resultou o 15 de Novembro: 'quando em 1886, quem o diz é o Sr. Lauro Sodré, fundamos o Club Republicano, lançando em Maio a publicidade e o nosso manifesto político, ele figurou entre os fundadores dessa agremiação, constando das atas das nossas reuniões a sua presença a muitas sessões'" (PRISCO, 1937, p. 29).

35 Prado, por seu lado, escrevia em *A Tribuna*, editada pelo monarquista Carlos de Laet, violentos ataques a Deodoro da Fonseca. O jornal chegou a ser depredado em 29 de novembro de 1890, o que gerou reação coordenada da imprensa na capital contra as ameaças à liberdade de imprensa. No empastelamento, realizado por militares, foi morto o revisor João Ferreira Romariz (episódio que inspirou um conto de Lima Barreto, À sombra de Romariz). Reunidos no *Jornal do Commercio*, os representantes da imprensa redigiram um manifesto exigindo do governo garantias para sua livre atuação, com a punição dos responsáveis pelo ataque (SODRÉ, 1999, p. 254).

36 Diferentemente de *A Tribuna*, o *Jornal do Brasil* pretendia fazer uma crítica mais moderada.

Paranhos, que passou a assinar com o pseudônimo de Barão do Rio Branco (ou apenas R. B.), teria sido escolhido por Dantas, em lugar de Nabuco (ALONSO, 2007, p. 257), para representar interesses do jornal na Europa. O futuro chanceler colaborava com a coluna Ephemérides Brasileiras[37].

O jornalismo internacional fez Nabuco mostrar-se à cena política com novo ânimo (ALONSO, 2007), depois do retiro em que se viu na República. E o jornalismo o deslumbrava, conforme se constata na crônica sobre o 1º de Maio (publicada em 28 de maio de 1891), intitulada "A grande pressão elétrica", que assim começava: "O sistema nervoso da humanidade se está gradualmente construindo, e há de registrar na história seu desenvolvimento a crise moderna do telégrafo. A criança promete ser forte pelo modo pelo qual resiste às descargas sucessivas da bateria elétrica universal". Dizia Nabuco que "o telégrafo revela um temperamento [...] 'sensacional', a notícia". As classes dirigentes tinham passado a ser alvo de "tremendos choques que descarregam sobre [...] [elas] as inúmeras pilhas da imprensa elétrica". Mostrava-se impressionado com tanta informação recebida sobre o 1º de Maio e listava uma série de outras notícias que haviam chegado nesse dia, de diferentes países e teor variado. O *Jornal do Brasil*, que surgia nesse momento de expansão da prática jornalística, associava-se, assim, diante do leitor, a essas descobertas. Além disso, Sodré cita como outra inovação da publicação a distribuição dos exemplares em carroças (1999, p. 256).

No entanto, além do telégrafo e das carroças, nem tudo era novo no jornal de Rodolfo Dantas. "Sebastianismo"[38] tornou-se logo uma palavra-chave para qualificar pejorativamente sua linha, por seus louvores ao antigo sistema monárquico e ao Parlamentarismo. Em diferentes edições, o *Jornal do Brasil* se defendeu das acusações,

---

37 Os textos foram reunidos em livro, anunciado como o último da coleção Biblioteca do *Jornal do Brasil*, que começaria a ser publicada em 1892 (ver a seguir). As *Efemérides* tiveram outras edições (como em 1938, revistas por Basílio de Magalhães, e em 1946, por Rodolfo Garcia).

38 O tema do sebastianismo é comentado quase diariamente, sempre em tom irônico, por Constâncio Alves, que assina a coluna "Dia a dia", assinada apenas com C. A. Muito chegado a Rodolfo Dantas, fora redator-chefe do *Diário da Bahia* e teria função de coordenação no jornal (SODRÉ, 1999, p. 256). Alves também assinava as crônicas bem-humoradas, com o resumo dos acontecimentos da semana, publicadas no espaço do Folhetim, aos domingos, na primeira página.

TRINCHEIRAS DA CRÍTICA LITERÁRIA

muitas vezes com ironia. À medida que a situação do país se agravava – o que levaria à renúncia de Deodoro da Fonseca antes do fim de 1891 e ao contragolpe de Floriano Peixoto –, as referências ao tema aumentaram. O editorial intitulado "Sebastianismo", de 26 de agosto, destacou:

> O sebastianismo, sim, eis o inimigo! [...] consultai no Congresso os oradores e fora do Congresso os escritores que os representam na imprensa, e a todos vereis repetir [...] que o sebastianismo e a crise são uma só e a mesma coisa, bastando prender e reprimir o primeiro para ao mesmo tempo ficar superada a segunda, já que com igual facilidade não se pode meter na enxovia o câmbio que desce, as ações que baixam de valor e a carne fresca que sobe de preço nos açougues. Eis o chavão! (*Jornal do Brasil*, 26/08/1891, p. 1).

Nabuco, que havia regressado da Europa no fim de julho (o jornal anunciou sua chegada em 21 daquele mês), também tratou do tema do sebastianismo em seus artigos. Em "O falso sebastianismo", publicado num domingo (06/09/1891), afirmava que os republicanos deveriam se acautelar contra esse tipo de visão – e "o 'sebastianismo' financeiro é o primeiro dessa classe que eles devem evitar". Acreditar nele significava entrar totalmente no jogo da bolsa de valores: "Não é senão a sombra das finanças da república refletida no pavor dos próprios que a criaram". Esse temor, argumentava, não poderia ser atribuído aos monarquistas e viria dos republicanos pois lhes faltaria "o primeiro de todos os atributos republicanos: o sentimento da *res publica*". Nabuco, porém, que já considerava praticamente uma causa perdida a volta do regime monárquico, não via como má ideia vê-lo pelo menos transformado em "mito", conforme afirmou no artigo "A formação de um mito" (13/09/1891), criando um contraponto de oposição à República.

Veríssimo, na sua estreia em 12 de julho[39], introduzindo os tópicos sobre a educação no Brasil, também fez menção à voga da "ideia messiânica", como se pudesse "consubstanciar as

---

39 A série intitulada "A República e a Educação Nacional" foi publicada respectivamente nas seguintes datas: 12 de julho de 1891; 13 de julho; 15 de julho; 2 de agosto; 4 de agosto; e 8 de agosto de 1891.

esperanças e os anelos de todas as gerações sofredoras ou descontentes". A pretexto de falar do cenário internacional, não deixou de destacar: "Sentindo o perigo dos modernos barões, da alta finança e da alta política, é para o povo que se voltam as realezas irremissivelmente perdidas". O leitor daquele domingo pôde rapidamente fazer as devidas associações (a ideia messiânica seria um bálsamo para o povo). Mas o crítico evitou tratar da política interna – acima da política, dizia ele, estava a necessidade de reformas sociais, entre as quais se destacava a da educação. Não deixou de pontuar: "Para a nascente República brasileira há questões muito mais vitais e muito mais momentosas que saber se pode-se ou não usar um título de barão". Se por um lado reiterava que "a fórmula republicana ninguém contesta. Ela pertence à evolução humana tão matematicamente como o indivíduo à evolução do óvulo", por outro também criticava o "estúpido jacobinismo revolucionário", com sua intolerância e "grosseiro fetichismo por formas e fórmulas governamentais". Assim, equilibrava-se a meio caminho, entre monarquistas e jacobinos, sem deixar de evidenciar o seu republicanismo.

A meio caminho também ficaria no que se refere aos dogmas positivistas, que não eram apreciados por Nabuco, assim como pelos monarquistas em geral. A mais dura crítica que realizou ao programa educacional do general Benjamin Constant – este, sim, um fervoroso positivista – foi sua adesão incondicional ao programa de Auguste Comte. Praticamente toda a terceira coluna, de 15 de julho de 1891, foi dedicada à questão. De acordo com Veríssimo, o positivismo, "refugado de todo mundo pensante, [...] nada produziu até hoje de notável em questões de educação, para as quais traz sempre a intransigência do seu espírito sectário e os princípios que julga indiscutíveis dos seus dogmas". Além de a experiência já ter demonstrado que "a pretendida facilidade do ensino científico" não se mostrou frutífera, faltavam professores treinados para realizar esse programa. Somente a fundação do Pedagogium, um centro voltado para impulsionar melhoras na educação, foi elogiada: "será talvez a mais auspiciosa criação das últimas reformas". Nas diretrizes de Constant, haviam sido esquecidas as questões propriamente brasileiras, as quais Veríssimo considerava fundamentais para

TRINCHEIRAS DA CRÍTICA LITERÁRIA

a "verdadeira escola popular", especialmente a partir do primário: "Que aí lhe façam ler livros brasileiros e autores brasileiros e não esses clássicos incolores [...]. Que, mesmo pelo lado material, seja brasileira a escola, brasileira nos livros, nos mapas, na mobília, nos artefatos escolares".

Na coluna seguinte, entretanto, se continuou a tecer crítica aos adeptos de Comte, especialmente numerosos no Rio, Veríssimo abordou a obra de outro positivista, o evolucionista Herbert Spencer, com certa simpatia. Não seria o excesso e a severidade da crítica a Comte, tema que tomou praticamente um artigo inteiro, justamente algo que vinha ao encontro da linha oposicionista-monarquista do *Jornal do Brasil*? Ou seja, um posicionamento estratégico em sua negociação para se firmar na publicação? Não se discute nesse ponto a coerência das ideias no crítico, mas a questão da ênfase. O artigo certamente agradou ao jornal, tanto que o seguinte, o quarto da série, publicado em 2 de agosto, um domingo, saiu novamente na primeira página, desta vez logo depois de um texto de Nabuco que se tornaria famoso, intitulado "Os republicanos na República", em que analisava ironicamente o fato de o Partido Republicano ter desaparecido depois do 15 de novembro[40].

A localização na página valorizava e dava importância ao verbo de Veríssimo, ainda um novato na capital, especialmente se comparado a Nabuco. Assim como este, ele criticava a maneira como a República havia sido instituída – e no seu caso dizia-se "insuspeito" para isso, justamente por ser declaradamente republicano. Mas Veríssimo marcava diferença em relação aos demais republicanos: entre eles, "sou dos poucos, penso eu, que não acharam glorioso esse naufrágio do caráter nacional". O tal "naufrágio" teria ocorrido pela maneira como se instituiu a República e nisso não poupava nem os monarquistas, que teriam desistido muito facilmente de suas convicções – "sem a mínima resistência, com adesão quase insofrida ainda dos áulicos da monarquia e a celebérrima teoria dos fatos consumados". Do ponto de vista brasileiro, dizia o crítico, "melhor fora que cada um houvesse

---

40 O Partido Republicano dos tempos do Império não é o Partido Republicano Federal (PRF) que seria criado em 1893, tendo como base núcleos regionais, como o forte Partido Republicano Paulista.

SEGUNDA PARTE   TRINCHEIRA 1

guardado a sua fé e aproveitado o ensejo para provar a sinceridade das suas convicções, a firmeza dos seus princípios, a serenidade de suas crenças".

A essa fraqueza de convicções correspondia uma falta de vigor moral, algo que a educação deveria corrigir. "O ideal nacional e o ideal moral devem fundir-se e mutuamente inspirar-se na escola, no colégio, na academia". Recorrendo a Kant, Veríssimo dizia naquele 2 de agosto que, desde então, "a filosofia moderna procura fornecer à moral uma base alheia ao sobrenatural e ao homem uma direção por assim dizer científica dos seus sentimentos e ações". Nessa tendência, "mais perto de nós", citava as tentativas de Spencer, "querendo assentar a moral das leis da evolução", e "a paupérrima" concepção de A. Comte. Deste, abominava especialmente o viés religioso muito prezado no Rio, com a organização coletiva em torno da doutrina. Entre Comte e Spencer, não havia dúvida: "É a doutrina da moral evolucionista leiga e positiva (e não positivista) que triunfa". Mas isso não o impedia de, no mesmo texto, fazer algumas alusões favoráveis ao positivismo (como à ideia de "altruísmo" em Comte). Seria uma dupla perspectiva crítica: de um lado, Veríssimo situava-se entre os intelectuais que defendiam uma "reforma social via construção de uma nova mentalidade brasileira"; por outro, identificava-se com os críticos dos "desvios positivistas [em relação às concepções fundadoras] cristalizados nos discursos políticos dos arautos republicanos" (VITA apud CAVAZOTTI, 1997, p. 47).

Autor de *Da educação intelectual, moral e física*, de 1861, Spencer[41] havia se tornado popular na área da educação no século XIX. Seu livro foi utilizado em escolas normais, institutos de professores e universidades para formação de educadores na Grã-Bretanha, nos Estados Unidos e em muitos outros países. "Nenhuma outra obra nesse campo teve uma popularidade tão universal" (EBY, Fernando, 1970, apud CAVAZOTTI, 1997, p. 57). Spencer enfatizava a abordagem científica da educação, sendo a ciência a expressão da sociedade que alcançou o domínio da natureza. Apontando

---

41   Na edição de 1906 de *A educação nacional*, de José Veríssimo, pode-se ler, entre os demais livros à venda pela Francisco Alves sobre o tema da educação, o título *"Da educação, por Herbert Spencer, um volume, brochado 1$500 ou 2$500 encadernado"*.

o primado da biologia e da psicologia sobre a sociologia, o autor dava ênfase, a partir do evolucionismo social, à singularidade do indivíduo. Por isso, havia necessidade das práticas pedagógicas com bases científicas, o que permitiria ao sistema de instrução conferir ao ensino a função de educação nacional (CAVAZOTTI, 1997, p. 59).

Ir ao jornal para ler os textos à medida que eram publicados faz reparar que o texto selecionado por Veríssimo em 1906, na introdução à segunda edição de *A educação nacional*, como exemplo do que havia sido publicado na época em que "encetara" sua existência de jornalista no Rio, não corresponde ao teor dos que foram publicados no *Jornal do Brasil* em 1891. No trecho pinçado para transcrição na introdução do livro, o comentário de Veríssimo é bem mais técnico do que o teor das análises de 15 anos antes, quando a ênfase fora a crítica ao positivismo exacerbado de Benjamin Constant. Em 1906, Veríssimo escolheu reproduzir uma análise em que destacava as diferentes atribuições dadas a estados e municípios no que se refere à educação no país. O próprio autor, desse modo, contribuiu para ofuscar as dificuldades da "trincheira" de 1891, quando se opôs ao positivismo preponderante na esfera política. Suas ideias, desde a chegada ao Rio, haviam iniciado uma espiral acelerada de transformação. Conforme já vimos, ele chegaria a se desculpar, em 1906, pelo entusiasmo de *A educação nacional* em relação à República, mas o livro havia sido escrito em 1890, antes de sua chegada à capital, onde enfrentava a cada dia novos desafios diante da instabilidade política que parecia sem fim.

Aprovado em seu primeiro teste no *Jornal do Brasil* com a série sobre educação nacional, Veríssimo estava pronto para se integrar à rotina da redação, tanto que, conforme se pode ler no próprio jornal, passou a ser escalado para representar a publicação em eventos públicos. Na edição de 28 de setembro, foi citado como "Sr. José Veríssimo, do *Jornal do Brasil*" presente aos festejos da inauguração da estrada de ferro de Sapucaí, ligando as cidades mineiras de Christina a Itajubá. Praticamente duas colunas da primeira página daquela edição foram dedicadas à descrição da solenidade, que havia contado com a presença de personalidades políticas e da imprensa.

SEGUNDA PARTE   TRINCHEIRA 1

Na edição seguinte, em 29 de setembro, Veríssimo, assinando apenas com as iniciais (J. V.), escreveu uma reportagem a respeito da nova ferrovia ("No Sul de Minas, em Ferro-Via"), publicada também na primeira página. O texto começava com um "nariz de cera", pontuado de digressões – numa delas, afirmou: "Eu prefiro o mineiro [ao paulista]: tenho um fraco pelos homens para quem ganhar dinheiro e engrandecer não é tudo; será por isso que não gosto do americano, que o paulista imita". Em meio às considerações, o texto trazia informações detalhadas fornecidas pelo engenheiro sobre a ferrovia, a qual atravessava vales e dava a ideia de ser uma construção ousada para a época. A exuberante e idílica paisagem era descrita tal como vista de dentro do trem, oferecendo um panorama que anos depois contaria com os recursos do fotojornalismo para liberar e complementar o texto do repórter.

Naqueles dias, Joaquim Nabuco escreveu alguns dos seus mais contundentes textos de crítica à República na fase do *Jornal do Brasil*, como "As ilusões republicanas", no dia 21; "Outras ilusões republicanas", série que teve início a partir de 27; "A obra da Abolição", em 28 de setembro, na comemoração da leis do Ventre Livre (1871) e dos Sexagenários (1885), ambas promulgadas nesse dia. Nabuco também participava ativamente do dia a dia do jornal. Com sua volta ao Brasil, Sancho de Barros Pimentel lhe teria cedido a chefia da redação (SODRÉ, 1999, p. 258). Enquanto o *Jornal do Brasil* cerrava as fileiras na oposição, Veríssimo diversificava suas atividades jornalísticas, sem tratar diretamente de política partidária. Depois da série sobre educação nacional, com a qual se firmou entre os monarquistas, voltou-se, então, para um tema bem distante da vigilância carioca: a Amazônia. Em 12 de agosto, dez dias depois de encerrada a série, começou outra, sobre aspectos econômicos de sua terra natal. Foram doze textos – o último publicado no dia 16 de setembro –, nos quais tratou especialmente das potencialidades da região, apresentando características gerais da população, da geografia e da história locais.

Essa população, quase exclusivamente composta de índios mansos (tapuios) e seus descendentes, é eminentemente apta por seus próprios defeitos, que assim transformam-se em qualidade, para a vida nômade, o labor inconstante e intermitente das indústrias extrativas. É ela, com efeito, quem explora a borracha, a castanha, o óleo de copaíba, a salsa, o cumaru, a piassaba, e quem pesca o pirarucu, nas grandes aglomerações que se fazem periodicamente em torno dos lagos e igarapés abundantes desses peixes.

A escravatura [...] foi na Amazônia sempre diminuta; no momento da extinção não existia mais no estado do Amazonas, e, singular coincidência, estava resolvido no Pará que fosse extinta, ao menos na capital, a 13 de maio, data memorável na história paraense (VERÍSSSIMO, 1892, p. 62, artigo VIII).

Vê-se assim como levava o leitor a universos distantes. Os textos dessa nova série foram produzidos com um propósito específico: compor um livro que foi publicado como o segundo da Coleção do *Jornal do Brasil*, anunciada no fim de 1891, logo depois da morte de Dom Pedro II, em dezembro. O primeiro volume da coleção tratou da vida do imperador. O fato de Veríssimo ter sido escalado para a atividade demonstra o quanto estava inserido na "cozinha" do jornal. Ao longo de 1892, a venda dos livros da coleção foi insistentemente anunciada; o livro de Veríssimo foi impresso no mês de fevereiro na gráfica do *Jornal do Brasil*. A coleção revela o quanto o periódico buscava estratégias de aproximação dos leitores. A mais importante iniciativa do gênero na época só viria a ser criada dez anos depois, em Buenos Aires, com a Biblioteca *La Nación,* pertencente ao jornal da capital portenha. O próprio Veríssimo, anos depois, louvaria a iniciativa editorial argentina, importante na difusão da literatura entre diferentes países na região. Por essa comparação, vê-se como a iniciativa do *Jornal do Brasil* era pioneira[42].

Aos poucos, Veríssimo parecia encontrar seu lugar no jornal. Em 20 de setembro de 1891, um domingo, no espaço do folhetim, no rodapé da primeira página, onde em geral Constâncio Alves assinava a crônica da semana, surgia o Folhetim Literário. O texto tratava

---

42 A coleção argentina publicou, em seu vasto catálogo, livros brasileiros importantes daqueles anos, como as traduções de *Memórias póstumas de Brás Cubas* e *Esaú e Jacó*, ambos de Machado de Assis; *O mulato*, de Aluísio Azevedo; *A esfinge*, de Afrânio Peixoto, entre outros (SORÁ, 2003, p. 73).

(com pouca simpatia) de um estudo histórico de Pereira da Silva sobre o poeta português Filinto Elysio. Foi provavelmente a primeira crítica literária de Veríssimo no *Jornal do Brasil* – e possivelmente a primeira dele na imprensa carioca desde sua chegada à cidade. Até então, as críticas vinham sendo assinadas, esporadicamente, pelo filólogo e gramático M. Said Ali; também havia a "crônica literária", por Teophilo Braga, com informações sobre o mundo literário. Mas nenhuma ainda era publicada no espaço do Folhetim, ocupado pelas crônicas de Constâncio Alves aos domingos e, na página 2, pela tradução de romances seriados. Ao relacionar o trabalho de Pereira da Silva ao pioneirismo do romantismo (o autor participara do movimento da *Niterói*, em Paris), Veríssimo nem por isso poupou o novo livro, que seria "inútil". Filinto Elysio seria um autor sem importância e Pereira da Silva teria tentado "o impossível de ressuscitar um morto". Em última instância, Veríssimo considerava a escolha do tema irrelevante.

No domingo seguinte, 27 de setembro, o Folhetim Literário voltaria a ser publicado por Veríssimo, dessa vez na página 2, com um estudo dedicado ao naturalista J. Barbosa Rodrigues, que o crítico qualificou logo na primeira frase como "o último indianista". Dessa vez, sua crítica tampouco foi positiva, mas, além disso, a escolha do tema evocava reminiscências biográficas. No dia 8 de setembro, Barbosa Rodrigues havia iniciado na folha monarquista a série "Os ídolos simbólicos – Muiraquitãs de Nephrite", em que discutia sua tese sobre a origem asiática das populações primitivas do Amazonas. No terceiro texto da série, de 24 de setembro, fez referência a "meu amigo" José Veríssimo, que se contrapunha à tese da origem exógena dos povos primitivos amazônicos. Barbosa Rodrigues buscava desconstruir os argumentos do crítico, apresentados anos antes, quando Veríssimo morava em Belém. Continuou sua desconstrução no dia 27 de setembro. Naquele mesmo domingo, portanto, enquanto o crítico fazia restrições ao trabalho de Barbosa Rodrigues no Folhetim Literário da primeira página, o naturalista, por sua vez, fazia o mesmo no quarto artigo da sua série, publicado na página 2.

Intitulado "O folk-lore do selvagem amazônico", o texto de Veríssimo tratava da coletânea de lendas e mitos indígenas reunidos por Barbosa Rodrigues[43]. O "indianismo" se explicava porque "como brasileiro, e como homem de ciência, o seu ideal é ainda o índio". No entanto, a visão do indígena apresentada pelo naturalista seria tão romantizada (e falsa) quanto aquela dos livros de Alencar e Magalhães.

A "conversa" entre Veríssimo e Barbosa Rodrigues reeditava na capital polêmica antiga entre eles. Nos anos 1870, o naturalista havia morado com sua família certo tempo em Óbidos, no Pará, a cidade natal de Veríssimo. De lá, realizou importantes expedições no território amazônico para suas pesquisas (o crítico também percorreu a região, o que lhe rendeu narrativas ficcionais-etnográficas e muitos estudos[44]). Em 1883, Barbosa Rodrigues fora indicado pelo governo imperial diretor do então recém-criado Museu Botânico do Amazonas, em Manaus. Nesse ano, Veríssimo, começando a exercitar sua vocação de articulador intelectual e empreendedor cultural (o que viria a reeditar no Rio), criou em Belém a *Revista Amazônica*, para a qual Barbosa colaborou com o texto "O muirakitan ou aliby" (tomo II, n. 8-9, jan-fev, 1884). No texto, contava sobre a descoberta que fizera da origem dos povos amazônicos pela observação dos muiraquitãs. Veríssimo, por sua vez, tratou do mesmo tema na *Revista Amazônica* em diferentes artigos, inclusive aqueles intitulados "Cenas da vida amazônica", que seriam reunidos no livro homônimo de 1886.

---

43 *Poranduba amazonense ou kochiyma-uara porandub*, 1872-1887. Rio de Janeiro: Typ. de G. Leuzinger & Filhos, 1890. As análises que Veríssimo apresenta nessa crítica, em contraposição a Barbosa Rodrigues, apresentam dados interessantes para um estudo sobre a sua visão do indígena no Brasil.

44 *Primeiras páginas* (1878), seu livro de estreia, e *Cenas da vida amazônica* (1886) são obras dessa fase com viés etnográfico, à qual se pode acrescentar *A pesca na Amazônia* (1895), este um estudo mais voltado para a zoologia. Essa marca deixará de ser predominante na sua obra. Em 1887, Veríssimo publica na revista do Instituto Histórico e Geográfico Brasileiro (IHGB), do qual foi sócio correspondente, artigo sobre o tema, em que condensa questões apresentadas em *Cenas da vida amazônica*. Nesse texto, demonstra conhecer o debate arqueológico e antropológico sobre a Amazônia. "Ele critica, por exemplo, Ladislau Netto e Barbosa Rodrigues; ambos traduziram equivocadamente, 'sem o menor fundamento', a palavra *muiraquitã*, amuletos que, observou-o Veríssimo, ainda eram 'fetiches' nas crenças amazônicas" (FERREIRA, 2010, p. 85). Ainda segundo Veríssimo no mesmo texto, "não havia dúvida de que a Amazônia possuiu, no passado, uma civilização indígena. Essa, contudo, teria degenerado, como evidenciaram as escavações arqueológicas" (FERREIRA, 2010, pp. 85-86). Conforme demonstra o autor, Veríssimo entra em minúcias sobre o tema com os naturalistas.

SEGUNDA PARTE

TRINCHEIRA 1

A presença de Barbosa Rodrigues no *Jornal do Brasil*, portanto, descortina o passado amazônico do crítico paraense. Atuantes na folha oposicionista ao governo de Deodoro da Fonseca, tanto Veríssimo quanto Barbosa Rodrigues, a partir de 1892, passariam a ocupar cargos de destaque no governo de Floriano Peixoto. Enquanto o naturalista foi designado para chefiar o Jardim Botânico, Veríssimo se tornou, no mesmo ano, diretor do Ginásio Nacional (nome dado na época ao Colégio Pedro II). No dia 18 de dezembro de 1891, pode-se ler pequena nota na primeira página anunciando o nome de Veríssimo como cotado para assumir o cargo, no lugar do "monsenhor Raymundo Brito", que se aposentava. Àquela altura, Floriano Peixoto já se encontrava na Presidência da República, no lugar de Deodoro da Fonseca. Nessa turbulenta troca de comando, o único governador estadual não deposto, em todo o país, fora justamente Lauro Sodré[45], do Pará, a quem Veríssimo era ligado. A oposição do crítico ao governo de Deodoro, nas folhas do *Jornal do Brasil*, de certa forma o creditou para o posto na nova administração. Nesses meses de adaptação depois de sair da província, seus laços com a Amazônia foram relevantes para que se estabelecesse na capital. Na mesma edição de 18 de dezembro em que Veríssimo aparecia como cotado para o Ginásio Nacional, anunciou-se a saída de Rodolfo Dantas e Joaquim Nabuco do *Jornal do Brasil*. Mas, antes disso, desde que Veríssimo havia começado a escrever no espaço do Folhetim (em 20 de setembro de 1891), muita coisa aconteceria. A coluna Folhetim Literário, inclusive, não foi mais publicada nos moldes iniciais das duas primeiras vezes em que surgiu – sinal de que ainda se tateava para encontrar o melhor caminho para a crítica literária no jornal.

Somente em 5 de outubro, parecendo seguir o exemplo de Sainte-Beuve com suas *Causeries du Lundi*, o Folhetim ganhou o subtítulo "Às segundas-feiras", naquele dia tratando do "naturalismo na literatura brasileira", assinado por Veríssimo. Esse passaria a ser o formato adotado a partir de então para a sua crítica literária, sempre na primeira página e às vezes continuando no mesmo espaço na página 2. O tom parecia também mais ajustado à publicação

---

45 Sodré era destacado membro de atividades maçônicas, das quais Veríssimo também tomou parte, conforme o índice de sua correspondência doada por seus herdeiros à Academia Brasileira de Letras em 2015 demonstra.

que o das suas duas colunas iniciais. O *Jornal do Brasil* aparentemente gostou do resultado, tanto que no dia 14 de outubro publicou na primeira página um grande agradecimento enviado por Alfredo E. Taunay elogiando a crítica de segunda-feira, 12 de outubro, sobre *A retirada de Laguna,* seu romance inspirado na Guerra do Paraguai. Taunay, que pertencia ao grupo monarquista de Nabuco, explicava no artigo o motivo de não ter escrito o livro em português, tecendo uma série de ressalvas ao mercado editorial brasileiro.

Assim, enquanto a política fervilhava, Veríssimo se refugiava, na medida do possível, na crítica. Na terceira coluna da segunda-feira, em 19 de outubro, parecia desanimado diante dos poucos livros que encontrava para comentar. A crise política, escreveu, minguava a vida literária; os tempos áureos do romantismo já iam longe; excetuando Sílvio Romero, não havia crítica literária verdadeira no país. A apatia se explicava, em parte, por um motivo que se pode considerar insólito: a falta do "elemento feminino" (fundamental, como vimos, no circuito implantado pelo romantismo desde seus primórdios alemães). Sinal de decepção, talvez, com o que encontrou na capital, em sua chegada da província? Estaria o crítico sonhando com os *salons littéraires* parisienses transpostos para Botafogo? Diante do vazio, tornava-se melancólico. O Rio, finalmente, não era Paris ou Londres... Por todos os lados, pesava a sombra da influência europeia.

Enquanto isso, apesar dos enfrentamentos políticos (ou talvez por isso), o *Jornal do Brasil* mostrava-se próspero. Em 27 de outubro, Nabuco interrompeu a série "Outras ilusões republicanas", àquela altura já no quinto texto (o sexto e último da série sairia em 1º de novembro), para publicar "Um perfil de jornal", avaliando o que havia sido conquistado até então. Era uma edição especial: a gráfica da redação da Gonçalves Dias 56 estava aberta a visitas, apesar do temporal que caiu sobre a cidade naquele dia, para festejar a chegada de novas máquinas de impressão Marinoni. Poucos dias antes, havia sido publicada uma nota avisando que a tiragem desse número seria ampliada para 50 mil exemplares, distribuídos em todos os estados da República.

Nabuco saudou a influência conquistada em pouco tempo pela publicação, e reiterou: "O jornalismo exerce sobre o talento e a ambição intelectual de nossa época uma atração quase exclusiva, porque é também quase exclusivamente o que ela lê". O *Jornal do Brasil* seria uma "tentativa séria" de utilizar essa paixão, com intuito educativo, "em favor das grandes ideias". Seu traço característico, afirmou então, "é ser um jornal saído do gabinete de estudos". Entre os especialistas que compunham seu quadro, destacava na crítica literária Teophilo Braga e José Veríssimo, e na "literatura pura", De Amicis e Fialho de Almeida, entre muitos outros em diferentes áreas (a referência ao nome do crítico indica o quanto estava integrado ao corpo de profissionais do jornal). O ideal seria comporem, a cada dia, "páginas definitivas da história".

Dez anos depois, por ocasião da morte de Rodolfo Dantas, em 1901, Veríssimo, na encruzilhada entre diferentes estilos jornalísticos, diria que a concepção inicial do *Jornal do Brasil* talvez não fosse, de fato, "a mais consentânea com o tempo e o país". Mesmo assim, reconhecendo-se "suspeito" para falar a respeito, destacou que era a "mais digna, a mais elevada, a mais generosa" (retomo aqui o trecho destacado como epígrafe):

> [...] ele [Dantas] não compreendia o jornal senão como órgão desinteressado de doutrina, um expositor não só de fatos, mas de princípios, de ideias, de sugestões teóricas e práticas que esclarecessem, guiassem, dirigissem as opiniões e vontades.
>
> O jornal à americana era-lhe profundamente antipático; o escândalo jornalístico, sob qualquer forma, lhe era odioso, e para seguir a massa, ele não faria jamais um jornal. Queria-o mais, bem feito, bem escrito, respeitável pelo elenco da sua redação e pelo procedimento do próprio jornal (VERÍSSIMO, *Correio da Manhã*, "Rodolpho Dantas", 16/09/1901, p. 1).

Poucos dias depois da festiva edição especial, entretanto, o céu lhes caiu sobre a cabeça (e dessa vez não foi a chuva). A crise política levou, no dia 3 de novembro, Deodoro da Fonseca a decretar estado de sítio na capital e em Niterói e a dissolver o Congresso. Entre as justificativas do texto oficial, lia-se a necessidade de "atalhar desde logo o movimento que, no sentido de restauração monárquica, para desonra e ruína da pátria, começa a operar-se". Manifestações

TRINCHEIRAS DA CRÍTICA LITERÁRIA

em contrário, reiterou o texto oficial, seriam "severamente reprimidas" e uma comissão julgaria "os inimigos da República e os que por qualquer forma contribuírem para alterar a ordem pública", devendo ser deportados. Os atos administrativos e o discurso do presidente foram publicados na íntegra na edição de 5 de novembro, sem nenhum comentário. Para completar, havia apenas a "correspondência literária de Portugal", por Teophilo Braga, e a coluna de folhetim Em Évora, por Fialho d'Almeida. A situação de censura perdurou até 24 de novembro, quando se anunciou a renúncia de Deodoro e a chegada ao poder de Floriano Peixoto.

Enquanto o jornal se debatia para escapar da censura, aumentavam os protestos contra as homenagens a Dom Pedro II capitaneadas por Joaquim Nabuco. O imperador havia falecido em 5 de dezembro em Paris. A redação teria sido invadida por manifestantes gritando pela saída de Nabuco. Não tardou para que ele e Rodolfo Dantas vendessem suas participações (por isso a nota anunciando a saída de ambos do jornal em 18 daquele mês). Dantas deixou o Brasil e Veríssimo foi se despedir dele no porto, no dia 29 de dezembro, segundo conta em carta a Luís Rodolfo Cavalcanti:

> Acabo hoje mesmo de acompanhar a bordo o Rodolfo Dantas, que se retirou, com a esposa doente, para o sul da Espanha. O jacobinismo intolerante alçou colo, fantasiando uma pretensa tentativa de restauração monárquica, fez arruaças, ameaçou jornais (entre outros, o *Jornal do Brasil*) e até vidas. Estivemos aqui alguns dias sob ameaças de regime de terror, provocando por quanto vagabundo da rua do Ouvidor se intitula republicano e que turva as águas para nelas pescar (VERÍSSIMO apud SODRÉ, 1999, p. 259).

Apesar desse ambiente de terror, a situação do crítico no jornal mantinha-se estável e até teria melhorado, com o reajuste no seu ordenado (SODRÉ, 1999, p. 259). Sendo republicano, Veríssimo certamente não estava na mira direta da oposição jacobina e, como vimos, havia simpatia em relação a ele na administração de Floriano Peixoto. O crítico continuava sendo escalado para representar a publicação em eventos públicos – o tipo de participação que dificilmente se repetiria com a mesma assiduidade nos anos seguintes, em outras colaborações suas na imprensa. Sua coluna de Folhetim às segundas-feiras seria publicada até março de 1892. Na edição de 16 de janeiro, pode-se ler no *Jornal do Commercio* pequena nota anunciando que Veríssimo havia sido nomeado na véspera diretor do Ginásio Nacional.

Em maio, o *Jornal do Brasil* foi vendido para uma sociedade anônima, numa manobra de tradicionais monarquistas, disfarçando sua posição diante da repressão governamental, para preservar algo da linha inicial. O próprio Nabuco ainda escreveria em 1892 no periódico com o pseudônimo Axxel. Mas a linha combativa só voltaria a ser exercida em brados sonoros sob o comando de Rui Barbosa, que se tornou seu redator-chefe no início de 1893, cargo que ocupou até setembro daquele ano, quando a repressão por conta da Revolta da Armada, que o jornal noticiou com destemor, fez com que deixasse de circular por mais de um ano. O *Jornal do Brasil* retornaria apenas em 15 de novembro de 1894, sem o viés político dos primeiros tempos, firmando-se aos poucos como um jornal popular da virada do século.

Pouco antes do fim do século, no livro do quarto centenário, Veríssimo faria o seguinte balanço dos anos iniciais da República no que se refere à imprensa:

> Gozou sempre a imprensa no Brasil, desde a abolição da censura em 1821, de grande liberdade, que frequentemente atingiu a licença. Nos últimos 20 anos do Império, nenhuma seria mais livre no mundo. Com a República, essa liberdade diminuiu sensivelmente, tornando-se vulgar, em todo o país, a destruição, o incêndio, o empastelamento de tipografias, os ataques pessoais, ferimentos, mortes ou tentativas de mortes de jornalistas. O fato tem, aliás, explicação no ardor das paixões de um começo de *regimen*, num período revolucionário, de predomínio militar, sempre propenso ao abuso da força. Também nos primeiros anos do Império deram-se não só nas províncias, mas na Corte, fatos idênticos. Em todo caso é uma retrogradação que devemos lamentar e a que o tempo porá certamente termo (VERÍSSIMO, *A instrução e a imprensa*, 1899, p. 70).

1.2 O jogo da estátua

Em 13 de dezembro de 1891, um domingo, na primeira página do *Jornal do Brasil*, pode-se ler que Veríssimo havia participado, em nome da publicação, de uma solenidade realizada na véspera para a colocação da pedra fundamental da estátua de José de Alencar no Rio de Janeiro, na Praça Ferreira Viana, no bairro do Flamengo. A estátua seria realizada por meio de subscrição nacional, em campanha levada a cabo pela *Gazeta de Notícias* e pelo *Monitor Sul-Mineiro*. Até hoje, é uma das principais da cidade. Nela, vê-se Alencar placidamente sentado, pairando com ar sábio acima da agitação urbana. O monumento se diferencia da maioria dos demais do período oitocentista, nos quais os "heróis" costumam empunhar bandeiras ou brandir espadas sobre cavalos.

A presença de Veríssimo no evento era citada ao lado da de figuras tradicionais da imprensa carioca, como Henrique Chaves, da *Gazeta de Notícias*; "Dr. Pederneiras" (Manuel Veloso Paranhos Pederneiras), do *Jornal do Commercio*; "Miranda" (Artur de Miranda Ribeiro, o Farfarelo) da *Revista Illustrada*, além de Raul Pompeia, o "elegante folhetinista do *Jornal do Commercio*", entre outros. Também compareceram parentes de Alencar, sua viúva e seus filhos, bem como os escultores Rodolfo e Henrique Bernardelli. A figura mais ilustre era Machado de Assis, responsável pelo momento principal ao discursar sobre o autor de *Iracema*: "A posteridade" – diria ele na conclusão do texto, reproduzido integralmente no jornal – "é aquela jandaia que não deixa o coqueiro e que, ao contrário da que emudeceu na novela, repete e repetirá o nome da linda tabajara e do seu imortal cantor. Nem tudo passa sobre a terra".

Depois da fala de Machado, segundo o jornal, Raul Pompeia leu um auto, assinado pelos presentes, e pôs numa abertura da pedra fundamental um baú contendo um pequeno tesouro: moedas brasileiras, obras do autor e os jornais do dia. Na segunda-feira, 14 de dezembro, Veríssimo dedicou sua crítica no Folhetim a Alencar, em razão da futura estátua. "O lugar do autor d'*O Guarani* na literatura brasileira não é só eminente, é também distinto", destacou o folhetinista, que analisou diferentes aspectos de sua obra, em especial o indianismo. Crítico dessa vertente – "e

SEGUNDA PARTE   TRINCHEIRA 1

sou tanto menos suspeito que o ataco desde [18]77" –, reconhecia sua importância para a conquista de autonomia em relação à literatura portuguesa. "Como protesto [...] o indianismo era lógico; com certeza não o era, porém, como intuição de uma literatura conscientemente nacional". Poetizar o índio correspondia a movimento semelhante ao do romantismo europeu, em busca de raízes na história, para firmar nacionalidades literárias. Ao romper-se com a tradição portuguesa, foi aplainado o caminho para a consolidação da literatura brasileira. Porém, a tentativa de valorizar o elemento ancestral havia criado, na opinião de Veríssimo, uma imagem falsificada do índio.

Veríssimo ainda lamentava no texto a falta de estudos completos a respeito de Alencar, embora citasse como referência trabalho de Araripe Júnior, parente do escritor (Araripe era seu sobrinho), sendo ambos naturais do Ceará. De acordo com o crítico, o estudo de Araripe – que também escreveu artigos esporádicos no *Jornal do Brasil* naquela fase –, seria incompleto por não observar dados biográficos a respeito do autor. Como já pudemos observar até quanto à sua *História da literatura brasileira*, Veríssimo dava especial importância a esse aspecto na leitura das obras (em consonância com o ideal romântico de fusão obra-vida).

O episódio da futura estátua ficaria marcado na memória de Machado de Assis[46]. Digamos que foi um ponto de interseção no tempo com que selou sua associação a Veríssimo, que se tornaria seu crítico dileto.

Cerca de um mês depois do encontro que tiveram na solenidade, Veríssimo escreveu a crítica, sobre a qual já falei, do romance *Quincas Borba* no Folhetim de 11 de janeiro. Tido como momento de virada em sua trajetória crítica, Veríssimo foi ousado ao observar que o critério "nacionalístico", conforme chamou, referindo-se especialmente ao método de Sílvio Romero, do qual era tributário, não poderia ser exclusivo para a apreciação do novo livro de Machado. Novos critérios faziam-se necessários. Especialmente, viria a reiterar, a prosa machadiana deveria ser encarada "sem nenhum preconceito de escolas e teorias literárias". Se observada

---

46 A questão do "jogo da estátua", no que se refere a Machado de Assis, foi abordada por mim em artigo para a *Machado de Assis em Linha* (BERTOL; MARTINS, 2020).

exclusivamente pelo critério nacionalístico, seria um romance praticamente nulo e sem valor.

Dizendo não querer indagar se Machado é "um moderno ou um antigo, um velho ou um novo, um romântico ou um naturalista", Veríssimo afirmou no texto que, depois da leitura de *Quincas Borba,* constatou ter "igual simpatia por todas as escolas e igual desprezo por todas as parcerias". Ora, esse esforço, digamos, em busca de um apartidarismo de correntes e o desprezo pelas parcerias, não seria, em alguma medida, também uma espécie de desabafo diante da situação enfrentada nos meses anteriores no *Jornal do Brasil*? Um crítico com ideias republicanas em meio a monarquistas, Veríssimo estava observando em que medida a rigidez das convicções parecia falhar diante das novas situações; os radicalismos necessariamente distorciam os acontecimentos, para um lado ou para outro. Novas ideias se faziam necessárias. A proposta de Machado, portanto, seria para ele a oportunidade de expressar essa insatisfação, e a tentativa de encontrar outras saídas, mesmo que ainda não houvesse clareza sobre quais seriam.

Expressar-se contra parcerias, portanto, pode ser tomado como uma maneira de responder sobre seu posicionamento no *Jornal do Brasil* naquele momento de radicalismos. A saída de Rodolfo Dantas, embora tenha aliviado, não resolveu os problemas da publicação diante da repressão militar de Floriano Peixoto, "o marechal de ferro". Assim se vê como a prática diária e as exigências do jornal em que o texto foi publicado, mesmo as não explicitadas, influenciam o ângulo da crítica.

Nesse sentido, o humor que constatou em Machado, em sua nota irônica – e que seria o primeiro a observar na época – é sua própria ironia diante dos acontecimentos. A ironia seria um dos motores da crítica de Veríssimo. Essa é uma característica que João Alexandre Barbosa (1974, p. 112) constatou a respeito dessa fase de Veríssimo, após sua chegada à capital, e que define a partir da expressão "grão de ironia e ceticismo", que o crítico usou em um de seus textos da época. A chave irônica com que costuma exercitar sua crítica encontrou em Machado diálogo fecundo, tornando mais complexas as suas indagações. Como se sabe, Machado gostou muito da crítica de Veríssimo de 11 de janeiro e tornou público seu agradecimento. Mas fez esse agradecimento recorrendo justamente à futura estátua de Alencar.

Na crônica de 2 de dezembro de 1894 para *A Semana*, o escritor tratou com humor da estátua (que só seria inaugurada em 1º de maio de 1897, embora isso ele ainda não soubesse...). No domingo à tarde – a crônica foi publicada nesse dia da semana –, quem por lá passasse, na volta do "Cassino", em breve veria erguida uma estátua. "Uma estátua por alguns livros!". Para o leitor "examinar se o homem vale o monumento", Machado (diplomático) indicou primeiro o estudo de Araripe Júnior, "imparcial e completo", que acabava de ser publicado em segunda edição. "Ao cabo, fica sempre uma estátua do chefe dos chefes". A seguir, sugeriu finalmente a análise de Veríssimo, então recém-publicada no volume *Estudos brasileiros*, que o crítico havia organizado com esse e outros artigos do *Jornal do Brasil*, inclusive, claro, a crítica a *Quincas Borba*. Discreto, Machado escreveu: "Há lá certo número de páginas que mostram que há nele [em Veríssimo] também muita benevolência. Não digo quais sejam: adivinha-se o enigma lendo o livro; se, ainda lendo, não o decifrares, é que não me conheces" (2008, vol. 4, p. 1125).

Machado e Veríssimo já se conheciam e desde a década anterior haviam trocado cartas. No entanto, o evento em torno do líder romântico pode ser tomado como o batismo simbólico e público do seu encontro no Rio. A homenagem encerra um jogo sutil, no momento em que se almejava a libertação de todas as parcerias, buscando-se ir além da causa "nacionalística" sem preconceitos de escolas ou teorias literárias. Nessa situação limiar (da literatura e do país), nada mais confortável (e irônico) que saudar o romântico (e monarquista) José de Alencar como uma evocativa estátua. A tradição também possuía sua função. Cerca de um mês depois da solenidade para a colocação da pedra fundamental, com a primeira crítica de Veríssimo a um romance de Machado na imprensa da capital, selou-se a aliança do escritor com seu crítico.

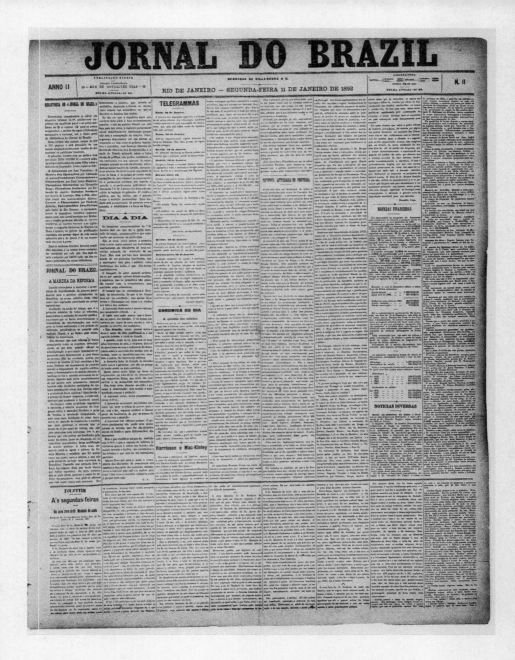

O folhetim de segunda-feira com a crítica de Veríssimo
a Quincas Borba, de Machado de Assis. 11/01/1891.
Fonte: Fundação Biblioteca Nacional.

Trincheira 2

2.1 *Revista Brasileira*: uma sociedade em comanditas

> *"[...] um grão de emoção à ironia das palavras ou dos conceitos".*
> José Veríssimo, *Revista Brasileira* (tomo XVI, p. 128), 1898

Em carta de 9 de junho de 1896 a Oliveira Lima, José Veríssimo comentou: "Não sei se já lhe mandei dizer que temos agora escritório". Desde que, no início do ano anterior, o crítico fizera reviver a tradicional *Revista Brasileira*, a publicação se tornara o espaço editorial mais cobiçado entre escritores e intelectuais no Rio de Janeiro. No primeiro ano, fora editada pela Laemmert & C. Editores, que funcionava na Rua do Ouvidor 66; em seguida, passou ao controle da *Sociedade Revista Brasileira*. A mudança pode ser verificada na capa do 24º fascículo. Para substituir o importante livreiro, Veríssimo articulou a colaboração de figuras da vida literária. Cerca de duzentas pessoas se associaram à "Revista Brazileira – Sociedade em commandita por acções J. VERÍSSIMO & CIA"[47]. Com a troca, foi preciso mudar-se para outra redação, uma sala na Travessa do Ouvidor 31, o escritório sobre o qual comentou com Oliveira Lima e mais conhecido endereço da *Revista*, antessala para a fundação da Academia Brasileira de Letras, em 1897.

Na Oliveira Lima Library estão disponíveis recibos dessas operações financeiras, que não costumam ser citadas na bibliografia disponível a respeito da publicação. Doyle (1995) é dos poucos a mapear a mudança de editor depois do primeiro ano, avançando informações relevantes, mas não fala sobre a sociedade comanditária. Na *Revista*, indica-se apenas que esta passou ao controle de uma sociedade, sem detalhes. Veríssimo, além disso, quase nada comenta nas suas cartas. Ana Maria Martins, no importante *Revistas em revista* (2001), cita o amadorismo como traço geral das revistas do século XIX e nada apresenta sobre a sociedade comanditária da *Revista Brasileira*, ao contrário do que fará para a *Revista do Brasil*,

---

47 Veríssimo era adepto do uso da letra "z" para grafar o nome do Brasil. Nos debates da ABL para a uniformização ortográfica, sugeriu que se adotasse oficialmente essa forma de escrita. No texto, estamos atualizando a grafia.

SEGUNDA PARTE   TRINCHEIRA 2

criada em 1916 nesses moldes. Wilson Martins, embora dê desta-que à publicação de Veríssimo como o acontecimento mais impor-tante de 1895 no "campo do periodismo" (1977-78, p. 484), também não fala sobre as ações em comandita, assim como Nelson Werneck Sodré, outro autor que enfatiza a posição proeminente conquistada pela *Revista Brasileira* no panorama da imprensa literária da época (1999, p. 267). A informação, entretanto, não pode ser desprezada[48].

Oliveira Lima teria participado com 500 mil-réis[49]. Na sua coleção, há um recibo que indica ser ele o 13º acionista, com o pagamento, em 3 de fevereiro de 1896, de uma primeira parcela de 100 mil-réis, equivalentes a 20% "da sua primeira entrada como possuidor de cinco ações desta Sociedade". Disponível no acervo há um outro recibo do mesmo tipo e com o mesmo valor, porém equivalente a uma segunda parcela, emitido em 4 de novembro de 1896 em nome de Affonso Lopes de Miranda[50], o 174º acionista, o que dá ideia da grande quantidade de pessoas envolvidas no empreendimento.

Assim, Veríssimo, como diretor da publicação, não se voltava apenas para questões editoriais: ele foi também um executivo e pre-cisou lidar com aspectos materiais para prover o que chamava de "vida espiritual brasileira", à qual se referiu no texto de apresenta-ção, de 1º de janeiro de 1895:

> É esta a terceira publicação que com igual título de *Revista Brasileira* vem a lume. É agradável acreditar que a insistência no tentame de fazer viver um periódico dessa espécie e com este título corresponde

---

48 Também abordo essas questões em artigo publicado na *Revista Brasileira de Ciências Sociais*. Ver Bertol, 2020.

49 Em 1897, o salário de um médico empregado no funcionalismo municipal era de 600 mil-réis, enquanto o de um professor de ciências ficava em torno de 450 mil-réis (DAMAZIO, 1996, apud EL FAR, 2000, p. 36). Em geral, o salário de um repórter não passava de 150 mil-réis. A *Gazeta de Notícias*, que oferecia os salários mais altos, pagava de 150 mil a 200 mil-réis aos repórteres, de 300 mil a 400 mil aos redatores e de 500 mil a 700 mil ao secretário ou redator-chefe. No início do século XX, o *Correio da Manhã* pagava de 30 a 50 mil-réis pelas colaborações, enquanto o *Jornal do Commercio* chegava a 60 mil-réis. Aos literatos com renome eram oferecidas colunas fixas, com salários mensais. Os dados sobre os salários da imprensa estão disponíveis em Sodré (1999, p. 284).

50 No tomo VI (abr-jun de 1896), Miranda havia publicado na *Revista* o artigo "O poder judiciário na Constituição Federal" (pp. 226-34).

a uma necessidade e satisfaz uma aspiração: a necessidade de dar um órgão à vida espiritual brasileira e a aspiração de ser esse órgão, cujos intuitos o título repetidamente escolhido por si só define (VERÍSSIMO, *Revista Brasileira*, tomo I, p. 1).

O objetivo principal, assim como nas versões anteriores da *Revista Brasileira*, era servir à "causa da cultura nacional". Queria dar-se "ao pensamento brasileiro, em todas as suas variadas formas, um meio de expressão". Nesse sentido, segundo Veríssimo, mais facilmente "que o jornal ou o livro, pode a revista recolher de todo o país e por ele todo disseminar as manifestações da vida espiritual, sendo ao mesmo tempo um centro de convergência e de irradiação de todas elas".

Machado de Assis acompanhava tudo de perto. Na correspondência com seu grande amigo Magalhães de Azeredo no período há referências à *Revista* em quase todas as cartas. Em dezembro de 1895, o autor de *Quincas Borba* comentou sobre a reestruturação:

> Tem lido a *Revista Brasileira*? Vai passar agora a uma sociedade anônima, com cinquenta contos de capital. Creio que é já no princípio do ano. Tem dado bons trabalhos, e há dedicação da parte dos que escrevem, e muito zelo na direção do José Veríssimo. Amigos deste têm tomado a peito levar a cabo a nova forma da publicação (ASSIS, carta de 09/12/1895, 2011, p. 129).

A expressão de Machado, sobre os amigos que "têm tomado a peito" o projeto de manter viva a *Revista*, certamente pode ser usada para o próprio escritor. O sucesso desse *crowdfunding* oitocentista fez com que a centralidade de Veríssimo, enquanto crítico, se reforçasse.

Para atingir o capital de 50 contos, valor anunciado pelo escritor, teria sido necessária a participação de pelo menos cem pessoas com o investimento de 500 mil-réis cada, tomando-se como base os recibos disponíveis. Como se comprova pelo de Miranda, o número de participantes superou a centena com folga (embora muitos possam não ter pago todas as parcelas prometidas). Em 12 de janeiro de 1896, Machado voltou ao assunto das mudanças na *Revista* com Azeredo: "José Veríssimo trata agora, como deve saber, de a melhorar e consolidar. Tem bons auxiliares consigo; está formando uma sociedade em comandita para assegurar-lhe capital" (2011, p. 139).

Toma-se como certo, um fato quase lendário, a atuação de Veríssimo ao conseguir congregar o grupo que fundou a ABL sob a liderança de Machado. Entretanto, essa adesão se explica melhor pelo engajamento da intelectualidade na *Revista Brasileira*, da qual se tornam sócios. A saída da Laemmert como editor principal parece ter sido fundamental para motivar essa mobilização.

Alguns anos depois, em carta de 9 de junho de 1899 a Oliveira Lima, na qual criticou a ganância dos livreiros brasileiros, fez referência a Laemmert como "judeu". A propósito de um livro que Oliveira Lima tentava publicar no Brasil, afirmou: "Vou hoje falar sobre ele ao Garnier e ver se ele faz uma proposta melhor que a que lhe mandei do Laemmert, que é um judeu". É bem provável que estivesse falando de Egon Widmann Laemmert, genro de Henrique Laemmert, morto em 1884. No momento em que Veríssimo reclamava dos livreiros, a Laemmert inaugurava uma luxuosa loja de quatro andares, com fachada revestida de mármore, considerado então o mais belo endereço da Rua do Ouvidor. Projetado por Artur Sauer, um dos sócios, o edifício foi construído no período de 1898 a 1899, segundo Ubiratan Machado (2012, p. 130). Diante de tamanha opulência, como justificar as restrições aos autores nacionais?

Os livreiros, de forma geral, condenava o crítico, eram todos "grão-senhores" que viviam "exclusivamente da mercadoria estrangeira": "Parecem fazer-nos um grande favor quando nos tem um livro para vender, ainda mais com grande comissão". Quatro anos depois do relançamento da publicação em 1895, ele afirmaria: "Uma das causas do insucesso material da *Revista* é esta situação. Damos aos nossos agentes 20%; pois bem alguns acabam por abandonarem a nossa freguesia dizendo-nos que não vale a pena" (carta a O. L.; 09/06/1899). Mas também Garnier não era muito bem-visto, tanto que Baptiste-Louis Garnier (1823-1893) chegou a ter o apelido de "Bom Ladrão Garnier".

No início de 1896, quando todos convergiam para a *Revista*, essas dificuldades ainda estavam sendo contornadas. Sempre que uma edição era lançada, o *Jornal do Commercio* anunciava na seção

Imprensa o que os leitores encontrariam. Por ocasião do lançamento do tomo X (abr-jun 1897), lembrou que era uma marca importante, pois a *Revista* em sua fase anterior, dirigida por Nicolau Midosi, entre 1879 e 1881, só havia chegado até esse número (22/06/1897, p. 2).

As informações sobre a sociedade comanditária também eram divulgadas no *Jornal do Commercio*. Em pequenos anúncios ao longo de 1896, a *Revista* chamou para o depósito da segunda parcela de sua sociedade:

CHAMADAS DE CAPITAL

Revista Brasileira

Sociedade em comandita por ações – J. Veríssimo & c.

Os *Senhores* acionistas são convidados a fazer a segunda entrada de 20%

(20$ por ação), desta data a 10 de Outubro futuro, no escritório da Revista

à travessa do Ouvidor n. 31.

Rio de Janeiro, 25 de Setembro de 1896 – O diretor-gerente, José Veríssimo

Publicou-se ainda o balanço no *Jornal do Commercio*. Os dados indicam que a *Revista* encerrou o ano de 1896, o primeiro sem o controle da Laemmert, com saldo positivo. Por ser um documento pouco conhecido, segue tal como impresso em 17 de fevereiro de 1897:

ASSOCIAÇÕES

J. Verissimo & C.

SOCIEDADE EM COMANDITA POR AÇÕES

(REVISTA BRASILEIRA)

Senhores acionistas – De conformidade com o ar*tigo* 6º dos nossos estatutos, venho apresentar-vos o resultado das nossas operações durante o período decorrido de 14 de Março de 1896, data da constituição da nossa empresa, até 31 de Dezembro próximo passado.

Conforme a demonstração da conta de Lucros e Perdas,

vereis que a nossa receita foi de... 56:046$840

e tendo tido a despesa de... <u>50:941$160</u>

ficou um saldo de... 5:105$680

o qual não convém ser retirado dessa conta enquanto não realizar-se a cobrança da dívida ativa por assinaturas e anúncios na importância de 22:418$000.

Embora modesto, este resultado é animador, porquanto trata-se de uma empresa

SEGUNDA PARTE TRINCHEIRA 2

incipiente, que após duas tentativas malogradas, parece finalmente encaminhar para o futuro mais lisonjeiro, sendo de presumir que à medida que forem melhor conhecidos e apreciados os nossos trabalhos, se alargue o círculo dos nossos assinantes e anunciantes.

Para quaisquer outras informações achar-me-eis à vossa disposição.

Rio de Janeiro, 15 de Fevereiro de 1897 – *J. Veríssimo D. De Mattos*

BALANÇO
Ativo

Acionistas	... 32:400$000
Móveis etc	... 653$000
Laemmert & C.	... 367$950
Assinaturas a receber	... 19:457$000
Devedores por anúncios	... 2:961$000
Banco da República do Brasil	... 8:965$000
Caixa	... <u>8:226$150</u>
	73:030$100

Passivo

Capital solidário	... 1:000$000
Capital comanditário	... 54:000$000
Companhia Tipográfica do Brasil	... 12.660$320
Diversos credores	... 264$100
Lucros e perdas	... <u>5:105$680</u>
	73:030$100

S.E. ou O. – Rio de Janeiro, 31 de Dezembro de 1896, - *José Veríssimo Dias de Mattos*

Parecer

Os membros do conselho fiscal da sociedade comanditária por ações, J. Veríssimo & C. (Revista Brasileira), examinando os livros e as contas do período decorrido de 14 de Março a 31 de Dezembro próximo passado, acharam tudo na devida ordem, pelo que são de parecer que sejam aprovadas as ditas contas.

Rio de Janeiro, 15 de fevereiro de 1897 – Doutor *José Ferreira de Souza Araújo*. – *J. P. Graça Aranha*. – *Ernesto Cybrão*

Transferências

Durante o período de 14 de Março próximo passado até hoje não houve transferência de ação.

Rio de Janeiro, 31 de Dezembro de 1896. – *José Veríssimo de D. Mattos*

As informações sobre ativos dão uma ideia de onde provinha o capital para mantê-la. Laemmert, como é possível conferir, continuou sócio, ainda que com pequenino investimento. A maioria foi obtida por meio das ações e das assinaturas, e um pouco por empréstimos bancários. Portanto, houve intenso trabalho de administração realizado por Veríssimo e seu braço direito, Paulo Tavares, secretário da *Revista* – e futuramente o primeiro secretário da Academia Brasileira de Letras. Vê-se que contava com o apoio de amigos próximos, como o jovem Graça Aranha, que assinou o balanço como membro do conselho fiscal. Aranha tornou-se, nessa fase, grande amigo e confidente de Veríssimo: foi o crítico, com sua vocação de articulador cultural, quem o apresentou aos amigos colaboradores da *Revista Brasileira*, entre eles Machado de Assis e Joaquim Nabuco, que teria um papel decisivo na vida do futuro modernista (AZEVEDO, 2002).

Ao lembrar a Oliveira Lima do novo escritório, Veríssimo reiterou que a redação "tenta ser um centro de homens de letras":

> Infelizmente somos, como sabe, pouco sociáveis e os hábitos da boemia em que permanecem ainda os nossos escritores os tornam avessos a reuniões pouco descabeladas. Entretanto, temos aqui sempre o Machado de Assis, o [Graça] Aranha, o [Joaquim] Nabuco, o [Artur] Jaceguai, o Pedro Tavares, Coelho Neto, o Araripe [Júnior] e outros. Sempre que o *Senhor* é lembrado, e o é frequentemente, é com a merecida estima e apreço. Ontem cá esteve o Assis Brasil que prometeu-me a sua colaboração. Enfim, a *Revista* creio que vai apesar do meio (VERÍSSIMO, carta a O. L., 09/06/1896).

A fama que adquiriu de agregadora de diferentes correntes intelectuais começou a consolidar-se em 1896. Em crônica de 17 de maio daquele ano no jornal *Gazeta de Notícias* (coluna A Semana), Machado escreveu com entusiasmo a respeito do primeiro jantar mensal da *Revista Brasileira,* realizado em 12 de maio, somente depois do fim do contrato com a Laemmert, ou seja, mais de um ano depois do relançamento da publicação. O texto enfatizou o sentido de união (o trecho é um pouco longo, mas saboroso):

Chego ao hotel do Globo. Subo ao segundo andar, onde acho já alguns homens. São convivas do primeiro jantar mensal da *Revista Brasileira*. O principal de todos, José Veríssimo, chefe da *Revista* e do Ginásio Nacional, recebe-me como a todos, com aquela afabilidade natural que os seus amigos nunca viram desmentida um só minuto. Os demais convivas chegam, um a um, a literatura, a política, a medicina, a jurisprudência, a armada, a administração [...]. Ao fim de poucos instantes, sentados à mesa, lembrou-me Platão; vi que o nosso chefe tratava não menos que de criar também uma República, mas com fundamentos práticos e reais. O Carceler podia ser comparado, por uma hora, ao Pireu. Em vez das exposições, definições e demonstrações do filósofo, víamos que os partidos podiam comer juntos, falar, pensar e rir, sem atritos, com iguais sentimentos de justiça. Homens vindos de todos os lados, – desde o que mantém nos seus escritos a confissão monárquica, até o que apostolou, em pleno Império, o advento republicano – estavam ali plácidos e concordes, como se nada os separasse. Ao deixar a mesa tornei a lembrar-me de Platão, que acaba o livro proclamando a imortalidade da alma; nós acabávamos de proclamar a imortalidade da *Revista*. [...]" (MACHADO, 17/05/1896, p. 1, *Gazeta de Notícias* (A Semana).

Como pano de fundo do festivo encontro, tornando mais óbvio o motor gregário, tem-se o investimento na Sociedade J. VERÍSSIMO & CIA. Em 16 de agosto do mesmo ano, Machado escreveu sobre o quarto jantar mensal da *Revista*: "[...] enquanto o espírito não falir, a *Revista* comerá os seus jantares mensais até que venha o centésimo, que será de estrondo" (apud ARANHA, 1923, p. 126). Havia o esforço de criar uma platônica "República ideal". O mesmo espírito de união de opostos se fará presente na fundação da ABL, criada depois de longas discussões na sede da *Revista*. Assim, a Academia seria uma contrapartida do investimento realizado na publicação. Desde o início, ainda sob contrato da Laemmert, Veríssimo apostou no ecletismo editorial, como explicitou no editorial de apresentação – em texto que de alguma maneira evoca sua crítica de 1892 a *Quincas Borba*:

Este período é em nossa vida nacional de reorganização política e social. A *Revista Brasileira* não lhe pode ficar alheia e estranha. As questões constitucionais, jurídicas, econômicas, políticas e sociais em suma, que nos ocupam e preocupam a todos, terão um lugar nas suas páginas. Republicana, mas profundamente liberal, aceita e admite todas as controvérsias que não se achem em completo antagonismo com a inspiração da sua direção. Em Política, em Filosofia, em Arte não pertence a nenhum partido, a nenhum sistema, a nenhuma escola. Pretende simplesmente ser uma tribuna onde todos os que tenham alguma coisa a dizer, e saibam dizê-la, possam livremente manifestar-se (VERÍSSIMO, *Revista Brasileira*, tomo I, p. 3).

O primeiro ano logo demonstrou a viabilidade dessa proposta, na qual se investiu do próprio bolso a partir de 1896. Décadas depois, Joaquim Nabuco se recordará com saudades, em carta a Machado, daqueles jantares da *Revista*, em correspondência primeiramente organizada e publicada por Graça Aranha em 1923 – no ano seguinte àquele em que abriu as atividades da Semana de Arte Moderna em São Paulo. No texto de apresentação do volume dessa correspondência, Aranha, com um certo saudosismo daquela época, comentou que a *Revista* chegou quando "os espíritos estavam fatigados da política" (1923, p. 26)[51]. E reiterou: "Parece que nunca houve no Brasil até hoje um salão tão intelectual, como o da *Revista Brasileira*. Era uma recepção permanente todas as tardes, e cada um entregava-se livremente, segundo seu temperamento, aos jogos da inteligência". Nesse texto, afirmou que Veríssimo, além de "magnífico homem de letras", era um "organizador arguto, enérgico, devotado às suas criações". Segundo Aranha, ele seria um socialista.

Miguel Sanches Neto (2010), ao destacar Aranha como o homem-ponte entre a geração de 1897, que fundou a ABL, e a de 1922, dos modernistas, reitera a importância daquele momento, no fim do século XIX, como fecundo de consequências para a cultura brasileira. Havia, primeiramente, um sentido prático e afirmativo na organização dos intelectuais. Um sentido que se referia à situação do escritor/intelectual na sociedade, algo que

---

51 O governo de Floriano Peixoto havia sido especialmente tenso, com a censura e a perseguição a escritores e jornalistas, como Rui Barbosa, José do Patrocínio, Olavo Bilac.

SEGUNDA PARTE

TRINCHEIRA 2

necessariamente se relacionava aos públicos que lhes podem dar sustentação (BARBOSA, 1974). Afirmar a posição autônoma do intelectual e escritor seria uma das frentes de ação dessa segunda trincheira em que Veríssimo se engajou.

Não era a primeira vez que o crítico realizava empreendimento nesse estilo. Em 1883, havia fundado em Belém a *Revista Amazônica*, que durou apenas onze números, mas congregou importantes nomes da intelectualidade local. Foi um momento decisivo para sua consagração na província. Na apresentação do primeiro número, Verissimo destaca a importânia da cultura:

> Entendemos que no meio do febril movimento comercial que a riqueza nativa do vale do Amazonas entretém não só nesta Liverpool dos trópicos – como já lhe chamaram – mas ainda na futurosa cidade de Manaus, havia lugar para um jornal consagrado a promover, direta ou indiretamente, o engrandecimento moral e, portanto, dirigir melhor o material da Amazônia; e que publicá-lo seria, senão um serviço que prestávamos, ao menos uma lacuna que cobríamos.
> Não basta – cremos nós – produzir borracha, cumpre também gerar ideias; não é suficiente escambar produtos, é ainda preciso trocar pensamentos; e um desenvolvimento material que se não apoiasse num correlativo progresso moral seria, não somente improfícuo, mas funesto, pela extensão irregular que daria aos instintos – já a esta hora muito exagerados – do mercantilismo (*Revista Amazônica*, tomo I, 1883, vol. 1, p. 5).

Ao apostar no novo empreendimento em 1895, portanto, Veríssimo possuía como lastro sua experiência, mas também se filiava à história da *Revista Brasileira*. Na primeira fase, entre 1857 e 1861[52], dirigida pelo cientista Candido Batista de Oliveira, também

---

52   Doyle (1995) toma esta como a segunda fase da *Revista Brasileira*, pois considera uma primeira que foi editada por Francisco de Paula Menezes, que teria tido poucos números, em julho de 1855. José Veríssimo considera plausível incluir a fase de Menezes como inicial para a história da publicação, mas ele próprio, apesar de conhecê-la, não a considera, e nós adotamos sua classificação. No livro sobre a história da imprensa que produziu sob encomenda para as celebrações do quarto centenário da descoberta do Brasil, afirma que a fase de Midosi pode ser considerada a terceira, se se leva em conta a do dr. Paula Menezes.

uma publicação da Laemmert, seu título completo era *Revista Brasileira, Jornal de Ciências Letras e Artes*. Segundo informa seu diretor, citado por Veríssimo no editorial de apresentação de 1895, a publicação "fora a transformação de outro jornal do mesmo gênero, o *Guanabara*, tomando maiores proporções e passando a ser trimestral". No entanto, na opinião do crítico, os quatro tomos dessa fase inicial tiveram "uma feição talvez demasiado científica e técnica, que lhe devia certamente estorvar o acesso ao público" (*Revista Brasileira*, 1895, tomo I, p. 1) – e Veríssimo sempre tinha em mente a comunicação com o público e a formação de leitores.

Especialmente importante para ele fora a publicação em sua segunda fase, entre 1879 e 1881. Nesse período, sob a direção de Nicolau Midosi, contou com eminentes colaboradores, inclusive Machado de Assis, que nela publicou *Memórias póstumas de Brás Cubas*[53]. Sílvio Romero lá divulgou o primeiro capítulo de *Introdução à história da literatura brasileira*, e o clássico perfil de Alencar por Araripe Júnior (trabalho que citamos a propósito da estátua do escritor) surgiu primeiramente na publicação. Veríssimo também colaborou. No oitavo tomo (abril-junho de 1881), a *Revista* noticiou sua ida ao Congresso Literário Internacional, realizado em Lisboa entre 20 e 25 de setembro do ano anterior, e reproduziu o texto do jornalista apresentado no exterior[54]. O artigo também havia sido publicado no *Jornal do Commercio* em 9 de novembro de 1880. Na edição seguinte (nono tomo, julho-set, 1881), Veríssimo ainda escreveu o artigo "A religião dos tupi-guaranis" (p. 69)[55]. Foi com a *Revista Brasileira* que começou a tornar-se conhecido na capital, segundo afirmou Araripe Júnior em artigo para *A semana*:

---

53 "Machado de Assis teve ainda a comédia *Tu Só, Tu, Puro Amor...* e vários outros escritos publicados originalmente na *Revista Brasileira* [na fase de Midosi], inclusive 'A mosca azul', 'Círculo vicioso', o estudo sobre Antônio José, o ensaio 'A nova geração', etc." (DOYLE, 1995, p. 34).

54 O texto foi reproduzido em artigo de J. M. Vaz Pinto Coelho, intitulado "Da propriedade literária no Brasil" (p. 474).

55 Veríssimo informava em nota de rodapé que seu texto sobre os tupis-guaranis ia compor o livro *Estudos e ensaios de etnografia do Brasil*, mas este não se realizou. Nesse mesmo número, pode-se ler artigo de J. Barbosa Rodrigues (novamente o naturalista), intitulado "O canto e a dança silvícola" (p. 32).

SEGUNDA PARTE

TRINCHEIRA 2

Foi a *Revista Brasileira* (entre outras citarei este exemplo) que trouxe ao conhecimento dos espíritos cultos desta capital que em 1880 havia no Pará um movimento literário bem notável, iniciado por um escritor, hoje muito reputado na imprensa fluminense, porque aqui reside e já fez parte brilhantemente do jornalismo, mas que entretanto naquele tempo vivia obscuro, ignorado, embora tivesse dado à estampa, nos jornais da terra, os seus *Estudos Amazônicos* e outros trabalhos de crítica, que poderiam ser colocados a par dos trabalhos dos mais audaciosos pensadores brasileiros. Ora é bem possível que, se a *Revista* não pusesse José Veríssimo em contato com o grande público, estivesse ele ainda a vegetar lá pelo Pará, e que por fim, perdidos os estímulos, acabasse por onde acabam todos os talentos provincianos, arruinando o espírito nas sórdidas polêmicas de campanário (JÚNIOR, Araripe. *A semana*, 31/03/1894, n. 31)[56].

Na época em que havia sido diretor da *Revista Amazônica*, Veríssimo não hesitou em escrever a Machado de Assis solicitando sua participação. Esta nunca se efetivou, mas o escritor lhe enviou uma simpática resposta, provável início da relação que seria reforçada anos depois. Na carta, tocou numa questão sensível para ambos: a escassez de públicos leitores no Brasil. Veríssimo lhe escreveu no início de 1883, e na breve carta-convite faz referência à *Revista Brasileira*, sem esconder, portanto, sua inspiração:

Com esta receberá *Vossa Excelência* o primeiro número da *Revista Amazônica*, da qual sou Diretor.

É uma tentativa, talvez utópica, mas, em todo o caso bem intencionada.

---

56 Max Fleiuss, que foi secretário perpétuo do Instituto Histórico e Geográfico Brasileiro (IHGB), lançou em 1915 o pequenino volume *A Semana (Chronica da saudade)*, contando a história da publicação que circulou de 1893 a junho de 1895. Max era filho do caricaturista Henrique Fleiuss, que criou a pioneira e humorística *Semana Ilustrada*, que circulou de 1860 a 1875 e teve Machado de Assis como colaborador. Para fazer circular a nova revista, Max Fleiuss conta que houve a tentativa de montar uma sociedade em comanditas, que, no entanto, parece não ter prosperado. A revista, dirigida por Valentim Magalhães, teve financiamento privado. A redação, nessa segunda fase, contou com Araripe Júnior, Raul Pompeia, Machado de Assis, entre outros. O grupo que nela se reunia apelidava-se de "o bonde" d'*A Semana*. No pequenino livro em que conta a história da revista, Max, todavia, queixa-se de Veríssimo por este não a ter citado no livro do quarto centenário sobre a história da imprensa – e isso ainda que Araripe Júnior o houvesse elogiado na publicação, como lembra.

122

TRINCHEIRAS DA CRÍTICA LITERÁRIA

Não sei se terá mais, ou, pelo menos, tanta vida quanto a *Brasileira*. Eu por mim o que posso prometer é que farei tudo para que viva. Mas eu só, e no meio de uma sociedade onde os cultores das letras não abundam, nada posso; e se não fosse confiar na proteção daqueles que, como *Vossa Excelência*, conservam vivo o amor ao estudo, não a publicaria.

É, pois, para pedir a sua valiosíssima colaboração que tenho a honra de escrever a *Vossa Excelência*, de quem, há muito que

Sou

Admirador sincero

José Veríssimo (in: ASSIS, 04/03/1883, 2009, p. 246).

A resposta de Machado não tardou. O escritor incentivou fortemente Veríssimo a continuar na empreitada. Mesmo que a publicação não tivesse futuro, reiterou:

> [...] a simples tentativa é já uma honra para *Vossa Excelência*, para os seus colaboradores e para a província do Pará, que assim nos dá uma lição à Corte.
>
> Há alguns dias, escrevendo de um livro, e referindo-me à *Revista Brasileira*, tão malograda, disse esta verdade de La Palisse, "que não há revistas, sem um público de revistas". Tal é o caso do Brasil. Não temos ainda a massa de leitores necessária para essa espécie de publicações. A *Revista Trimestral* do Instituto Histórico vive por circunstâncias especiais, ainda assim irregularmente, e ignorada do grande público.
>
> Esta linguagem não é a mais própria para saudar o aparecimento de uma nova tentativa; mas sei que falo a um espírito prático, sabedor das dificuldades, e resoluto a vencê-las ou diminuí-las, ao menos. E realmente a *Revista Amazônica* pode fazer muito; acho-a bem feita e séria. Pela minha parte, desde que possa enviar-lhe alguma coisa, fá-lo-ei, agradecendo assim a fineza que me fez, convidando-me para seu colaborador (ASSIS, 19/04/1883, 2009, p. 254).

Essas palavras nunca foram esquecidas por Veríssimo e podem ser tomadas como advertência: quando resolveu abraçar a iniciativa de fazer circular a *Revista Brasileira*, sabia dos riscos que corria. Em

SEGUNDA PARTE

carta de 27 de fevereiro de 1896 a Oliveira Lima, fez referência ao que Machado lhe escrevera 13 anos antes:

> Não preciso dizer-lhe com que satisfação ouço essas manifestações de admiração e estima pelo *Senhor* e pelos seus trabalhos, que são dos melhores sem dúvida que a *Revista* tem publicado. Esta vai indo, ganhando terreno é certo, mas muito lentamente. Ainda não temos, como me dizia há muitos anos o Machado de Assis, nem público, nem escritores de Revista. Creio, porém, que é teimando que conseguiremos, uma e outra coisa, e por isso [...] teimarei. Artigos como os seus concorrem para formar os segundos e portanto conquistar aos primeiros [...] (VERÍSSIMO, carta a O. L., 27/02/1896).

O projeto da *Revista Brasileira* contou em todas as etapas com o apoio de Machado de Assis, seu fiador de prestígio. Sempre que possível, Veríssimo fez referência ao escritor em suas cartas. Na estreia da *Revista*, escreveu entusiasmado a Afonso Arinos, em 15 de janeiro de 1895 (acervo da ABL), com felicitações pelo sucesso do conto "Pedro Barqueiro", que obteve destaque na primeira edição. Sucesso, assinala o crítico, "que aproveitará à recente publicação": "O Machado de Assis ficou encantado e deseja ardentemente conhecer o autor. E assim todos, ainda os mais exigentes" (esta carta ainda fora enviada com timbre da "Revista Brazileira – Editores Laemmert & C. RUA DO OUVIDOR, 66 – Rio de Janeiro"). Arinos também publicou na *Revista,* entre outros, os contos "Assombramento" e "Joaquim Mironga", que, juntos com o de estreia, foram reunidos em *Pelo Sertão.* No tomo XIV (abr-jun, 1898), o livro, publicado pela coleção Biblioteca Laemmert, recebeu uma crítica elogiosa de Veríssimo, que, no entanto, encerrou seu texto com uma advertência: "e o jornalismo, que tantos esperançosos talentos tem roubado às nossas letras para esterelizá-los, o jornalismo em que em má hora se meteu, não o inutilize para a literatura onde acaba de fazer uma das estreias mais auspiciosas dos últimos anos" (p. 255).

A *Revista* era então publicada em fascículos de 64 páginas sempre nos dias 1º e 15 de cada mês, como se esclarecia na contracapa (a partir do 73º fascículo, em janeiro de 1898, passou a ser publicada no dia 15 de cada mês, com 128 páginas – embora nem sempre tivesse

TRINCHEIRAS DA CRÍTICA LITERÁRIA

o número de páginas anunciado). Ao todo, foram 19 tomos em 93 fascículos. Vê-se que possuía dinamismo para acompanhar os movimentos da vida literária. Os artigos tratavam, além da literatura, que era predominante, de temas jurídicos, antropológicos, científicos, financeiros, políticos, amazônicos. Emílio A. Goeldi, diretor do Museu Paraense, e Luiz Cruls, do Observatório Astronômico, estavam entre os assíduos colaboradores. Faziam-se presentes as mais variadas correntes. Um dos frequentes colaboradores foi o simbolista Alphonsus de Guimaraens (expoente de corrente da qual Veríssimo não era grande admirador); e Nina Rodrigues (o autor de estudos sobre antropologia criminal de fundo racista lá publicou, entre outros textos relevantes, "O animismo fetichista dos negros baianos", em diferentes fascículos dos tomos VI e VII de 1896, trabalho pioneiro sobre as religiões, os cultos e as práticas mágicas dos negros baianos).

Preocupado com o profissionalismo, Veríssimo também se esforçava por pagar aos colaboradores. Há indícios a respeito na correspondência. Com o português Moniz Barreto combinou que o remuneraria com 50 mil-réis por colaboração: "[...] é pouco, reconheço, mas o mais que podemos dar", escreveu o crítico (27/02/1896) a Oliveira Lima. A fase inicial da correspondência com este (a primeira carta de que dispomos é de 25/01/1896) tem como assunto principal a *Revista* e a criação da Academia Brasileira de Letras, da qual o diplomata figura entre os fundadores. O crítico não se cansa de lhe pedir que envie textos e sugestões – além de sua fotografia para decorar a sala da redação. O fato de o correspondente encontrar-se no exterior – entre 1896 e 1899 viveu em Washington – faz com que Veríssimo lhe faça com frequência a crônica dos acontecimentos, inclusive os políticos. Em 27 de agosto de 1896, agradeceu-lhe o envio de "amáveis cartões" e de dois artigos da série "Primeiras impressões dos Estados Unidos"[57] e teceu uma série de comentários:

> Tive a maior satisfação em saber que já está a rever as provas da sua *Literatura Colonial*; e fico ansioso por lê-la. O *Senhor* está dando

---

[57] Os textos da série "Primeiras impressões dos Estados Unidos", de Oliveira Lima, foram publicados nos tomos VII, VIII, em 1896, e XII, em 1897, da *Revista Brasileira*. Os artigos comporiam o livro *Nos Estados Unidos: impressões políticas e sociais* (Leipzig: Broockhaus, 1899).

SEGUNDA PARTE

TRINCHEIRA 2

> um exemplo raro: ocupar-se de literatura neste tempo, em que nós brasileiros vivemos assoberbados pela política, e que política. [...] os nossos mais imediatos e mais pessoais interesses colidem com a coisa pública, de sorte que por menos que nos queiramos ocupar desta choldra que se chama "a política", somos forçados a fazê-lo ao menos teoricamente. E ainda é a melhor a teórica. Creia que me fazem inveja os que longe da Pátria pedem amá-la e servi-la pelo estudo desinteressado e são de suas coisas (VERÍSSIMO, carta a O. L., 27/08/1896).

Uma das mais vívidas descrições do ambiente da redação foi feita por Coelho Neto (que não era amigo do crítico): o lampejo das grandes ideias contrastava com o ambiente lúgubre e precário.

> Duas salas acanhadíssimas: redação em uma, secretaria em outra. Dos sócios da casa o menos assíduo era o sol, representado quase sempre, pelo gás, porque, desde a escada, tinha-se a impressão de que, em tal cacifro, mal os galos começavam a cantar matinas, a Noite recolhia a sua sombra... Na redação, reuniam-se, diariamente, chuchurreando um chá childro, José Veríssimo, diretor da *Revista*, Paulo Tavares, secretário, Machado de Assis, Joaquim Nabuco, Lúcio de Mendonça, Graça Aranha, Paula Nei, Domício da Gama, Alberto de Oliveira, Rodrigo Octávio Ramos, e Filinto de Almeida. Por vezes apareciam Bilac, Guimarães Passos, Raimundo Correia, Valentim Magalhães, Pedro Rabelo e outros. Com o negrume do recinto contrastava o brilho da palestra que ali se travava. Se as ideias fulgissem e as imagens relumbrassem, certo não haveria em toda a cidade casa mais iluminada do que aquela. Infelizmente, porém, apesar dos conceitos diamantinos de Machado de Assis, do esplendor dos períodos de Nabuco, da cintilação do espírito de Lúcio e dos paradoxos relampejantes de Paula Nei, era necessário manter sempre aceso um bico, ao menos, de gás, para que tantos luzeiros não andassem aos esbarros desmantelando pilhas de brochuras, abalroando nas mesas, que eram duas, uma das quais de pinho réles e tripeta, claudicando sob o peso glorioso de obras-primas à espera de editores (NETO apud NEVES, 2008, pp. 176-77).

O trabalho acontecia em ritmo frenético. Veríssimo mantinha a coluna Bibliografia, que revezava com outros autores, e que era dedicada à crítica de livros, às vezes brevíssima (a cada número, pelo menos meia dúzia de obras, de ficção ou não ficção, era analisada). A *Revista* costumava publicar ensaios e trechos de obras inéditas. Machado de Assis não escrevia de maneira muito frequente, mas fazia-se presente. Na primeira edição, tem destaque o artigo "Machado de Assis", por Araripe Júnior, o qual, desde sua crítica a *Quincas Borba* (12/01/1892, *Gazeta de Notícias*), se retratara da visão negativa que lhe haviam inspirado *Falenas* e *Contos fluminenses* em 1870. Naquele tempo, via ingratidão de Machado em relação ao "formoso Brasil" (apud GUIMARÃES, 2004b). Na *Revista*, o perfil escrito por Araripe analisava justamente a característica destacada por Veríssimo em 1892: o humor machadiano. "O autor do *Quincas Borba* foi sucessivamente crítico, poeta arcaico, poeta romântico, romancista de salão e contista; e por último afirmou-se escritor humorista de primeira ordem". Ao escritor reservava-se por isso, segundo Araripe, um lugar especial na literatura brasileira, "e o que é mais, o direito de considerar-se criador de um gênero, até certo ponto desconhecido no meio em que nos desenvolvemos" (p. 26). Naquele primeiro número, Araripe teve publicado outro artigo, sobre Edgard Allan Poe, e Sílvio Romero – que nunca modificou sua visão negativa a respeito de Machado, ao contrário de Araripe – também compareceu, com um ensaio sobre a história do Direito no país.

O primeiro texto assinado por Machado na *Revista,* o conto "Uma noite", sobre as memórias amorosas e frustradas de um tenente na Guerra do Paraguai, apareceu no quarto tomo. O ponto alto da participação de Machado – e que Veríssimo destacou abrindo um fascículo, no tomo XIV, em 1898 – foi a crônica "Velho Senado", em que conta suas memórias do tempo em que iniciou na imprensa, aos 21 anos, fazendo a cobertura do Senado imperial para o *Diário do Rio de Janeiro*, a convite de Quintino Bocaiúva. Os "colegas" que sempre o acompanhavam na cobertura eram Bernardo Guimarães, futuro autor de *Escrava Isaura* (1875), que representava o *Jornal do Commercio*, e Pedro Luiz, futuro deputado, pelo *Correio Mercantil*. Diante dos senadores vitalícios, vultos histthis, o jovem repórter se assombrava: "Tinham feito ou visto fazer a história dos tempos iniciais do regime, e eu era um adolescente espantando e curioso. Achava-lhes uma feição particular, metade militante, metade triunfante, um pouco de homens, outro pouco de instituição" (p. 360).

No segundo tomo, a *Revista* traz texto assinado por uma mulher, o conto "Rosa, a 'Bororó (episódio verdadeiro)", por "Dona" Maria do Carmo Mello Rego, autora de estudos pioneiros sobre nambiquaras e paresis e única mulher a escrever para a *Revista* nessa fase. No tomo IV, publicou-se ainda dela o "Curupira, lenda cuiabana". Outra escritora presente, ainda que sem grande destaque, é Júlia Lopes de Almeida[58], tema de breve crítica no tomo VIII (out-dez 1896), a propósito de *Livro das noivas*, com conselhos femininos, um sucesso na época, editado na Biblioteca Laemmert. "Livro bonito, como convinha ao assunto e ao título, e bom livro" (p. 59), escreveu Veríssimo, que voltou a falar dela na seção Bibliografia um ano depois (tomo XI, jul-set 1897), no lançamento do romance *A viúva Simões*, editado em Lisboa. Embora criticasse o que via como influência portuguesa excessiva em sua obra e observasse que seu romance anterior, *A família Medeiros* (1892), com o qual despontara, fosse superior, encerrava a breve crítica em tom elogioso: "[...] pela arte da composição – tão essencial e tão difícil – a A. é, sem lisonja, uma escritora" (p. 380). O crítico a situava entre os mais importantes de seu tempo.

Outro nome feminino que aparece na *Revista* é o de Flávia do Amaral, pseudônimo, entretanto, de Graça Aranha, que, sob esse disfarce, antecipou dois trechos de seu romance *Canaã*, que viria a lume em 1902: "Névoas do passado" (tomo X, abr-jun 1897) e "Imolação" (tomo XIII, jan-mar 1898), com o qual começou a testar a recepção do público à obra que preparava.

---

58 "Júlia Lopes de Almeida [1862-1934], na verdade, é a maior figura entre as mulheres escritoras de sua época, não só pela extensão da obra, pela continuidade do esforço, pela longa vida literária de mais de quarenta anos, como pelo êxito que conseguiu com os críticos e com o público; todos os seus livros foram elogiados e reeditados, vários traduzidos", segundo Lúcia Miguel Pereira (1957, pp. 255-271). A escritora era casada com o poeta português Filinto de Almeida (natural do Porto, ele veio para o Brasil aos dez anos), um dos fundadores da Academia Brasileira de Letras em 1897. Júlia chegou a ter seu nome cogitado (era a única mulher naquele grupo) para integrar o grupo de fundadores da ABL, mas acabou sendo vetada, porque no modelo importado da Academia Francesa não se admitiam mulheres.

O fato de Veríssimo dar alguma atenção ao trabalho de Júlia Lopes de Almeida – Romero e Araripe Júnior nem a consideravam[59] – indica que algo começava a mudar na situação da mulher, sobretudo com o advento da República. A própria Júlia escrevia para o novo público feminino que se modernizava. Atento a essa passagem, o crítico incluiu na segunda edição que publicou em 1906 de *A educação nacional*, seu livro de 1890, um capítulo dedicado à instrução das meninas (além de outro dedicado à comparação do sistema de ensino brasileiro com o dos Estados Unidos). Não se trata de capítulo técnico, como quase sempre acontece na obra; é praticamente um estudo sociológico. Mas Veríssimo não deixaria de ver na mulher "uma natureza mais nervosa, [...] uma sensibilidade mais aguda, como parece, até cientificamente provado" (2013, p. 150). Mesmo assim, defendia fortemente sua educação, como base familiar (à maneira romântica), e condenava o que via como herança nefasta da sociedade portuguesa no Brasil. Ou seja, suas ideias nem sempre são de fácil classificação, como se fossem "preto no branco". Até pelo menos o início do século XIX, escreveu ele, a mulher portuguesa (e brasileira) vivia enclausurada, sendo em geral analfabeta, vista "senão exclusivamente [como] um mero objeto de prazer e de gozo. Era apenas o objetivo do amor de que o homem dessa sociedade fizera sua preocupação dominante" (p. 145).

Entretanto, os tempos mudavam. O retrato que traça das mudanças revela como o Rio transformava seus hábitos sob os ventos da *belle époque* na virada do século. Assistia-se à "transformação da mulher dos tempos antigos, a nossa velha 'dona' honesta, severa, ignorante [...] nas nossas mulheres de hoje"...

[...] que tocam piano, cantam e representam até em espetáculos públicos, falam francês e às vezes inglês, vestem como as de Paris, saem sós, fazem elas mesmas as suas compras e os seus casamentos, leem romances, frequentam conferências literárias, não só conversam mas

---

59 Romero e Araripe "ignoravam [Júlia Lopes de Almeida] completamente como atestavam seus respectivos estudos críticos literários sobre literatura brasileira" (COSTRUBA, 2009). Veríssimo ainda escreverá sobre a autora em muitas outras ocasiões, como no *Correio da Manhã*, na crítica "Um romance da vida fluminense", em 4 de fevereiro de 1902.

discutem com os homens, jogam nas corridas de cavalos ou nas bancas de roleteiros, começam a jogar *croquet* e o *lawn-tennis* e a montar biciclete em trajes quase masculinos, e principiam a interessar-se pelo feminismo[60] (VERÍSSIMO, 2013 [1906], p. 151).

Veríssimo reiterava, porém, que seria preciso ir além "do jornal de modas ou do magazine ilustrado e fútil, do colégio das irmãs de caridade, seminário de elegâncias mundanas, da vida frívola das cidades". Deveria ser oferecida à mulher uma "sólida cultura de espírito", para que tivesse uma noção mais larga que suas avós "dos seus deveres, das suas obrigações". "Ora é isto que [há de procurar fazer] a educação nova que devemos dar à mulher, se queremos fazer dela um fator consciente da nossa evolução" (2013, p. 152).

Essa ambiência da "*belle époque* tropical", em que a vida social ganhou novo verniz, também contagiava os intelectuais que se reuniam em torno da *Revista*. As reformas de Pereira Passos, iniciadas em 1903, símbolo arquitetônico dessas mudanças, ainda não tinham acontecido, mas especialmente a partir de 1897 – o ano em que a ABL foi inaugurada – as elites encontraram meios de reafirmar sua identidade, recriando certo estilo aristocrático adaptado aos novos tempos. Desse modo, a ideia de *belle époque* carioca encerra em si tanto a continuidade dos tempos do Império quanto o potencial de mudanças sob a República.

A carta de 4 de março de 1897 a Oliveira Lima é a primeira em que Veríssimo cita a ABL, sem muitos comentários: "Está fundada a Academia de Letras, da qual é o meu caro *Doutor* Oliveira Lima dos mais legítimos membros. Dela dá o último número da *Revista* uma pequena notícia". Sua criação fora sugerida por Lúcio de Mendonça e, segundo depoimentos reunidos por Neves (2008), Veríssimo teria inicialmente resistido à ideia, mas logo mudou de opinião – de fato, a correspondência mostra como se envolveu sem reservas com o projeto. Machado de Assis também tomou para si a missão de levá-la adiante. A primeira reunião dos futuros acadêmicos ocorreu em 15 de dezembro de 1896, quando Machado foi aclamado presidente

---

60 A maneira como cita o feminismo, um tanto imparcial, é bem diversa do tom absolutamente negativo de artigo publicado na *Revista Brasileira* sobre o tema: "Um aspecto da questão feminista", por M. de Bethencourt (tomo VII, jul-set 1896, p. 233).

TRINCHEIRAS DA CRÍTICA LITERÁRIA

RACHEL BERTOL

de forma unânime: até o fim da vida ele manteria o cetro. Não era um momento fácil na política e na economia. Naquele fim de ano, o crítico queixou-se com o amigo diplomata:

> O momento atual parece infelizmente querer desmentir as suas previsões otimistas, a situação é precária, o câmbio a pouco mais de 8, quebras, mal-estar político e financeiro, incapacidade governamental, baixa de fundos e diminuição da receita etc. Não sei como sairemos deste mau passo; em todo caso creio piamente que não será pela restauração, coisa que para mim não entra nos limites do possível.
> No meu ponto de vista especial de homem de letras, o que vejo é que neste caos político financeiro, todas as preocupações espirituais são postas de lado e aumenta ainda mais a indiferença do público pela vida intelectual, e não sei se a nossa *Revista* não sofrerá também.
> Estimo que já tenha o seu *home* e que continue a passar bem, e assim a sua *Excelentíssima* Senhora, a quem respeitosamente cumprimento (VERÍSSIMO, carta a O. L., 28/10/1896).

Em maio de 1897, já realizavam calorosos debates na sede da *Revista* sobre a escolha dos patronos para suas cadeiras na Academia. Ao elogiar os projetos de Oliveira Lima, que planejava escrever algo sobre o romantismo brasileiro, Veríssimo afirmava ser algo muito necessário, pois se tratava de história "grandiosíssima", ignorada da maioria dos autores contemporâneos, que desconheciam a "história literária" e desconsideravam "nossa tradição literária"[61]:

> Prova triste disso é a escolha dos patronos na nossa Academia. Foram deixados de lado os grandes nomes, dos verdadeiros criadores, e tomados os de verdadeiras nulidades, boêmios, de alguns daqueles apenas se conhecem as tiradas de botequim e de quem é impossível apurar uma página, como Arthur de Oliveira, Pardal Mallet, Avelino Fontoura e até França Júnior! [Gonçalves de] Magalhães que é a figura principal do romantismo ainda não foi escolhido e [Francisco Adolfo de] Varnhagen só agora foi, pelo senhor. Venha, pois, essa

---

61 Em artigo de 1906, Veríssimo questionaria a escolha dos patronos na *Renascença*. Ver reprodução na *Revista Brasileira da Academia Brasileira de Letras* (1911), n. 3, p. 182.

história, ensinando aos nossos homens de letras o que foi esse período brilhante da nossa literatura.

Iguais votos faço pelo seu livro sobre D. João VI – figura curiosa e mal conhecida. Esse, pareceu, pelo que me diz, ainda demorará e antes de tê-lo tê-lo-emos ao senhor por cá. Assim se nos não demore a realização da agradável promessa dessa visita.

O senhor escolheu muito bem Varnhagen, e vá preparando o seu estudo sobre ele, pois, como lembrou, nós combinamos que cada um fizesse o elogio do seu patrono (VERÍSSIMO, carta a O.L., 05/05/1897).

Enquanto Oliveira Lima – que somente em 1909 viria a lançar a biografia de Dom João VI – escolheu como patrono o destacado membro do Instituto Histórico e Geográfico Brasileiro (IHGB), seu primeiro-secretário e diretor da revista da instituição, além de autor de compêndios históricos pioneiros no país e diplomata, Veríssimo elegeu o combativo João Francisco Lisboa, do Maranhão. Criador (entre outras publicações) em 1852 do *Jornal de Timon*, revista que teve 12 volumes, Lisboa foi um polemista que divergiu (entre outros) justamente de Varnhagen, por discordar de suas ideias a respeito da história do Brasil. E o Maranhão, como Veríssimo exaltou em sua história da imprensa no Brasil (1899), fora o local onde a imprensa provinciana havia apresentado o maior desenvolvimento no Império. Não deixava, portanto, de ser uma inspiração para o crítico.

Ainda em maio de 1897, Veríssimo escreveu outra carta a Oliveira Lima em que se mostrava, pela primeira vez, aflito por não encontrar com facilidade bons colaboradores para a *Revista*. Reconhecia ter a gaveta cheia de artigos "*refusés*", mas, em tom dramático, dizia preferir "morrer a abaixar o nível". "Sei que nem tudo quanto ela publica tem o mesmo valor ou um grande valor, mas isso acontece com as melhores publicações congêneres dos países mais cultos". Havia, em sua opinião, diferentes razões para aquela situação. A principal seria o fato de – dois anos depois de criada a *Revista* – não ter surgido "a geração de preocupações espirituais" que havia imaginado no início. Ao contrário, os problemas políticos e econômicos exigiam "de cada um o emprego de todo o seu tempo

TRINCHEIRAS DA CRÍTICA LITERÁRIA

em coisas práticas e produtivas". Também dizia haver "má vontade de certos grupos à *Revista*, pela seriedade [com] que ela tem procurado manter nas suas críticas". Continuava ele:

> Neste momento a situação política da nossa terra toma de novo o caráter de crise aguda, dessa diátese crônica que rói os organismos da América Latina, a incompatibilidade da autoridade com a liberdade. E mais uma vez a causa é a mesma que a de todos os movimentos insurrecionais que temos dito nos últimos sete anos: o elemento militar. Profundamente convencido que não só aqui mas em toda a América Latina é esse elemento o principal causador dos males políticos de que ela é vítima, sou de parecer que enquanto não for eliminado ou completamente dominado esse elemento, não sossegaremos. Os jornais lhe dirão os acontecimentos a que aludo.
> Já vê o meu caro amigo que o momento não é propício às nossas queridas letras. Se ao menos aqui houvesse escritores de questões políticas [...] de Revistas como acontece aí onde abundam, isso remediaria a forçosa escassez da produção literária; mas não os há e os poucos que existem, acompanhados ao anônimo, não têm coragem de assegurar os seus artigos.
> Chegou ainda a tempo a sua declaração de adotar por patrono Varnhagen.
> Seu de todo coração (VERÍSSIMO, carta a O. L., 28/05/1897).

Em março, Prudente de Morais havia voltado da licença que tirara em novembro por motivos de saúde. Seu substituto, o vice-presidente Manuel Vitorino, aliado da oposição florianista do Congresso e das ruas, havia realizado mais que medidas meramente protocolares, com mudanças no ministério. Ao regressar, o presidente se deparou com "a maior impopularidade de rua que, talvez, já tivesse conhecido qualquer homem de governo no Brasil" (BELLO, 1940, apud LESSA, 2001, p. 38). O clímax da tensão ocorreu justamente naquele mês de maio de 1897 – quando Veríssimo se mostrava em sua correspondência desalentado e preocupado. Os cadetes da Escola Militar haviam se revoltado contra a Presidência, em levante, porém, vencido por Prudente de Morais. Com essa vitória, o presidente conseguiu fazer frente à resistência de Francisco Glicério, que até então vinha funcionando como uma espécie de mediador entre o Legislativo e a oposição. "A derrota da facção jacobina no Congresso marca o início político do Governo Prudente de Morais, combinando características que se mostrarão duradouras na República Oligárquica" (LESSA, 2001, p. 39). O presidente passava a articular-se diretamente com os estados, continua Lessa: "Ao implodir o PRF [Partido Republicano Federal, liderado por Glicério, que controlava as bancadas estaduais no Congresso], o presidente só reconhece os chefes estaduais" (2001, p. 39). Essa "política dos estados", como ficaria conhecida, se aprofundou a ponto de tornar-se rotina sob o governo de Campos Sales (1898-1902). Na carta seguinte de Veríssimo, de julho, há referências a Francisco Glicério e à campanha contra o arraial de Canudos, então no auge. "De nosso país não lhe direi nada senão que entramos em nova crise com a dissidência do Glicério com as explorações jacobino-militares e com a defesa verdadeiramente extraordinária de Canudos – o que aliás se lê por jornais e telegramas" (25/07/1897). A última expedição das tropas republicanas para Canudos havia partido em abril, com mais oito mil homens, e cercou o arraial por três meses até arrasá-lo. Em 6 de agosto, o amigo envia a Oliveira Lima, finalmente, a notícia sobre a fundação da ABL, no meio do texto:

> Como verá da *Revista* e dos jornais já inauguramos a Academia, modestamente mas com um discurso que foi para nós, éramos 15 acadêmicos e 5 ou 6 espectadores, uma verdadeira festa – o do Nabuco que lerá no último fascículo da *Revista*. A esta hora, segundo a sua carta, creio que estará em alguma estação balneária, que lhe desejo propícia (VERÍSSIMO, carta a O. L., 06/08/1897).

A "festa", reservadíssima, aconteceu na sala do Pedagogium, emprestada para aquela primeira solenidade, em 20 de julho. Machado de Assis abriu a sessão, com uma breve fala, e Joaquim Nabuco, o primeiro secretário-geral da casa, realizou um inspirado discurso de inauguração. Os dois textos foram reproduzidos na *Revista* no tomo XI (jul-set 1897). Assim como acontecera em 1891 com o *Jornal do Brasil*, o abolicionista dos tempos do Império, monarquista convicto, batizava um empreendimento que viria a prosperar na República.

Pedro Calmon, por ocasião dos cinquenta anos da criação do jornal de Rodolfo Dantas, em artigo na própria folha – àquela altura, em 1941, devotada à publicação de anúncios classificados –, associou o empreendimento jornalístico de 1891 à criação da ABL: um seria a antecipação do outro. "Não há dúvida de que o *Jornal do Brasil* antecede de seis anos a Academia. Pelo menos, antecipa-lhe o programa", escreveu Calmon ("O cicoentenário de um jornal", *Jornal do Brasil*, 09/04/1941, p. 5). As duas iniciativas teriam sido maneiras de reagir "aos desvarios que sobrevieram à República". O *Jornal do Brasil,* de acordo com Calmon, havia assinalado "um rumo diferente para a imprensa diária do país", dando-lhe uma força nova e moderada, um sopro conservador e popular diante dos jornais de tintas vermelhas das linhagens jacobinas. "Severo, um tanto frio, correto nos seus moldes ingleses de grande periódico que fala uma língua disciplinada". Em vez de combate, o debate – e nisso se distinguia também de outros periódicos monarquistas, mais inflamados. Tratava-se de voz "ponderada e grave". Havia duas frentes de batalha, e as duas encontrariam um eixo no programa da ABL de 1897 e, portanto, no da própria *Revista Brasileira* na fase de Veríssimo, sendo uma o espelho da outra.

Por um lado, o jornal de 1891 buscava o esclarecimento das "tendências dissimuladas ou subentendidas" que emergiram com o fim do Império, como "a anarquia financeira" expressa no Encilhamento, "palavra 'esportista', de Derby Club, que traía a superficial e alegre impressão que o desatino despertara nos meios sociais da capital". Ou, ainda na visão de Calmon, tratava-se, na política e na sociedade, de desenredar "ideias temerárias sobre a federação, a democracia, a defesa nacional, a vida religiosa, as instituições e seu mecanismo constitucional". A evolução da República justificou o fato de os criadores do matutino se ancorarem numa postura "estoica".

A segunda frente de batalha do *Jornal do Brasil* seriam as questões de linguagem: "E nos domínios da escrita – intimamente associados àquelas esferas de ação [da economia e da política] – era a balbúrdia das 'escolas', cada qual a pretender representar o seu tempo, a novidade do seu tempo, a rebelião mística do seu tempo...".

SEGUNDA PARTE

As "boas causas da inteligência" eram levadas a cabo no periódico "em vernáculo puro". Os redatores do *Jornal do Brasil* – sobretudo Nabuco, mas também Rui Barbosa, ambos fundadores da ABL, entre outros, como Constâncio Alves[62] – teriam construído uma "política artística, leve e discursiva" (apesar de imersa num ambiente ponderado e grave). Essa política artística – e assim Calmon concluiu seu artigo de 1941 – "foi o encanto de um público crescente, o seu manjar diário, sorvido gulosamente há meio século, quando ainda pontificavam no artigo de fundo os homens da abolição e da *propaganda*" (grifo do autor).

Desse modo, a ABL, filha do mesmo estoicismo dos pioneiros do *Jornal do Brasil*, tornou-se um meio para afirmar a política artística. Nabuco buscava redimensionar o lugar da política, "fonte de inspiração de que se ressente em cada povo a literatura toda de uma época", conforme afirmou no discurso inaugural. Na Academia, a política não deveria ser "o seu próprio objeto" (como fora na luta abolicionista), mas fundir-se "na criação que produziu, como o mercúrio nos amálgamas de ouro e prata".

A missão da ABL seria funcionar como um "isolador", a fim de propiciar a criação, com repouso e calma. Isolador, nesse sentido, das descargas elétricas do jornalismo, às quais Nabuco já fizera referência em artigo no *Jornal do Brasil* (28/05/1891) de seis anos antes. Na primeira sessão da ABL, reiterou:

> Estamos todos eletrizados; não passamos de condutores elétricos, e o jornalismo é a bateria que faz passar pelos nossos cérebros, pelos nossos corações, essa corrente contínua... Se fôssemos somente condutores, não haveria mal nisso; que sofrem os cabos submarinos? Nós, porém, somos fios dotados de uma consciência que não deixa a corrente passar despercebida de ponta a ponta, e nos faz receber em toda a extensão da linha o choque constante dessas trasmissões universais... Esperemos que a Academia seja um isolador [...] (NABUCO, 1897).

Buscava-se, portanto, afirmar a política artística diante das divergências das tribunas e já prever um espaço exclusivo para a

---

62   O jornalista seria eleito para a ABL em 1922, para a vaga de João do Rio.

TRINCHEIRAS DA CRÍTICA LITERÁRIA   RACHEL BERTOL

literatura, diverso daquele do jornalismo, que via como uma força inevitável. "Somos fios", reiterou o tribuno, e o jornalismo seria a bateria propulsora da energia que conduzíamos. "Estamos todos eletrizados"; "uma corrente contínua passa por nossos cérebros". O homem (o "fio") se tornava a extensão do cabo submarino, sendo também um meio de comunicação, como evidenciava a tecnologia. Entretanto, não se tratava de simples "coisificação": era preciso reagir a esse forte impacto, e esta seria a razão de ser da Academia.

Para Nabuco, seria anacronismo temer para as Academias do fim do século XIX "o papel que elas tiveram em outros tempos, mas se aquele papel fosse ainda possível, nós teríamos sido organizados para não o podermos exercer". Em resposta a qualquer ideia de tutela, compromisso e vínculo – palavras que utilizou para as Academias do passado – seu objetivo seria defendê-la como espaço independente dos escritores, apesar do desacordo que os marcava. "Em qualquer gênero de cultura somos um México intelectual; temos a *tierra caliente*, a *tierra templada* e a *tierra fria*...". No entanto, garantia: "Eu confio que sentiremos todos o prazer de concordarmos em discordar". O limite do desacordo seria a dissidência e, para haver unidade e "garantia da liberdade e da independência intelectual", fazia-se necessário um objetivo comum.

> Não haverá nada comum entre nós? [...] Há assim de comum para nós o ciclo, o meio social que curva os mais rebeldes e funde os mais refratários; há os interstícios do papel, da característica, do grupo e filiação literária, de cada um; há a boa fé invencível do verdadeiro talento. A utilidade desta companhia será, a meu ver, tanto maior quanto for um resultado de aproximação, ou melhor, do encontro em direção oposta, desses ideais contrários, a trégua de prevenções recíprocas em nome de uma admiração comum, e até, é preciso esperá-lo, de um apreço mútuo (NABUCO, 1897).

A ABL queria indicar um futuro literário autônomo também em relação a Portugal, mas em questões de linguagem "devemos reconhecer que eles são os donos das fontes". Nesse ponto, seria necessária uma exceção na busca de autonomia: "tudo devemos

SEGUNDA PARTE   TRINCHEIRA 2

empenhar para secundar o esforço e acompanhar os trabalhos dos que se consagrarem em Portugal à pureza do nosso idioma, a conservar as formas genuínas, características, lapidárias, da sua grande época".

A agremiação estava sendo criada para durar indefinidamente. Entretanto, diante da precariedade em que se encontravam, seria um "milagre" vê-la prosperar, segundo Nabuco. Pagando do bolso os primeiros encontros – assim como haviam por conta própria preservado a *Revista Brasileira* – e improvisando locais de encontro, em meio a uma situação política incerta, os autoproclamados acadêmicos lutavam contra o "indiferentismo", expressão de Nabuco:

> Para realizar o inverossímil o meio heróico é a fé; a homens de letras, que se prestam a formar uma academia, não se pode pedir a fé; só se deve esperar deles a boa fé. A questão é se ela bastará para garantir a estabilidade de uma companhia exposta como esta a tantas causas de desânimo, de dispersão e de indiferentismo. Se a Academia florescer, os críticos deste fim de século terão razão em ver nisso um milagre; terá sido com efeito um extraordinário enxerto, uma verdadeira maravilha de cruzamento literário (NABUCO, 1897).

Desde os primeiros debates, apesar do discurso de independência, os acadêmicos discutiam se haveria possibilidade de obter alguma forma de remuneração e de obtenção de orçamento por parte do governo. Não houve sucesso nas primeiras tentativas, e somente em carta do fim de 1909, mais de um ano depois da morte de Machado, Veríssimo anunciou a Oliveira Lima: "A Academia acaba de ser dotada pelo Congresso com 20 contos por ano, e vamos estabelecer o jeton de presença" (25/12/1909). A garantia do dinheiro se tornaria, de acordo com o crítico, uma das causas da decadência acentuada que ele viu na Casa de Machado naqueles anos. Não obstante, muito antes de 1909, os acadêmicos obtiveram aos poucos facilidades oficiais, como a cessão de locais para reuniões, além de cotas de impressão. A primeira sede, provisória, como anunciou a *Gazeta de Notícias* (10/11/1896), seria no Ginásio Nacional, estabelecimento do governo, dirigido na época justamente por Veríssimo. No movimento que realizaram para afirmação do lugar do escritor e

TRINCHEIRAS DA CRÍTICA LITERÁRIA

do intelectual na sociedade, procuraram mecanismos que de alguma forma pudessem compensar o antigo mecenato de Dom Pedro II, "dessa vez com vestes republicanas" (EL FAR, 2000, p. 29).

Enquanto sonhavam grandes planos, imaginando-se uma versão adaptada da Academia Francesa, os ânimos acirravam-se na capital. O governo de Prudente de Morais era alvo de constantes manifestações: "A Rua do Ouvidor e o Largo de São Francisco, territórios livres dos jacobinos, foram um constante foco de protesto, quase nunca pacífico" (LESSA, 2001, p. 35). Com as notícias que chegavam de Canudos, "a imprensa admitiu a hipótese de uma grande conjura monarquista, agindo nos sertões baianos, por intermédio dos fanáticos do Conselheiro" (SODRÉ, 1999, p. 269). *Gazeta de Notícias, O Paiz, O Estado de S. Paulo* contribuíram para a exaltação republicana. Não tardou a que se levantasse uma onda de ataques contra os monarquistas, que haviam voltado a atuar na imprensa com mais desenvoltura desde 1896. "Com a cumplicidade da polícia, varejam-se os jornais. *A Liberdade*, o *Apóstolo*, a *Gazeta da Tarde* são empastelados. Todo o material trazido à praça pública transforma-se em fogueira" (SODRÉ, 1999, p. 269).

Na mesma carta em que anunciou a fundação da ABL, Veríssimo comentou:

> É com efeito para entristecer esta nossa estagnação literária, quando há tanta coisa que fazer e estudar na nossa terra. Mas é assim; a política e a vida material, cada vez mais difícil com um câmbio quase a 7 (7 1/16 ontem) em país que tudo recebe do estrangeiro, e agitado por lutas internas e constantes ameaças de desordens, não deixam lugar para preocupações espirituais.
>
> Eu, aliás, creio que sob o ponto de vista da cultura temos retrogradado. Num país latino de civilização e de hábitos como o nosso a ação e influência do governo é indispensável, e a verdade é que nossos poderes públicos absolutamente não cogitam de nada que diga respeito ao progresso espiritual do país. São assombrosamente ridículas as verbas destinadas aos serviços que entendem com esse aspecto da nossa vida nacional, e logo que se fala em economias são essas as primeiras lembradas para os cortes (VERÍSSIMO, carta a O. L., 06/08/1897).

SEGUNDA PARTE

Em 5 de novembro de 1897, durante o desfile das tropas que voltavam vitoriosas de Canudos, um atentado contra Prudente de Morais, perpetrado por um grupo jacobino, acabou levando à morte o ministro da Guerra, o marechal Machado Bittencourt. O caso impactou a opinião pública e foi o pretexto para o golpe de misericórdia do presidente contra a oposição jacobina[63]. Depois de vencidas tantas batalhas ao longo do ano, Prudente estabilizou o governo e abriu caminho para seu sucessor. "A *belle époque* inicia-se com a subida de Campos Sales ao poder em 1898 e a recuperação da tranquilidade sob a égide das elites regionais" (NEEDELL, 1993, p. 39). A mudança no clima político afetou o meio cultural e social. Sufocado o radicalismo, as condições para a estabilidade e para uma vida urbana elegante tornavam-se possíveis. A *Revista* e a nascente ABL, embora enfrentassem dificuldades para manter-se, compartilhavam com as demais instituições de elite da *belle époque* um denominador: apesar do propalado ecletismo de correntes, não admitiam o elemento jacobino. "A elite carioca [...] incluía republicanos e abolicionistas, profissionais liberais e empresários, mas nenhum jacobino" (NEEDELL, 1993, p. 39).

As feições monárquicas da ABL, composta por alguns dos mais destacados "homens de letras" da época, não escapavam à imprensa, que ironizou a iniciativa quando a ideia surgiu no fim de 1896 (ver EL FAR, 2000). O mote era o fato de se recriar na República uma agremiação nos moldes da Academia Francesa, abolida na Revolução Francesa (ainda que depois retomada). Os ideais igualitários chocavam-se com a ideia de exclusivismo de poucos membros "especiais" da academia literária. O panorama das instituições culturais e sociais da *belle époque* carioca, traçado

---

63 O jacobinismo carioca era "de difusa base popular, contando com o apoio de oficiais de baixa patente e de um espantoso elenco de oradores. A proliferação de tribunos da plebe era sintoma de uma forma de exercício da política avessa aos formalismos liberais e disposta à ação direta. O repertório de diatribes e demandas era vasto: odiavam-se os portugueses, os políticos em geral e os monarquistas em particular, protestava-se contra a alta dos aluguéis e do custo dos alimentos e, sobretudo, cultuava-se Floriano [Peixoto]. Com sua morte, em 29 de junho de 1895, Floriano transforma-se no símbolo da pureza republicana e em uma espécie de medida padrão para avaliar os rumos da República" (LESSA, 2001, p. 36). Floriano, ainda segundo o autor, foi "ardorosamente cultuado não apenas pelos jacobinos militantes, como também por grande parte da população bestializada da capital da República" (p. 36).

TRINCHEIRAS DA CRÍTICA LITERÁRIA

por Needell, mostra como a ABL não pode ser considerada exceção. Era exclusivíssima, menor ainda que outras agremiações da elite. A estabilidade no governo, a partir de 1898, facilitou o estabelecimento de "locais exclusivos para contatos e alianças, reforçando valores e pressupostos compartilhados e, mais importante talvez, promovendo um sentimento de legitimação – tudo isso em meio a metamorfoses econômicas, sociais e políticas" (NEEDELL, 1993, p. 39). Desse modo, foi possível à ABL consolidar um espaço de convivência "dentro da profunda cisão causada pela proclamação", segundo a expressão de José Murilo de Carvalho (2003, p. 14).

Em visita a Buenos Aires no fim de 1897, Graça Aranha foi convidado a traçar um panorama da literatura brasileira no Atheneu Argentino, em que destacou três autores – Machado de Assis (o mais elogiado), Rui Barbosa e Joaquim Nabuco – e mais três críticos – Sílvio Romero, Araripe Júnior e José Veríssimo – como os principais representantes das letras brasileiras naquele momento. "Estou certo de que os críticos brasileiros chegarão antes dos artistas ao Rio da Prata. Nós estamos na idade da crítica, como já estivemos no período da poética" (p. 198), afirmou ele no discurso, reproduzido no tomo XIII (jan-mar 1898) da *Revista Brasileira*. Na sua fala, Aranha também fez referência à nova ABL, sem deixar de citar o momento difícil, e à *Revista*:

Esta paixão literária, retórica ou decadente, se quiserdes, vou indicá-la em dois fatos, que a consagram. Um é a recente fundação da Academia em meio de tribulações políticas tão graves. [...] por que fomos exatamente reunir-nos quando a tempestade desencadeou? Os fenômenos são complexos; de muitas maneiras se pode explicar essa fundação. Mas dir-vos-ei enquanto a mim, que o momento e as outras circunstâncias em que se realizou o acontecimento explicam bem que ele obedeceu ao instinto conservador da nossa vocação literária. Vivemos num temporal, o horizonte está turvo e o próprio solo ruge e treme. Que seria de nós, homens de letras, se não nos agrupássemos? Falou o sentimento da própria defesa, repetimos a lição da Bíblia fundando a Academia para guardar nela, como na velha alegoria da arca, todas as espécies da nossa fauna literária. A Academia é uma obra de

SEGUNDA PARTE

desafio às intempéries. Pode vir o dilúvio, nós repovoaremos o mundo das letras no Brasil.

Outro pequeno fato é a segunda prova da minha tese. Todas as tardes no Rio de Janeiro, antes que o sol transmonte, um grupo de homens se reúne em uma pequena e modesta sala. É o *five o'clock tea* da *Revista Brasileira*, refúgio suave, tranquilo da tormentosa vida fluminense. Houve desordens no parlamento? As forças do exército e da marinha estão se batendo? Há estado de sítio? Há assassínio político? Que importa! Recolhemo-nos àquele retiro e reciprocamente nos infiltramos de fluidos intelectuais. Não penseis que seja uma atitude, um gesto desdenhoso de estetas indiferentes. Não, os que ali vão, são de vários aspectos morais; ao lado dos poetas, dos puros literatos, encontram-se os políticos, os oradores, os pensadores em geral. E todos vão esquecer suas tristezas, vão confundir-se, admirar os mestres, e engolfar-se no abandono sedutor da palestra (ARANHA, tomo XIII, jan-mar 1898, pp. 184-185).

O futuro modernista, que também era advogado e em 1897 renunciou ao cargo de Procurador da República, por se opor a Prudente de Morais[64], chegou a participar, em nome da *Revista*, de reuniões com representantes da imprensa para discutir questões relativas à prática jornalística. Naquele conturbado 1897, tomou parte em debates sobre o anonimato na imprensa. Tratava-se da formulação de lei que regulamentaria o texto da Constituição de 1891 sobre a livre manifestação de pensamento. Segundo Aranha, seu ponto de vista (portanto, o da *Revista Brasileira*, que representava) ficou isolado. "Querer a pretexto de uma moral estreita, inumana, [...] negar a ação benéfica do anonimato na imprensa é um absurdo. Seria tirar um dos meios eficazes à propaganda das ideias nos países despóticos [...] seria obscurecer os serviços prestados à causa da abolição e da república no Brasil" (tomo XI, jul-set, p. 63).

---

64 A informação está em Azevedo (2002).

2.2 Segunda fase

No dia seguinte à fundação da ABL, Machado de Assis escreveu uma longa carta a Magalhães de Azeredo em que comentou, entre outros assuntos, a sessão inaugural da ABL. Segundo ele, haviam participado dez acadêmicos: "No discurso do Nabuco há muitas ideias; posso divergir de um ou outro conceito, mas a peça literária é primorosa" (2009, carta de 21/07/1897, p. 252). A *Revista* vinha sendo um importante lugar de experimentação para o antigo abolicionista, que andava inteiramente dedicado às letras. Nela, antecipou trechos de obras que preparava, como *Um estadista do Império*, sobre seu pai. No terceiro tomo da *Revista Brasileira* (jul-set, 1895), Nabuco foi o destaque com três trechos do livro em diferentes fascículos, além da crítica de Veríssimo a seu *Balmaceda*. O extenso texto do crítico o tratava de forma elogiosa, apesar de certas ressalvas. Além de observar o fato de Nabuco poder ser considerado republicano no Chile, o artigo se tornou motivo para discutir a (in)viabilidade da volta do regime monárquico no Brasil. A solução pensada por Nabuco, a partir da "belíssima" lição do Chile, seria "platônica e conseguintemente ineficaz", "sem emprego imediato". Por essa época, Veríssimo e Nabuco viam-se quase todos os dias na sede da *Revista* e mantinham uma relação cordial. Em 1898, no tomo XIV (abr-jun), o crítico voltou a publicar com grande destaque a apreciação de outro livro do autor, o primeiro volume[65], justamente, de *Um estadista do Império*, a respeito do senador Nabuco de Araújo. Intitulada "Um historiador político", a longa análise destacou a obra como "capital" para a compreensão do Segundo Reinado e, entre outros aspectos, o fato de abrir um precedente:

> Uma das coisas que faltam à nossa história – e quase tudo lhe falta – são os documentos íntimos, as memórias, as correspondências. Sem tais subsídios é impossível conhecer a fisionomia de uma época ou de um personagem. A história feita apenas com os documentos oficiais, por sua mesma natureza impessoais e incaracterísticos, falha forçosamente a vida, que só lhe pode vir dos elementos que permitam

---

65 A crítica ao segundo volume foi publicada no 17º tomo, na seção Bibliografia (pp. 124-126), com menos destaque, mas nem por isso menos elogiosa.

SEGUNDA PARTE

reconstituir a feição das coisas e dos homens pelo estudo psicológico destes e do meio em que viveram (VERÍSSIMO, *Revista Brasileira*, 1898, no tomo XIV, abr-jun, p. 154).

A Oliveira Lima, o crítico comentou: "Mandei-lhe também o livro do Nabuco, que é verdadeiramente notável" (19/05/1898). Àquela altura, a *Revista* tentava sua segunda forma de circulação. Machado de Assis (novamente) explicou muito bem a mudança, em carta a Azeredo, que havia notado atrasos na publicação: "A *Revista Brasileira* continua, mas vai alterar o modo de publicação, dando um número por mês com o dobro das páginas; o primeiro número deste ano está no prelo" (02/02/1898). O chá das cinco, contou ainda Machado, continuava a reunir os colaboradores na redação. No segundo semestre, todavia, Veríssimo admitiu:

A *Revista* desde que passou para a Imprensa Nacional perdeu a pontualidade. Como mostra do que são os grandes serviços públicos dir-lhe-ei que o número de setembro, pronto para a impressão, não saiu ainda... por falta de papel naquele estabelecimento. Isto diz tudo. Mas não há outro remédio senão suportá-la, já que não temos meios de pôr numa tipografia nossa ou de pagar os altos preços das oficinas particulares (VERÍSSIMO, carta a O. L., 31/10/1898).

Uma nota no *Jornal do Commercio* de 18 de janeiro de 1898 esclarecia que, a pedido de José Veríssimo, o ministro da Fazenda o autorizava a procurar "a administração da referida Imprensa, que tem a precisa competência para realizar contratos de impressão de obras". Em março, Veríssimo dizia a Oliveira Lima:

Obrigado por quanto diz da *Revista*, que infelizmente ainda não saiu da fase crítica. A péssima saturação do nosso país, social e financeira, tem concorrido para isso, e neste momento luta ela com dificuldades econômicas e com falta de matéria. As preocupações, não obstante os nossos esforços, não são absolutamente literárias. Entretanto, ela irá vivendo até que lhe falte de todo o alento ou que um vento favorável lhe enfune as velas.

[...] Já terá recebido a *Revista* e visto que mudamos um pouco e

TRINCHEIRAS DA CRÍTICA LITERÁRIA   RACHEL BERTOL

sairemos a 15 de cada mês; não conseguimos ainda foi regularizá-la, o que, entretanto, esperamos fazer em breve. Espero novos trabalhos seus que a sua inesgotável benevolência me anuncia (VERÍSSIMO, carta a O. L., 01/03/1898).

Em 15 de junho de 1898, foi publicado no *Jornal do Commercio* o segundo balanço da *Revista Brasileira*, relativo ao ano anterior. A situação havia se deteriorado muito. A redução dos lucros em 1897 seria consequência "principalmente do excessivo custo da impressão da nossa *Revista*, o qual uma vez reduzido, como acabamos de consegui-lo, fará com que melhorem os resultados dessa empresa", escreveu Veríssimo aos acionistas no balanço apresentado em 31 de maio. Nessa segunda vez, podia-se conferir que o crítico havia posto do próprio bolso na publicação, que lhe devia quatro mil-réis. O débito com a Companhia Tipográfica do Brasil (que não constava no balanço anterior) era de 17 mil-réis. Mas ainda havia alguma esperança...

O livro sobre a história da imprensa no Brasil, para o quarto centenário, foi escrito por Veríssimo em 1899, ainda em momento de indefinição. Ao falar da publicação, destacou a incerteza quanto ao futuro. Mas o crítico nunca exaltou seu papel de administrador na *Revista* e, como observou Doyle (1995, p. 63), "muito modestamente" nem dá destaque à sua condição de diretor. Apenas na contracapa indicou que "artigos e tudo que se referir à redação" devem ser tratados com o Senhor José Veríssimo. Ou seja, mais uma vez (como se deu para o caso do *Jornal do Brasil*), ele de alguma forma contribuiu para camuflar todo o trabalho que lhe custara essa segunda "trincheira" na capital.

Depois do longo intervalo, apenas ocupado por publicações ligeiras ou efêmeras sem nenhum caráter de revista, saiu em 1895 a lume a terceira *Revista Brasileira*, editada primeiro pela casa Laemmert & Comp., depois por uma sociedade. Procurou no formato e na disposição, como nos seus intuitos gerais, reatar a tradição das quem com o mesmo título e sob a direção de Candido Baptista e de N. Midosi a precederam. Quinzenal nos dois primeiros anos, passou depois a mensal, e ao findar este ano de 1899, o seu quinto ano de existência,

SEGUNDA PARTE   TRINCHEIRA 2

terá 20 volumes. Vingará finalmente esta terceira tentativa para dotar o nosso país de uma revista que, de longe sequer, imite congêneres publicações estrangeiras e seja o órgão, defeituoso embora, da nossa vida intelectual? (VERÍSSIMO, 1899, p. 44).

Como veremos, o crítico não conseguirá alcançar a publicação do 20º tomo (mas chegará quase lá). O ano de 1898 trouxe um revés inesperado. Em julho, começaram a surgir notas sobre problemas que enfrentava na administração do Ginásio Nacional. O ruidoso caso envolveu o uso das instalações do estabelecimento pela Faculdade de Ciências Jurídicas. O diretor resistia a ceder-lhe espaço. Os motivos são intrincados, embora o *Jornal do Commercio* elogiasse muito seu trabalho à frente da escola-modelo. Em 2 de agosto, há uma nota confirmando sua exoneração. Não se pode esquecer – embora não haja referência a respeito na bibliografia sobre Veríssimo – que as eleições daquele ano, vencidas por Campos Sales (que era o candidato de Prudente de Morais, ambos de São Paulo), tiveram como oponente Lauro Sodré, do Pará, a quem o crítico era historicamente ligado. Portanto, é possível que parte da má vontade em relação ao diretor do Ginásio Nacional provenha dessa diferença política.

Com os proventos reduzidos, Veríssimo não teria condições de dispender tanta energia na *Revista*: era preciso dedicar-se a outros trabalhos para sustentar a família. Além disso, ele havia investido do próprio bolso no empreendimento, tendo até obtido empréstimos bancários que precisavam ser pagos. Nesses meses, escreveu o livro para as celebrações do quarto centenário e outros de encomenda, como *Pará e Amazonas*[66], e a resenha histórica *O século XIX,* para a *Gazeta de Notícias*. Com tanta atividade, foi então que escreveu a Oliveira Lima contando que se havia transmutado em "máquina de escrever" para ganhar o pão... Desde o início de 1898, tinha também iniciado uma colaboração em *A Notícia*, escrevendo a coluna "O exterior pelo telégrafo", publicada esporadicamente, a cada dois ou três dias, na qual comentava em poucos parágrafos as notícias internacionais. Assinava os textos apenas com sua inicial,

---

66 Prisco (1937) diz que José Veríssimo foi escolhido pelo governador do Pará, José Paes de Carvalho, "para advogar os interesses" do estado.

"V.". A coluna já existia antes de 1898, mas a marca de Veríssimo só apareceria na edição de 9 de fevereiro daquele ano. Essa colaboração duraria muitos anos, e afiava o crítico para o debate de assuntos de política internacional.

Em 2 de janeiro de 1899, ainda estreou em nova função, como autor da coluna Revista Literária[67], publicada toda segunda-feira na primeira página do *Jornal do Commercio* (mas não era o espaço do folhetim ou do rodapé). Com a nova seção, transferiu para o *Jornal do Commercio* o prestígio conquistado com a *Revista Brasileira*. Havia, entretanto, uma limitação: esse nome amarrava a seção, sem espaço para Veríssimo falar de temas gerais da vida política e social, como fez em outras colaborações na imprensa. De alguma forma, sua coluna sugeria um cruzamento de linguagens no espaço da primeira página: a ideia de revista (como suplemento) sobrepondo-se à linguagem jornalística diária. Os leitores associavam o crítico à importante revista que dirigia.

2.3 Um circuito intenso

Em seu primeiro texto no *Jornal do Commercio*, intitulado "O ano passado", lembrou a dificuldade de difundir a leitura no país e renovar a literatura. Ao destacar o elevado índice de analfabetismo, afirmou que nem mesmo os que sabiam ler o faziam como poderiam. A falta de uma literatura adequada para crianças e jovens, ao contrário do que acontecia na Europa, seria um dos motivos do desinteresse, além da ausência de hábito de leitura entre as mulheres, que assim não conseguiam incentivar seus filhos (situação que se repetia em todos os países latinos, excetuando a França). De acordo com o crítico, o livro do ano, em quaisquer gêneros literários, fora *Um estadista do Império*, de Joaquim Nabuco, cujo segundo volume acabava de ser publicado pela Garnier: "Escritor poderoso pelas faculdades de imaginação e de estilo, o é ainda o *Senhor* Nabuco pela capacidade, não muito comum entre nós, das ideias gerais, de que seu livro abunda".

---

67 Autores como Brito Broca (1956) e Sodré (1999) referem-se a essa coluna como "A semana literária", mas não encontrei esse nome na consulta ao arquivo do jornal.

SEGUNDA PARTE

TRINCHEIRA 2

Além disso, apontou como destaque de 1898 a reedição de *Iaiá Garcia*, obra de 1878 de Machado de Assis, sobre a qual havia escrito uma crítica para a *Revista Brasileira* no tomo XVI (out-dez de 1898). Ao situar o livro como da "primeira maneira" do autor, dizia que nessa fase já estava todo o Machado que surgiria plenamente em *Memórias póstumas de Brás Cubas* e *Quincas Borba*: "de fato ele não mudou, apenas evoluiu, para empregar uma expressão em voga". O romance, assim como *Ressurreição* e *Helena*, seria marcado pelo romanesco e pelo tom emotivo. "Nos livros que lhe seguiram é fácil notar como a emoção é, direis, sistematicamente refugada pela ironia dolorosa do sentimento realista de um desabusado" (p. 250). Em 15 de dezembro de 1898, Machado escreveu a Veríssimo para agradecer a análise da *Revista Brasileira*: "O que *Você* chama a minha segunda maneira naturalmente me é mais aceita e cabal que a anterior, mas é doce achar quem se lembre desta, quem a penetre e desculpe, e até chegue a catar nela algumas raízes dos meus arbustos de hoje" (2011, p. 336). A primeira crítica de Veríssimo a um texto de Machado na *Revista* havia surgido no quarto tomo (out-dez) de 1895, quase uma nota elogiosa sobre a coletânea *Várias histórias*. Entre 1899 e 1900[68], Veríssimo escreveria mais três críticas de livros de Machado: o circuito escritor-crítico punha-se em marcha plenamente.

Na correspondência machadiana relativa à década de 1890 a 1900, a presença do crítico torna-se expressiva. São 38 missivas, das quais 28 de Machado a ele. É o segundo conjunto mais importante depois do relativo a Magalhães de Azeredo (com 90 cartas: 58 do jovem diplomata ao escritor, e 32 deste a Azeredo). Por causa da carreira, Azeredo vivia na Europa, e Machado escrevia-lhe cartas longas e mais trabalhadas, ao passo que isso não seria necessário com Veríssimo, com quem se encontrava quase todos os dias na *Revista* (e depois na Garnier). Como reparou Rouanet (2011), o tom da conversa epistolar entre Machado e Veríssimo "é leve e descontraído, em contraste com o tom solene e respeitoso da correspondência com Azeredo" (p. XI). O mesmo pode ser dito de Veríssimo em relação a outros correspondentes seus, como Oliveira Lima. Entre os

---

68 Também no *Jornal do Commercio*, Veríssimo publicou apreciação de *Poesias completas*, de Machado de Assis, em 21 de maio de 1901.

amigos do círculo literário, o único com quem o crítico parece ter cultivado mais intimidade epistolar que com Machado, ainda que sem a mesma constância, foi Graça Aranha.

A reunião da correspondência de Machado pela ABL – publicada em cinco volumes entre 2008 e 2014 – contribui para lançar luz sobre a relação do escritor com seu crítico. Ao lado de seus grandes amigos Magalhães de Azeredo e Mário de Alencar (a presença deste na correspondência cresceria), Veríssimo ocupa lugar de destaque. No circuito cultural em que se inseriam e buscavam afirmação, tratava-se de amizade baseada na mútua (e sincera) admiração, marcada pela cumplicidade profissional.

Machado também escreveu sobre Veríssimo, por ocasião da reedição pela Laemmert de *Cenas da vida amazônica*, coletânea de novelas que lançara em 1886, quando vivia no Pará. Na crítica "Um livro", no domingo 11 de junho de 1899, comparou Veríssimo a Sainte-Beuve na primeira página da *Gazeta de Notícias*: "O autor, que ocupa lugar eminente na crítica brasileira, também enveredou um dia pela novela, como Sainte-Beuve, que escreveu *Volupté*, antes de atingir o sumo grão da crítica francesa". Segundo Machado, na obra já estava o Veríssimo que todos conheciam: "Já então vemos o homem feito, de mão assentada, dominando a matéria. Há, a mais, uma nota de poesia, a graça e o vigor das imagens, que outra sorte de trabalhos nem sempre consentem". No texto, o escritor dizia que a releitura da obra lhe dera o mesmo prazer que da primeira vez.

No dia seguinte, Veríssimo lhe escreveu, desculpando-se de alguma forma por não ter reagido imediatamente. Contou que aos domingos não lia a *Gazeta*. Um amigo lhe avisara do texto. Na carta que lhe enviou, em 12 de junho, há referência à primeira vez em que se encontraram, ainda que sem detalhes – sem dúvida, foi um momento marcante para o crítico.

A sua fineza vai-me ao fundo do coração. Imagine que eu pensei em perdir-lha, e me não animei. Maior é, portanto, a emoção de reconhecimento que acabo de sentir lendo-a. [...] Eu lhe disse, e é a pura verdade: eu gostava do livro pelo que havia nele das minhas emoções juvenis, das cenas e paisagens em que fui parte e onde vivi [...]; foi, porém, *Você* que me fez estimá-lo, que me deu a confiança que ele

SEGUNDA PARTE

TRINCHEIRA 2

não seria de todo desvalioso, e isso quando eu lhe era um quase desconhecido, na primeira vez que nos vimos (VERÍSSIMO, 12/06/1899, in: ASSIS, 2011, p. 380).

Cerca de um mês depois, em 10 de julho de 1899, Veríssimo publicou na sua Revista Literária do *Jornal do Commercio* a crítica de *Contos fluminenses*, de Machado. Era mais uma reedição (assim como *Iaiá Garcia*) pela Garnier – sinal de que a obra do autor despertava interesse editorial –, e Veríssimo deu-lhe grande destaque, com o texto no alto da coluna da primeira página (embora depois da apreciação do volume de contos, que abria a série, o texto tratasse de outros livros). Os *Contos fluminenses*, afirmou o crítico, "são talvez a sua primeira obra de prosador, os seus ensaios num gênero em que havia de ficar sem rival entre nós, e não sei se não diga, na língua portuguesa". Machado lhe escreveu uma entusiasmada carta de agradecimento no mesmo dia[69], depois de ler a "notícia literária", sobre a qual três pessoas já haviam comentado com ele: "Não é preciso dizer com que prazer a li, nem com que cordialidade a agradeço, e se devo crer que nem tudo é boa vontade, tanto melhor para o autor, que tem duas vezes a idade do livro" (ASSIS, 2011, p. 377).

Veríssimo reproduziu sua breve crítica de *Contos fluminenses* – ou "notícia literária", na expressão de Machado – na seção Bibliografia do último tomo da *Revista Brasileira*, o 19º (jul-set de 1899). Mas com uma ligeira mudança: a supressão da primeira frase com que, no *Jornal do Commercio*, justificou o fato de dar tanto destaque a uma reedição. A sua "notícia literária" teve início assim no jornal: "*A tout seigneur, tout honneur*. Comecemos pelo *Senhor* Machado de Assis, apesar de não ser o seu livro um livro novo, mas uma segunda edição, o que os editores esqueceram de declarar". A pequenina mudança realizada na passagem do jornal para a revista

---

69 No volume que reúne a correspondência de Machado de Assis, diz-se que a crítica foi publicada em 10 de junho de 1899 (ASSIS, 2011, p. 377). No entanto, a pesquisa no arquivo do *Jornal do Commercio* mostra que a resenha é de 10 de julho; logo, o autor só poderia ter escrito sua carta nesse dia. A carta aparece na correspondência publicada com a data de 10 de junho (é provável que seja um engano do próprio autor, mas não tivemos acesso ao original). Desse modo, diferentemente do que disse Rouanet na apresentação do tomo III da correspondência, Machado não escreveu na *Gazeta de Notícias* sobre a reedição de *Cenas da vida amazônica*, de Veríssimo, dois dias depois de ler o texto deste a respeito de *Contos fluminenses*, mas sim um mês antes.

TRINCHEIRAS DA CRÍTICA LITERÁRIA

RACHEL BERTOL

indica como a periodicidade diária amarrava a crítica a novidades, exigência do veículo cotidiano – e Veríssimo incansavelmente procurava essas novidades. Seus amigos no exterior eram, nesse sentido, "fontes" importantes. Atuava sem cessar como crítico-jornalista, como no *Jornal do Brasil*. A Oliveira Lima reiterou:

> Se soubesse como me custa, em país de tão minguada produção como o nosso, escrever aquelas Revistas [do *Jornal do Commercio*]! Por isso de vez em quando recorro ao estrangeiro, o que aliás terá a utilidade prática de noticiar livros e autores aqui desconhecidos, pois como sabe só lemos francês. Pena é que eu não saiba alemão (VERÍSSIMO, carta a O. L., 28/02/1900).

A Garnier havia se "esquecido" de indicar que se tratava de nova edição, o que segundo Veríssimo seria sinal do baixo profissionalismo do mercado editorial brasileiro. Ainda em 1899, veio a lume *Páginas recolhidas*, em que o escritor reuniu textos publicados na *Gazeta de Notícias* (como o conto "A missa do galo") e na *Revista Brasileira* ("O velho Senado", a comédia "Tu, só tu, puro amor...", "Henriqueta Renan"). O volume também trouxe o discurso proferido em 1891 por ocasião da solenidade de colocação da primeira pedra da estátua José de Alencar[70]. Veríssimo analisou em setembro o novo livro na sua Revista Literária do *Jornal do Commercio,* dando destaque ao conto "A missa do galo": "[...] me parece um dos melhores [contos] que haja escrito o autor. A análise de certo sentimento, ou antes de um desejo, que eu não posso dizer aqui, é feita com uma sutileza, aguda e delicada a um tempo, raramente vista". Também elogiou o discurso de 1891: "Não creio que se tenha melhor caracterizado o gênio e a obra de José de Alencar". Diante de "O velho Senado", sugeriu:

> Quer a nossa história política, quer a nossa história literária, ressentem-se da falta de documentos íntimos, memórias, correspondências, confissões [...]. O *Senhor* Machado de Assis poderia trazer-nos uma

---

70 No volume III da correspondência de Machado (2011), afirma-se em nota de rodapé que o discurso fora proferido na inauguração da estátua em 1897 (p. 285). No entanto, a informação não corresponde ao que encontramos: o próprio Machado explica no prefácio de *Páginas recolhidas* que o texto é de 1891.

deposição preciosa para a vida literária, jornalística, artística, social e mesmo política de trinta, ou quarenta anos atrás (VERÍSSIMO, *Jornal do Commercio*, 18/09/1899, p. 1).

No mesmo dia, Machado escreveu ao amigo: "Deixe-me ainda uma vez apertar-lhe gostosamente a mão pela sua boa vontade e simpatia". Concordava com as muitas sugestões, embora nem todas considerasse viáveis: "Mais fácil [...] seriam talvez as memórias". O escritor fazia votos de que se encontrassem logo: "Adeus, até breve: se puder ser, hoje mesmo. Escrevo entre duas pastas, e vários pretendentes que desejam saber dos seus negócios" (2011, p. 415). As ideias lançadas por Veríssimo (a comédia, por exemplo, teria matéria para dois livros, um de crítica e outro de teatro) seriam discutidas pessoalmente, passando-se da esfera pública à privada.

Desde o fim de 1898, a roda de encontros da *Revista Brasileira* começava a descaracterizar-se. A primeira baixa significativa foi a do próprio Machado, que em novembro precisou assumir novas incumbências no governo, como funcionário público, e já não tinha muito tempo para ir todos os dias à redação. Também Joaquim Nabuco, após muito hesitar em servir ao governo republicano, embarcou para a Europa no início de 1899, incumbido de representar o Brasil de Campos Sales em função diplomática, na chamada Missão da Guiana Inglesa. Levou junto o jovem Graça Aranha, que havia pedido a intermediação de seu amigo Veríssimo a fim de ser escolhido para a missão (ver AZEVEDO, 2002). O *Jornal do Commercio* noticiou a despedida, em 2 de maio:

> Realizou-se ontem, na sala da redação da *Revista Brasileira*, o *lunch* de adeus oferecido pelos colaboradores da *Revista* aos *Senhores* Joaquim Nabuco, Graça Aranha e Caldas Vianna.
> Estiveram presentes, além destes senhores, os *Senhores* Machado de Assis, Capistrano de Abreu, Souza Bandeira, Rodrigo Octavio, Almirante Jaceguay, Inglês de Souza, Paulo Tavares, Tasso Fragoso, Villa Lobos, Pandiá Colageras, Luiz Guimarães Filho, Antonio Salles, José Veríssimo, Aluizio Azevedo, Said Ali, Virgílio Várzea e Mário de Alencar.

TRINCHEIRAS DA CRÍTICA LITERÁRIA

Entre outras pessoas, foram à *Revista*, cumprimentar o *Senhor* Joaquim Nabuco, os S*enhor*es Costa Motta, Ministro do Brasil no Chile, Constantino Philips, Ministro inglês, e Doutor Pedro Tavares. Ao champanhe o S*enhor* José Veríssimo brindou ao *Doutor* Joaquim Nabuco e aos seus companheiros de missão. Responderam os *Senhores* Joaquim Nabuco e Graça Aranha. Trocaram-se ainda vários brindes amistosos (*Jornal do Commercio*, 02/05/1899, p. 1).

Nabuco se instalou em Paris e Oliveira Lima àquela altura se encontrava em Londres. Veríssimo sugeriu que eles se encontrassem:

Estando o senhor agora tão perto de Paris, creio-lhe não será difícil entrar em relações com o Garnier, e fazer com ele negócio do seu livro. Tem para ele agora dois bons introdutores, Nabuco e o Graça Aranha, que estão em excelentes relações com ele; e que terão certamente o maior prazer em apresentá-lo (VERÍSSIMO, carta a O. L., 28/02/1900).

Nesta mesma carta de fim de fevereiro, a primeira que enviou a Oliveira Lima no novo século, o crítico contou que a *Revista Brasileira* já não circulava: "Desejo muito que possa cumprir a sua promessa de vir até cá em julho. Infelizmente já não achará a *Revista* que me é absolutamente impossível continuar, mas espero estar ainda eu, que terei o máximo prazer a vê-lo". Na Europa, os encontros em torno de Nabuco de alguma forma reproduziam aqueles da *Revista*: o mapa de Paris surgia sobreposto ao do Rio – quase como se fosse possível fusionar um ao outro – num espaço urbano contínuo, onde se deslocavam os mesmos personagens. São muitos endereços parisienses citados nas cartas de Veríssimo, sobretudo dos locais onde estavam hospedados ou moravam os literatos brasileiros.

Sei que aí estão agora num bom e invejado grupo, o *Senhor*, o [Graça] Aranha, o [Joaquim] Nabuco e o [Eduardo] Prado. Imagino e invejo as horas deliciosas que aí se passaram. Para coroar essas reuniões nem lhes falta a bondade, que pelo Aranha sei se lembram também de mim. Ele me fala sempre, com merecida estima, no *Senhor* e na sua

Senhora. A minha comadre, mulher dele, é uma pessoa de peregrinas qualidades de coração e ele o *charmeur* que conhece. Recomenda-me a ambos e ao Nabuco, e ao Prado se ainda aí estiver (VERÍSSIMO, carta a O. L., 23/10/1900).

Nas visitas a Casa Garnier, em Paris, Nabuco e Graça Aranha tiveram acesso a *Dom Casmurro*, então no prelo (ROUANET, 2011, p. XXX). Ambos deixaram escapar a inconfidência em cartas a Machado, que nada disse a respeito. Em 28 de julho de 1899, Machado havia comentado com Azeredo que já tinha lido as segundas provas de *Dom Casmurro* (na primeira vez em que citou o título na correspondência), mas o livro só chegou às livrarias brasileiras no início de 1900. Assim, em 19 de março, o circuito escritor-crítico se enriqueceu, com uma peça de encaixe fundamental: a crítica de Veríssimo a *Dom Casmurro,* publicada na Revista Literária do *Jornal do Commercio.*

A crítica, "magistral" segundo Rouanet (2011, p. XXXI), começava comparando *Dom Casmurro* a *Memórias póstumas de Brás Cubas.* Os protagonistas de ambos os romances seriam gêmeos, embora houvesse variações de estilo nas obras, que retratavam momentos diferentes. O novo livro abordava o homem "já do nosso tempo e das nossas ideias". De acordo com Rouanet, em seu artigo Veríssimo levantou "indiretamente uma dúvida sobre a culpabilidade de Capitu, ao considerar suspeito o depoimento de Bentinho. Era o início de uma tese que teria os desdobramentos que todos conhecem" (2011, p. XXXI). Dom Casmurro, afirmou o crítico, descreve Capitu "com amor e com ódio, o que pode torná--lo suspeito". Sua conclusão "não é talvez aquela que ele confessa". A força de Capitu, com seus olhos de cigana oblíquos e dissimulados, foi destacada por Veríssimo: "Lede aquele delicioso capítulo do 'penteado', ó vós que já tiveste quinze anos, e dizei-me quem houvera capaz de resistir à Capitu?".

No texto, Veríssimo também fez um pedido a Machado: "se a crítica tem o direito de formular um desejo", que se voltasse a um "modo mais piedoso, se não mais humano, de conceber a vida, e nos desse [...] uma obra inteiramente nova". Machado lhe escreveu nesse mesmo dia, e não ficou indiferente ao pedido do crítico:

Esta carta leva-lhe um grande abraço pelo seu artigo de hoje. *Dom Casmurro* agradece-lhe comigo a bondade da crítica, a análise simpática e o exame comparativo. Você acostumou-nos às suas qualidades finas e superiores, mas quando a gente é objeto delas melhor as sente e cordialmente agradece. Ao mesmo tempo, sente-se obrigada a fazer alguma, se os anos e os trabalhos não se opuserem à obrigação. [...] Adeus, meu caro amigo, obrigado pela Capitu, Bento e o resto. Até logo se puder sair a tempo; se não, até amanhã, que é terça-feira, dia de despacho (ASSIS, carta a Veríssimo, 19/03/1900, 2011, p. 458).

Ainda em 19 de março, Veríssimo lhe respondeu: "O bom, o amável, o mestre é *você* que manda por um mau artigo agradecimentos que valem uma condecoração". A carta de Machado havia agradado ao crítico sobretudo pelo compromisso que encerrava, sobre a alusão a um romance novo, o qual "eu espero que a mocidade do seu espírito e alguns anos de vida o deixarão, por bem das nossas letras e felicidade dos seus leitores, realizar". Segundo Veríssimo, "se nisso pudesse eu ter a minha parte, por mínima que fosse, seria o melhor fruto da minha carreira de crítico" (p. 459).

Machado ainda escreveu a Azeredo naquele 19 de março e lhe contou sobre a repercussão do romance, que havia sido posto à venda nas livrarias na semana anterior. "Foi surpresa para toda a gente. [...] Falaram sobre ele o Artur Azevedo, ontem, e o José Veríssimo, hoje, ambos com grande simpatia, mas o Veríssimo com mais desenvolvida crítica, segundo costuma" (p. 460).

A crítica apontava esperançosa para o futuro, à procura de grandes realizações. Também a *Revista Brasileira*, que deixou de circular no segundo semestre de 1899, trazia mudas que germinariam a seguir. Era o caso de *Canaã*, de Graça Aranha, com trechos lá antecipados. O último tomo da *Revista* também apresentou aos leitores outra obra em gestação, no longo trecho "A guerra no sertão", por Euclides da Cunha.

Por ora, a crítica a *Dom Casmurro* encerra o ciclo dessa segunda trincheira em que Veríssimo se engajou. Da *Revista Brasileira* à Revista Literária – esta sendo consequência daquela – o crítico consolidou uma posição de centralidade no circuito regido por Machado de Assis. Até quase o fim da vida, acalentaria projetos de

REVISTA

BRAZILEIRA

QUINTO ANNO

TOMO DECIMO NONO

A GUERRA NO SERTÃO

(FRAGMENTO)

A remoção dos doentes e feridos para Monte-Santo era urgente. Assim partiram logo as primeiras turmas protegidas por uma força de infantaria até o extremo sul da zona perigosa, Joá.

Começou então, a derivar, lastimavelmente pelos caminhos, o refluxo da campanha.

Galphava-o o morro da Favela.

Diariamente, em successivas levas, abalavam d'ali em numerosos bandos, todos os estropeados e todos os inuteis — em redes de caroá ou giraus grosseiros os enfermos mais graves, outros cavalgando penosamente animaes imprestaveis ou apinhados em carroças ronceiras, e a grande maioria, a pé.

Saiam quasi sem recursos, combalidos, exhaustos de provações, afundando, resignados, nas regiões ermadas pela guerra.

Era a entrada do estio. O sertão principiava a assumir um facies desolado de deserto.

Sugadas do sol as arvores dobravam-se, murchas, despindo-se a pouco e pouco das folhas e das flores — e, alastran-

RIO DE JANEIRO

Sociedade — Revista Brazileira

31, TRAVESSA DO OUVIDOR, 31

—

1899

4046—99

Revista Brasileira: capa do último tomo, de 1899,
e a página com trecho antecipado de *Os Sertões*, de Euclides da Cunha,
publicada nessa edição.

TRINCHEIRAS DA CRÍTICA LITERÁRIA

criar outra publicação como a que dirigiu de 1895 a 1899. Em 1906, disse a Oliveira Lima que se encontrava em *pourparlers* com Garnier para voltar a pôr em circulação a *Revista Brasileira*. Em diferentes ocasiões, voltou a expressar esse desejo e realizou iniciativas nesse sentido, sem sucesso[71].

De alguma maneira, o projeto de Veríssimo sobre a nacionalidade – que desenvolveu em *A educação nacional* – viu-se refletido na *Revista Brasileira* que dirigiu, na medida em que tentou criar nela um panorama apartidário da intelectualidade que buscava refletir o Brasil. O lema que usou para a *Revista Amazônica* – "não basta produzir borracha" – seria o mesmo da *Revista Brasileira,* em escala maior: um país não conseguiria existir e afirmar-se apenas a partir de relações mercantis. Portanto, não bastava, em sua visão, a simples instrução: era preciso substituí-la por um projeto de educação que conseguisse ensinar aos jovens a conhecer seu país e até amá-lo, na forma de uma educação nacional. Apesar de sua aversão à ideia de patriotismo e de nacionalismo exacerbados, Veríssimo se preocupava em consolidar uma educação popular, que fosse brasileira até no mobiliário da sala de aula.

Angela de Castro Gomes (2010) relaciona o projeto desenvolvido por Veríssimo em *A educação nacional* ao pensamento que floresceria na primeira metade do século XX entre intelectuais brasileiros. Depois do fim da escravidão e do Império, a nacionalidade brasileira seria um "objeto a ser construído, quer dizer, desvendado e proposto" (GOMES, 2010, p. 156). Essa missão teria sido tomada obsessivamente pelos intelectuais da Primeira República e, "sob a forma de livros e revistas", segundo Gomes, prosperou no início do século XX. No circuito editorial daquele tempo, a influência de Veríssimo se teria dado mais diretamente por meio de sua atuação na imprensa. Se em *A educação nacional* desenvolveu suas ideias, na *Revista Brasileira* constituiu uma frente de ação. A publicação teria influenciado outras do gênero, como a *Revista do Brasil*, lançada em 1916, pelo jornal *O Estado de S. Paulo*.

Sempre que ia a São Paulo, Veríssimo visitava a redação de Julio Mesquita (como conta a Oliveira Lima, que escrevia regularmente

---

71 Desde os anos 1940, a *Revista Brasileira* passou a ser publicada pela Academia Brasileira de Letras.

para o jornal paulista). Um de seus contatos na redação é o editor Nestor Pestana. O crítico foi convidado em 1915 a tornar-se colaborador da revista que estava sendo planejada no *Estado*. Coerente com sua preocupação com o profissionalismo, reiterou aos editores da *Revista do Brasil* que, se fosse empresa já consolidada, pediria 200 mil-réis por artigo mensal sobre o movimento literário, "porque a leitura que esse trabalho obriga toma muito tempo". Mas não era esse o caso: "sendo uma empresa que começa, aceito a incumbência e deixo a remuneração a critério da revista" (apud DE LUCA, 1999, p. 43)[72].

Um dos últimos textos que publicou ainda em vida foi "O modernismo", na estreia da *Revista do Brasil*, em janeiro de 1916. No fascículo seguinte, de fevereiro – mês em que morreu –, o crítico foi homenageado com um artigo de Mário de Alencar intitulado *"José Veríssimo"*, no qual se relembrou sua trajetória, com análises importantes a seu respeito, como já vimos na primeira parte. A nova publicação, que seria adquirida por Monteiro Lobato em 1918, tendo-se tornado central para a intelectualidade brasileira nas primeiras décadas do século XX (ver DE LUCA, 1999) – assim como foi a *Revista Brasileira* em seu tempo –, também se constituiu por meio de uma sociedade de ações.

É o tipo de publicação que demonstra o esforço por promover o debate de ideias sobre o Brasil na primeira metade do século XX, no sentido destacado por Gomes (2010). Entretanto, a *Revista Brasileira*, engajada no processo de construção da nacionalidade, não apresentou um sentido nacionalista afirmativo como o que viria a caracterizar parcela significativa da atividade intelectual na primeira metade do século XX no Brasil. Na perspectiva de Veríssimo, era preciso antes construir a nacionalidade numa tribuna livre, para a formação da opinião pública.

Mesmo assim, da *Revista Brasileira* à *Revista do Brasil,* vê-se um projeto de publicação prosperar dentro de outro, com se fosse uma história enovelada, em que o fio de uma puxa o da outra. E a *Revista Brasileira* de Veríssimo puxa ainda fases remotas de sua própria história, que adentram o século XIX, levando a outras ramificações.

---

72 De Luca (1999), por sua vez, cita Plínio Barreto, em *O Estado de S. Paulo*, como fonte para a carta. São Paulo, 26 jul. 1975. Suplemento do centenário.

Observar toda essa linhagem amplia também o quadro de precursoras da *Revista do Brasil*.

Os dados apresentados nesta pesquisa sobre a *Revista Brasileira* contribuem para que haja um nova visão sobre sua importância e o lugar que a publicação deve ocupar nas histórias genealógicas da nossa imprensa. O trajeto de Veríssimo, portanto, não era meramente individual: da *Revista Brasileira* à Academia Brasileira de Letras, inseria-se numa coletividade que palmilhava um caminho em busca de afirmação. Tratava-se de uma rede de sociabilidades literárias que há muito tempo implodira fronteiras geográficas "espirituais" que pareciam ser intransponíveis. O crítico expressa seu programa como articulador cultural. A descoberta dos recibos que indicam a existência da "Revista Brasileira – Sociedade em commandita por acções J. VERÍSSIMO & CIA", e todo o movimento intelectual à sua volta, permite compreender que a publicação teve uma relevância maior que os poucos estudos a seu respeito deixam entrever.

O ano-chave da trincheira que se encerrava foi o de 1897, quando se criou a ABL e a *Revista* ainda não parecia combalida, desfrutando da vitória do ano anterior (o balanço de 1896 fora divulgado em fevereiro). Também em 1897 se inaugurou, finalmente, a estátua de José Alencar, cuja pedra fundamental havia sido colocada em 1891, em solenidade singela, mas significativa, como vimos, pelo discurso de Machado de Assis e pela presença teatral de Raul Pompeia – e da qual havia tomado parte José Veríssimo, como representante do *Jornal do Brasil*. Também esteve presente à solenidade Mário de Alencar, que se tornaria grande amigo de Machado e a quem dedicaria um amor filial.

Não obstante, nas notícias sobre a inauguração da estátua, em 1º de maio de 1897, os nomes dos escritores não são citados. O momento simbólico de seis anos antes havia prosperado rumo à institucionalização. Como na hipótese de Pedro Calmon em relação ao *Jornal do Brasil* de Rodolfo Dantas, que seria a antecipação do programa de fundação da ABL, 1891 anunciou 1897 para a memória de Alencar: depois de um intervalo de muitas turbulências, era tempo de saudar em grande estilo o escritor romântico (e monarquista). As notícias a respeito da inauguração informam sobre uma multidão

SEGUNDA PARTE

presente à solenidade. Por sugestão do *Monitor Mercantil*, de Minas Gerais, a *Gazeta de Notícias* se havia engajado numa campanha nacional de subscrição para construir o monumento. Na *Gazeta* e no *Jornal do Commercio*, o texto sobre a inauguração da estátua é praticamente o mesmo. A notícia, da qual reproduzimos um trecho, ilustra a ambiência do momento – e assim concluímos o instantâneo desta trincheira estratégica vivenciada por José Veríssimo:

> Inaugurou-se ontem na praça Ferreira Vianna a estátua de José de Alencar, e a essa justíssima homenagem associou-se a população desta cidade, representada por todas as classes sociais.
>
> Apesar do sol e intenso calor, a praça e as imediações estavam apinhadas, sendo extraordinário o número de senhoras.
>
> Foi uma festa essencialmente popular, a que prestou o seu gentil concurso o governo da República, na pessoa do seu presidente *Doutor* Prudente de Moraes, que compareceu com toda a sua casa civil e militar, sendo recebido pela comissão central da imprensa, ao som de vivas e do hino nacional, executado por diversas bandas de música.
>
> Assistiram à cerimônia os *Senhores* Vice-Presidente da República, *Doutor* Prefeito, Conselho Municipal, comissão da Câmara dos Deputados, o *Senhor* Ministro do Interior, conselheiro Antonio Ennes, ministro de Portugal, comissões do Instituto Histórico, das Escolas Superiores, das Faculdades Livres, de estudantes de preparatórios, do grêmio José de Alencar, comandante da Brigada Policial e corpos da mesma, oficiais do exército, magistrados, médicos, literatos, tendo comparecido também grande número de oficiais da esquadra chilena, que foram recebidos ao som do hino chileno e vivas repetidos.
>
> A família Alencar esteve representada pela sua estimada viúva, seus filhos, seu irmão Barão de Alencar e mais parentes. [...] (*Jornal do Commercio*, 02/05/1897).

Consagrada a obra, anunciavam-se novas trincheiras, menos estratégicas e mais ofensivas.

Retratos

3.1 Breve querela transnacional ainda sobre a *Revista Brasileira*

Nos próximos dois retratos, trataremos de atravessamentos transnacionais que se referem à atividade de Veríssimo. Inicialmente, seremos levados à Europa, a partir da *Revista Brasileira*, que ainda nos exige um pouco de atenção; depois, voltaremos nossa atenção aos laços latino-americanos de Veríssimo, que militava pela aproximação do Brasil com seus vizinhos.

Veríssimo imprimiu à *Revista Brasileira* uma perspectiva cosmopolita[73]. De um lado, apresentou a seus leitores o que se publicava em revistas estrangeiras. Mário de Alencar e João Ribeiro escreviam comentários a respeito das novidades trazidas pelas congêneres internacionais em seções criadas somente para isso. Algumas das que receberam comentários foram *Revue des Deux Mondes* (França) – a mais influente delas[74] –, *The Graphic* e *Nineteenth Century* (Grã-Bretanha), *Cosmopolis* (editada em diferentes capitais europeias), *Deutsche Rundschau* (Alemanha), *The Forum* (EUA), entre muitas outras. Essa atenção revela o quanto a *Revista* se ligava a modelos e projetos de organização de intelectuais em diferentes países, atualizada e em sintonia com o que se discutia em todo o mundo[75].

Por outro lado, Veríssimo entrou em contato com publicações estrangeiras para que dessem notícias sobre a *Revista Brasileira*.

---

73 Trago neste retrato argumentos que desenvolvi mais demoradamente em Bertol, 2020.

74 Dutra (2018) analisa os trânsitos e apropriações entre a *Revue des Deux Mondes* e a *Revista Brasileira*, em especial a fase de Veríssimo, em ótimo exemplo do potencial de trocas e recriações intelectuais que é possível pesquisar a partir dessas publicações. A escolha desses dois periódicos "fez-se a partir de dois pressupostos, em geral, não questionáveis: o primeiro diz respeito ao fato de que as revistas do século XIX tinham uma vocação intercultural, enquanto o segundo considera que a *Revue des Deux Mondes* havia instituído um modelo matricial para as revistas intelectuais do século XIX que se espalhou em várias partes do mundo onde ela encontrou milhares de leitores, tendo-se tornado um parâmetro de status intelectual, de condição social, de gosto literário, de posição *up to date* na área da ciência, da bibliografia especializada, da narrativa dos viajantes, entre outros aspectos" (DUTRA, 2018, pp 178-179).

75 Para ampliar o quadro das trocas entre Brasil e Europa no universo editorial e literário, ver o projeto desenvolvido por Abreu e Mollier (2016) sobre a circulação transatlântica dos impressos.

De Paris, a *Revue des Revues*, especializada em comentar o que se publicava em revistas da França e de outros países, aceitou o seu pedido e em alguns números apresentava breves comentários elogiosos sobre a publicação. No entanto, Veríssimo não se furtou a entrar em polêmica com os franceses quando lamentaram o fato de esta não se limitar somente a temas "brasileiros". Afinal, a *Revista Brasileira* tratava de questões literárias de diferentes países, assim como filosóficas, científicas e sociológicas, entre outras, sem se limitar a nacionalidades específicas.

"O eminente diretor da *Revue des Revues* sabe melhor que ninguém que o título nacionalístico de uma revista não a obriga a confinar-se em coisas nacionais", respondeu o crítico em breve texto da seção Notas e Observações, do primeiro tomo de 1898 (p. 246). Com seu sarcasmo, ironizou: afinal, como um povo bárbaro poderia almejar ter um público "inteligente e culto"?

A singela polêmica (temos o indício apenas por uma breve nota) sinaliza questões difíceis (qual o lugar do Brasil no mundo?), mas indicava que "Veríssimo se encontrava numa encruzilhada: para os franceses, o crítico não seria suficientemente brasileiro; para muitos brasileiros, não era suficientemente nacionalista" (BERTOL, 2020).

Ora, essa distância em relação aos padrões de nacionalismo então preponderantes, como sabemos, vinha em grande medida da afinidade com a literatura machadiana, ela própria, também, profundamente cosmopolita, em diálogo de igual para igual com a literatura universal. Anos depois, quando Veríssimo escreveu sua *História da literatura brasileira*, no período em que já havia abandonado a ABL, voltou a reiterar a independência de Machado diante das escolas literárias e, sobretudo, diante de um viés "nacionalístico". Mas, como escreveu no livro, era justamente essa independência que tornaria o autor de *Dom Casmurro* mais profundamente brasileiro que todos os demais.

De fato, a ideia de um brasileiro ainda mais brasileiro que outros autores (não sendo propriamente brasileiro, segundo os padrões da época) funcionou estrategicamente muito bem para consolidar não um mero lugar para o escritor na literatura brasileira, mas um lugar distinto e especial. Era isso que Veríssimo almejava, muito além da cor local.

Não poderíamos dizer o mesmo da *Revista Brasileira*? Sendo Veríssimo um crítico do nacionalismo então vigente, que sentido podemos dar ao "brasileira" do título da revista que editava? Que projeto de país vislumbrava-se a partir da publicação? A resposta encontra-se certamente na perspectiva cosmopolita que compartilhava com Machado, mas esta ainda não era bem compreendida entre os contemporâneos. Assim, para Veríssimo, esse debate não era apenas um debate: como veremos na próxima trincheira, na redação do *Correio da Manhã*, as acusações de falta de patriotismo punham seu emprego em risco. Mas antes vamos dar uma olhada no retrato a seguir, sobre a América Latina, outra frente transnacional em que Veríssimo se engajou com paixão.

3.1 América Latina

O interesse de José Veríssimo pelas questões latino-americanas se expressa numa militância constante que realiza na imprensa da capital. Trata-se de debates atravessados pelo jogo de forças entre os países do continente, envolvendo, de um lado, os Estados Unidos, sua doutrina Monroe e, de outro, as ambições políticas dos próprios países latino-americanos.

As análises das ideias de Veríssimo sobre os Estados Unidos, entretanto, são marcadas por um lapso, relacionado ao fato de não se levar em conta as modificações que o autor realizou da primeira à segunda edição de *A educação nacional*, publicada em 1890[76]. O livro teve grande repercussão e, segundo Antonio Candido (apud BARBOSA, 1974), trazia ideias à frente de seu tempo e proposições que somente décadas depois viriam a ser adotadas. Mas o livro de 1890 não traz longas considerações sobre os EUA, introduzidas somente em novo capítulo na segunda edição da obra, que Veríssimo publicou em 1906, também com nova introdução (e com o capítulo sobre a educação de meninas e mulheres).

As considerações que o crítico realiza sobre os EUA de certa forma são o eixo com que João Alexandre Barbosa analisa a coletânea

---

76 A primeira edição da obra foi consultada no site do *The Internet Archive*: https://archive.org/stream/aeducacaonacion00vergoog#page/n178/mode/2up. Acesso em 23/07/2020.

SEGUNDA PARTE

RETRATOS

que organizou em 1986 com artigos de Veríssimo sobre a questão latino-americana. O volume desempenhou papel significativo ao demonstrar a ligação do crítico com a cultura latino-americana.

Assim Barbosa inicia o texto da introdução, intitulado "A vertente latino-americana": "É de 1890 o livro de José Veríssimo, *A educação nacional*. Pensado como uma contribuição à transformação republicana no ano anterior, o livro trazia um capítulo sobre a educação nos Estados Unidos em que esta era percebida no conjunto das características históricas e sociais" (1986, p. 7).

Barbosa destaca a semelhança entre a posição do crítico a respeito dos EUA e a de *Ariel*, obra influente do uruguaio José Enrique Rodó. Veríssimo temia, na República recém-criada, a cópia acrítica do modelo norte-americano. Sobre os EUA, afirma: "Essa civilização sobretudo material, comercial, arrogante e reclamista, não a nego grande; *admiro-a, mas não a estimo*" (VERÍSSIMO, 1906, p. 177; grifos meus). De acordo com Alexandre Barbosa, diferentes autores chamaram a atenção para a coincidência entre a frase grifada e a que se encontra em *Ariel* sobre os EUA, quando Rodó diz que, embora não ame os norte-americanos, ele os admira.

Entretanto, não se deve considerar a frase de Veríssimo uma coincidência. Bem ao contrário, pode-se dizer que é certamente a influência da leitura de Rodó. Veríssimo foi um dos primeiros (talvez o primeiro) a falar do autor no Brasil. Em 18 de dezembro de 1900, ano do lançamento de *Ariel*, publicou no *Jornal do Commercio* – o principal periódico da época – uma crítica da obra, demonstrando a atualidade de sua militância. É a recepção inaugural ao texto no Brasil. Não à toa, João Alexandre Barbosa o escolheu para abrir a coletânea de 1986. Intitulado "A regeneração da América Latina", o artigo tem algo mais de crítica. Inspirado em Rodó, Veríssimo parece desguarnecer-se. A certo momento pede licença ao leitor:

Perdoam-me uma manifestação personalíssima? Tenho a fraternidade latino-americana, sinto-a intimamente; nunca, desde rapaz, participei do preconceito da minha gente, herdado do português e desenvolvido pelas nossas lutas no Rio da Prata, contra os povos espanhóis da América. Amo-os a todos e me revoltam as manifestações hostis a quaisquer deles (VERÍSSIMO, 1986, p. 20).

A figura do *roto*, expressão forte de menosprezo na perspectiva oligárquica, é retomada por Veríssimo no texto para definir o

[...] imenso fundo das populações latino-americanas, em toda parte na maioria analfabetos, miseráveis, [...] que o digam os índios e mestiços dos afluentes do Alto Amazonas, e os do Peru, da Bolívia, se não também os do Ecuador, da Colômbia, da Venezuela, (*populações*) de fato escravas, ou a igual tratadas (VERÍSSIMO, 1986, p. 1).

Não se deve esquecer que, sendo natural do Norte do Brasil, a perspectiva do crítico ao falar dessas questões é de quem conhece bem esses cenários – e bastante diferente de quem é originário da capital.

Diante do *roto*, Veríssimo se pergunta: como é possível haver na América Latina algo que se aproxime da ideia de "opinião pública"? Embora cético, o crítico contrapõe a esse fundo miserável a figura do "intelectual" como possibilidade de "regeneração", demonstrando ainda certo otimismo. A Argentina é o país sobre o qual mais escreve, mas há muitos artigos sobre intelectuais venezuelanos, sobre a situação política no México, sobre a realidade literária no Chile etc. Verísimo admirava Simón Bolívar. Trocava na correspondência com Oliveira Lima muitas ideias a respeito dos autores latino-americanos.

Todavia, seu entusiasmo com os vizinhos diminui com o tempo. No artigo "Um estado da alma argentina" (p. 112), que escreve alguns anos depois, destaca que não tem por objetivo discutir, "mas noticiar um estado interessantíssimo da alma hispano-americana, visto nos seus mais altos representantes intelectuais: idealismo, nacionalismo, emulação dos Estados Unidos, reação hispanófila".

Reitera que a Argentina "não esconde o [desejo] de ter breve a hegemonia da América do Sul" (p. 115). "É um dos seus argumentos [dos argentinos] que só povos brancos são capazes de alta civilização e organização que lhes assegure o predomínio estável. Não sendo nós povo branco, não nos é, sequer, lícito pretender a hegemonia da América do Sul que eles se reservam". Faz-se presente o expediente da ironia, quase sarcasmo:

> Esse orgulho do seu país, da sua nacionalidade, de si mesmos reflete-se hoje em todas as manifestações da vida argentina, inclusive nas suas relações internacionais. Esse orgulho é uma força e uma grande força, por menos legítimo que queira parecer a nós (VERÍSSIMO, 1986, p. 115).

Nem sequer Victor Hugo, escreveu Veríssimo, "celebrou o seu país com mais arroubadas palavras" como o fazem os argentinos. Os brasileiros, acredita, não deveriam ficar alheios a esses movimentos de ideias dos vizinhos. O texto em que realiza tais análises foi publicado inicialmente em 16 de maio de 1914 no jornal *O Imparcial*, ou seja, dois anos antes de sua morte. Em 1912, Rubén Darío, em visita à ABL, teria ouvido de Veríssimo que

> [...] filhos do mesmo continente, quase da mesma terra, oriundos de povos em suma da mesma raça ou pelo menos da mesma formação cultural, com grandes interesses comuns, vivemos nós, latino-americanos, pouco mais que alheios e indiferentes uns aos outros, e nos ignorando quase por completo (VERÍSSIMO apud BETHELL, 2009).

Com esse lamento, fechamos o retrato dessa militância utópica e apaixonada.

Trincheira 3

4.1 *Correio da Manhã*: novo jornalismo, nova literatura

> *"Gostei muito do teu artigo: o Veríssimo é aquilo mesmo,*
> *e como é grande para o nosso meio!".*
> Edmundo Bittencourt, proprietário do *Correio da Manhã*,
> em carta a Antonio Salles, 08/01/1903

Para escrever o mordaz *Recordações do escrivão Isaías Caminha,* publicado em 1909, o escritor Lima Barreto baseou-se no *Correio da Manhã* a fim de traçar o retrato de uma redação de jornal do início do século XX. Romance *à clef*, a obra se baseia em personagens reais, e o próprio Lima dizia que, em sua estreia literária, queria escandalizar. Inspirando-se no jornal, realizou uma demolidora crítica à sociedade.

Como conta o biógrafo Francisco de Assis Barbosa, o *Correio* foi escolhido por Lima "por ser o de maior sucesso, o mais representativo, o mais típico, o mais retratável dos órgãos da imprensa da época" (2012, p. 195). Lima conhecia bem a redação, por ter trabalhado nela certo tempo, por volta de 1905, tendo chegado a escrever uma série de 22 reportagens sobre as escavações do Morro do Castelo, reunidas em livro (1999) – embora não se saiba se atuou como redator efetivo ou como colaborador. Trabalhar no jornal fundado por Edmundo Bittencourt foi sua tentativa de ingresso no jornalismo profissional, naquele que era

> [...] mais desabusado órgão da imprensa carioca, que firmou o seu prestígio, por assim dizer, instantaneamente, no primeiro número talvez. Apareceu a denunciar negociatas, atacando de rijo os figurões da política, os comendadores das Ordens Terceiras, quebrando enfim todos os tabus da época. Aquele *panache* a princípio chocou, estabelecendo um contraste vivo com a timidez e a covardia dos jornais que até então "orientavam" o que se convencionou chamar de "opinião pública", submissos aos interesses políticos e comerciais deste ou daquele grupo (BARBOSA, 2012, p. 149).

Tinha-se passado uma década desde a chegada de Veríssimo à capital. A "timidez e a covardia" dos jornais durante a gestão de Campos Sales (1898-1902) contrastava com o cenário inflamado de dez anos antes, quando não apenas o *Jornal do Brasil* como outras folhas monarquistas mais radicais combatiam o governo republicano. Havia ainda naquela época, na outra ponta do espectro político, os grupos jacobinos, enfrentando os monarquistas, também sufocados na repressão governamental. O ano de virada foi 1897, no governo de Prudente de Morais, quando se esboçou "a política dos estados", aprofundada por Sales (ver LESSA, 2015). Essa estabilização política, no entanto, não impediu o descontentamento da população, especialmente na capital, diante de medidas que oneravam o custo de vida.

No domingo, 16 de junho de 1901, no segundo número do *Correio*, pode-se ler a primeira referência na folha a José Veríssimo, indicado como representante do *Jornal do Commercio*, em quarto lugar numa extensa lista dos que tinham ido cumprimentar os proprietários e os diretores pela estreia. O sábado fora festivo na redação da Rua Moreira Cesar (nome que por certo tempo teve a Rua do Ouvidor depois de 1897, em homenagem ao oficial do Exército morto em Canudos). Profissionais de muitos órgãos da imprensa marcaram presença. Os veículos citados – como mosaico do cenário em que o *Correio* buscou firmar-se –, além do *Jornal do Commercio*, são *O Paiz* (de onde é citado o maior contingente de pessoas), *Gazeta de Notícias*, *Jornal do Brasil*, *O Dia*, *A Tribuna*, *A Noite*, *Cidade do Rio*, *A Lanterna*.

Naquele primeiro domingo, o artigo de fundo, à esquerda, no alto da primeira página – na "coluna de honra", como denominava o jornal –, era assinado pelo monarquista Carlos de Laet. Também fundador da Academia Brasileira de Letras, como Veríssimo, trabalhou como professor do Colégio Pedro II, tendo sido aposentado à força pela República em 1889 (só foi reabilitado anos depois e tornou-se diretor da instituição). Sua verve, irônica e sarcástica, trazia certo sabor de combate da militância monarquista dos primeiros anos da República, quando teve intensa atuação na imprensa. Desde o ciclo de repressão de 1897, no entanto, mantinha-se afastado dos jornais.

TRINCHEIRAS DA CRÍTICA LITERÁRIA

RACHEL BERTOL

A última vez que tomei da pena para escrever sobre política foi num sábado, 6 de março de 1897. Rabiscara eu para o dia seguinte um folhetim, ou coisa semelhante, que apareceu no *Liberdade*; e então acabei com estes dizeres tristemente proféticos: – "Silêncio!... Entramos em semana prenhe de sucessos... Até domingo que vem!".
Este domingo é agora; porque no dia imediato foram atacadas e saqueadas as casas da nossa redação e da nossa tipografia. Um dos proprietários da folha, Gentil de Castro, foi morto por uma cáfila de infamíssimos covardes, que se juntaram vinte contra um... Dos móveis, jornais e livros fez-se fogueira, onde se pensou que arderia a ideia restauradora, quando ali só nojosamente fumegavam os brios e a coerência dos republicanos... E depois... Depois o silêncio do fato consumado, que é a suprema consagração de todos os crimes (LAET, *Correio da Manhã*, 16/06/1901, p. 1).

Depois do período de terror, tivera, segundo ele, oportunidade de voltar a escrever – e sua narrativa é um breve retrato de alguns personagens da imprensa. A primeira oferta que recebeu "veio formulada pelo meu simpático [Henrique] Chaves[77]", para comentar o "movimento bibliográfico da semana" na *Gazeta de Notícias*. A condição era que não se ocupasse de política nem da administração: "[...] na minha imaginação, logo se me afigurou que o Chaves me queria levar para casa, como quem leva um bicho de estimação". A tarefa, continuou Laet com seu espírito mordaz, coube ao "senhor doutor Araripe Junior, da Academia... Ao senhor Araripe ou ao senhor [Eunápio] Deiró[78], porque não lhes distingo os estilos".
Outro convite surgiu de José do Patrocínio, proprietário da *Cidade do Rio*: "Este me abria fraternalmente as suas colunas". No entanto, ponderou que Patrocínio era um "prudentista da gema". Assim recusou: "Ora, eu na minha humílima condição de perseguido e quase assassinado em [18]97, não posso deixar

---

77 Nascido em Portugal, Henrique Chaves (1849-1910), jornalista, teatrólogo e tradutor, foi um dos fundadores da *Gazeta de Notícias*, em 1875, e seu redator-chefe a partir de 1900. Dados disponíveis no dicionário de verbetes biográficos do Centro de Pesquisa e Documentação de História Contemporânea do Brasil (CPDOC), da Fundação Getúlio Vargas. Consulta por via remota.

78 O jornalista Eunápio Deiró (1829-1910) é autor de *Estadistas e parlamentares* (1883), impresso na Tipografia de Molarinho & Mont'Alverne.

de pôr embargo a esse culto". Além disso, diria ele sem poupar o antigo abolicionista, "aquele Patrocínio, com todo seu talento e vivacidade, é um companheiro perigoso". Muitas vezes, em vez de encontrar a crítica ao governo de Campos Sales em sua folha, deparava com o "mais correto" tom governista. Ainda recebeu convite do *Jornal do Brasil*: "Oh! a esses, realmente, muito me custou recusar....". Eventualmente, escrevia para lá, mas sobre assuntos gerais, como o espiritismo – "acho menos perigoso desmascarar o diabo do que uma oligarquia republicana". Assim, evitava a "necessidade de manipular explosivos". Dizia ter grande apreço pela folha, "tão invejada".

Nesse quadro, situou o convite do *Correio da Manhã* como irrecusável, não por laços de amizade com o proprietário, a quem dizia não conhecer, mas por confiar que no novo jornal teria liberdade para se expressar. "E bom será que casos desses ocorram, não só a monarquistas, mas também a republicanos, como acredito seja o *senhor doutor* Edmundo Bittencourt".

Na véspera, o festejado primeiro dia, a "coluna de honra" ficara com o Manuel Vitorino, vice-presidente de Prudente de Morais. Com o título "Ars nova", escreveu na estreia sobre o "feitio e o caráter do jornal moderno", que "deve tanto refletir quanto dirigir a opinião" (como se tivesse combinado com Laet assuntos complementares). O "caráter impressionista" do jornalismo, segundo ele, não deveria prejudicar a verdade, e exaltou ainda a simplicidade. "É mister [...] que o jornal seja uma obra de arte", devendo conquistar a confiança de quem os procura. Também criticou a imprensa, "que para viver precisa do apoio e subsídios dos governos [e] não tem a confiança de ninguém". Mas, além das palavras, sua simples presença evocava a resistência a Campos Sales. Quando no governo, havia desafiado abertamente a Prudente de Morais (aliado de Sales), pronto para dar-lhe o bote. Vitorino e Edmundo Bittencourt eram amigos fraternos. Seu apoio mostrou-se decisivo para a iniciativa de criar o jornal. Em novembro de 1902, muito doente, veio a falecer, com Bittencourt à sua cabeceira[79]. O advogado gaúcho, com 35 anos quando pôs na rua o *Correio da Manhã*, ainda não era

---

79 Sobre esse episódio, ver depoimento de Leoncio Correia no *Almanak do Correio da Manhã* (1951, p. 10).

TRINCHEIRAS DA CRÍTICA LITERÁRIA

uma figura muito conhecida na capital e tinha pouca experiência no jornalismo. Isso ainda que houvesse atuado em *A reforma*, de Silveira Martins, em Porto Alegre, muitos anos antes, e no jornal *A Imprensa*, de Rui Barbosa, tendo também trabalhado em seu escritório de advocacia.

O senador Rui Barbosa foi outro aliado importante e vendeu a Bittencourt o maquinário e a estrutura de *A Imprensa*, que havia deixado de circular no fim de março de 1901 e no qual havia ensaiado uma oposição a Campos Sales. Não apenas Vitorino e Rui Barbosa (que também escrevia regularmente para o *Jornal do Brasil*) obtinham bastante destaque nas páginas do novo jornal, como era possível ler nele pequenos anúncios de suas atividades fora da política. Vitorino era médico. Na sétima edição, num quadro de avisos na primeira página, lia-se o endereço dos locais onde atendia, na Rua do Rosário e na residência da Rua das Laranjeiras; no mesmo espaço, entre outros, aparecia anúncio do escritório de advocacia de Rui Barbosa, também na Rua do Rosário.

Vitorino e Laet deram o tom inicial, mas seus artigos não poderiam justificar a afirmação de Francisco de Assis Barbosa de que o *Correio* consolidou seu prestígio "instantaneamente, no primeiro número talvez". Quando foi às ruas, o Rio vivia dias tensos, e a folha soube aproveitar o momento. Já na segunda edição, no domingo, 16, no meio da quinta coluna, com o título "COMPANHIA DE S. CHRISTOVÃO – Bondes Assaltados", o *Correio* dizia que veículos de diversas linhas trafegaram, na véspera, "sob apupos dos populares". A Companhia havia reajustado o preço das passagens, e a população não hesitava em protestar de forma veemente.

No dia seguinte (segunda-feira, 17), houve mais notícias sobre personalidades que tinham visitado a redação (o primeiro nome citado é o do poeta Olavo Bilac), e a questão dos bondes mantinha-se viva. Na terça-feira, 18 de junho, o caso apresentou desenvolvimentos dramáticos. Os bombeiros haviam tentado conter nas ruas os manifestantes com jatos de água, como é possível ler no jornal. Ainda não tinham experiência nisso, e o texto não se intimidou em retratá-los de modo ridículo, apesar dos duros episódios de violência. Chama atenção, ainda, o fato de a ação ter sido coordenada pessoalmente pelo comandante da Brigada Policial,

SEGUNDA PARTE

Hermes da Fonseca, que dali a nove anos se tornaria presidente da República, derrotando Rui Barbosa numa intensa campanha presidencial (considerada a primeira a envolver as massas no país). Há até um episódio de "cordialidade" à brasileira, no momento em que o repórter tentou atravessar o Largo de São Francisco em plena batalha. Foram situações que a reportagem do *Correio* retratou com vivacidade, em texto que deve ter agradado aos leitores descontentes com Campos Sales. Há uma peripécia teatral na narrativa que vale a pena reproduzir:

Na Rua do Ouvidor[80]

Correu o povo para a rua do Ouvidor.

Impotente a polícia para dispersar os grupos, entra em ação, por ordem do respectivo comandante, o corpo de bombeiros.

E pela primeira vez receberam os heróicos dominadores das chamas estrepitosa vaia! Ingrata tarefa lhes havia sido confiada: dispersar a multidão por meio de esguichos.

Seriam cinco e meia horas da tarde quando entraram os bombeiros pela nossa principal artéria, sobroçando longa mangueira.

Pouco habituados a esse novo e original – para nós – sistema de acalmar a ira do povo, os pobres soldados mostravam-se de uma inabilidade a toda prova.

Muita gente, que nada tinha que ver com o movimento, ficou molhada até os ossos!

Em frente à nossa redação, durante quinze minutos pelo menos, foi mantido o excêntrico e improfícuo entrudo [...]

O quadrilátero

Das 7 horas da noite até às 9 e meia foi o largo de S. Francisco de Paula transformado em praça de guerra.

Cinquenta soldados de cavalaria, e 40 de infantaria, sob as ordens do alferes Corrêa, tomavam as embocaduras das ruas: Ouvidor, Luís de Camões, Theatro, Conceição e travessas de S. Francisco e Rosário.

Era proibida a passagem [o repórter queria atravessar, mas foi barrado].

– Nem que fosse o presidente da República... São ordens.

---

80 Apesar de a rua oficialmente se chamar Moreira Cesar naquela época, o nome não convencia.

TRINCHEIRAS DA CRÍTICA LITERÁRIA

– Quem é o comandante da força?

– É o general Hermes.

– O general Hermes?!

– Sim, *senhor*, só ele é que pode deixar passar.

Nessa ocasião chegava um cavalheiro, acompanhado de uma senhora. Passaram.

– Esse pode, é alferes, e já veio da rua do Ouvidor, observou a praça, percebendo o espanto do nosso companheiro.

Afinal, depois de muito parlamentar, o repórter passou, mesmo sem ser presidente da República ou alferes à paisana (*Correio da Manhã*, 18/06/1901).

O assunto dos bondes dominou as edições do *Correio* em sua primeira semana, enquanto a violência crescia na cidade. A Companhia de Bondes de São Cristovão foi acusada de corrupção, e o jornal reiterou que os policiais agiram com o apoio de Campos Sales, o qual, diante de representantes da imprensa, teria dado ordens para atirar na população. Salvo o *Correio*, nenhum outro veículo teria comentado as palavras do presidente. Na quinta-feira, o jornal de Bittencourt afirmou:

> CONTRA BALA, BALA, disse o *senhor* Presidente da República [...] o povo foi espingardeado pela soldadesca [...]; ainda existem pelas ruas manchas vivas do sangue das vítimas da ferocidade selvagem da polícia. Mentimos? (*Correio da Manhã*, 20/06/1901).

Também nessa quinta-feira, o *Correio* destacou a "vitória do povo". Desde a véspera, havia afixado em sua porta a notícia de que a prefeitura voltara atrás na decisão do aumento das passagens dos bondes. Chegou a ser desmentido pela *Cidade do Rio*, mas rapidamente *O Paiz* confirmou o fato. Com menos de uma semana de existência, o jornal de Bittencourt repercutia no Senado e foi aclamado pelo povo:

> Estava vitorioso o povo, ordeiro e pacato por excelência, desta cidade, há três em dias pânico, produzido por uma polícia violenta e vandálica.

SEGUNDA PARTE

Ao *Correio da Manhã*, delirantemente ontem à noite aclamado por milhares pessoas, e que se sente orgulhoso de contar inteira e incondicionalmente com o apoio popular, fora, em grande parte, devida a resolução que pôs fim aos tristes fatos de que tem sido teatro o Rio de Janeiro. O povo tinha razão. O povo venceu (*Correio da Manhã*, 20/06/1901).

Não muito tempo depois, em 2 de julho, na 18ª edição, José Veríssimo assinou seu primeiro texto no *Correio*, intitulado "Pan-americanismo", criticando os planos de preponderância dos Estados Unidos no continente. Não tratou de assuntos literários, mas conhecia bem a política internacional (era comentarista do assunto em sua coluna de *A Notícia*, desde pelo menos o início de 1898). A questão americana era constantemente abordada em seus escritos. Seu texto ocupava a "coluna nobre", revezando com o de personalidades diversas, como o urbanista e arquiteto Adolfo Morales de los Ríos, o acadêmico Medeiros e Albuquerque, o poeta Alberto de Oliveira, o monarquista Afonso Celso, entre outros, além de Carlos de Laet e de Vitorino. Edmundo Bittencourt também escrevia nesse espaço.

Na coluna "Os A Pedidos", de 5 julho, Bittencourt afirmou que essa antiga prática da imprensa brasileira não teria espaço em seu jornal. Entre os alvos de crítica, o *Jornal do Commercio* era o principal: "No *Correio da Manhã* não se aceitam publicações ineditoriais anônimas". Se a imprensa brasileira preferisse "viver pobre, porém honrada e livre, como nós vivemos", havia muito tempo a prática já estaria extinta no Brasil, "essa praga [...] com que o *Jornal do Commercio* enche, diariamente, colunas e colunas de mercenarias". Também voltava baterias contra o presidente: "O senhor Campos Sales não tem um só amigo entre a gente do povo, mas tem em cada jornal e em cada jornalista, do senhor Manuel da Rocha, d' *A Notícia*, ao senhor José Carlos Rodrigues, do *Jornal do Commercio*, os mais delicados amigos íntimos". O "a pedidos" do *Jornal do Commercio* seria especialmente viciado, e Bittencourt concluiu em tom desafiador: a coluna daquele jornal será "objeto de um estudo nosso", especialmente "vão ser estudados carinhosamente o doutor José Carlos Rodrigues, redator-chefe do velho órgão, e o doutor

Tobias Monteiro[81], seu repórter". O sucesso do *Jornal do Commercio* o tornava o alvo preferido da concorrência e a tecla da oposição política uma boa estratégia: buscava-se "uma fatia do bolo das vendas e assinaturas, cuja maior parte pertencia ao velho órgão" (BAHIA, 2009, p. 153).

Sem parecer hesitar em juntar-se a essa nova "trincheira", Veríssimo mesmo assim não largou imediatamente o "velho órgão". Ainda assinaria cinco artigos na Revista Literária, sua coluna no *Jornal do Commercio*, até o fim de julho, o último no dia 29. Inclusive, no mesmo 2 de julho em que estreou no *Correio*, publicou o artigo "Uma americana no Brasil" no *Jornal do Commercio*. Até trocar definitivamente um pelo outro, escreveu apenas sobre assuntos de política internacional no novo jornal: seria apenas uma questão contratual ou uma estratégia para tentar equilibrar-se entre os dois? Se sim, o plano pode ter-se mostrado inviável, uma vez que os dois veículos pareciam tornar-se inimigos. Depois de sair do *Jornal do Commercio,* ele não escreverá no mesmo ritmo sobre temas internacionais. Somente em 13 de agosto começou a fazer crítica literária no *Correio da Manhã*, sempre na "coluna de honra" da primeira página, naquele dia com o título "Livros novos".

Há indícios de que sua relação com José Carlos Rodrigues estivesse desgastada – e é possível que fosse reflexo ainda das críticas feitas por Veríssimo ao governo em sua saída do Ginásio Nacional, quando se indispusera abertamente com Prudente de Morais, aliado de Campos Sales. O *Jornal do Commercio* mantinha uma postura governista. Carta de Capistrano de Abreu a Mário de Alencar, de 17 de agosto de 1901, contava sobre comentários negativos de José Carlos Rodrigues a respeito de Veríssimo. Ao voltar de uma viagem a Londres, Eduardo Prado havia contado ao diretor que Nabuco e Graça Aranha estavam "a dizer deles [dos artigos de Veríssimo] maravilhas com o Oliveira Lima". O diretor do jornal, todavia, teria comentado: "Ele [Veríssimo] não vale o que pago". Capistrano completou:

---

81 Tobias Monteiro foi redator político do *Jornal do Commercio* entre 1894 e 1902, e tornou-se um dos mais influentes e prestigiosos jornalistas do país. Perfil disponível em CPDOC-FGV. Sevcenko lembra que Tobias Monteiro foi conselheiro pessoal de Campos Sales em viagem de negócios à Europa (2003 [1983], p. 89).

SEGUNDA PARTE

O caso de Veríssimo entristeceu-me muito, e continua a entristecer-me. Coitado! Para que se meteu a ter brio com o Prudente [de Morais] e o Amaro [Cavalcanti][82]? Acho que o Rodrigues foi cruel e desumano. O caso não era para tanto, melhor seria ver nele os apertos de um pai de família que não ganha bastante para sustentá-la; e não passa de pretexto (ABREU, carta de 17/08/1901 apud BROCA, 1956, p. 221)[83].

Em carta a Oliveira Lima de janeiro de 1902, Veríssimo agradeceu as "boas expressões" do amigo em relação a seu "caso naquele jornal". Referia-se ao *Jornal do Commercio*, "que não precisa hoje mais que da colaboração do tesouro, da qual principalmente vive" (04/01/1902).

Pouco depois de fundado, o *Correio da Manhã* passou a ter como principal articulista Gil Vidal, pseudônimo do advogado Pedro Leão Velloso Filho[84], o primeiro editor-chefe do jornal e braço direito de Bittencourt. "O tato e a moderação" do jornalista, como o próprio *Correio* afirmou em edição comemorativa[85], teriam sido fundamentais para a consolidação inicial.

Em 9 de setembro de 1901, três meses depois de o jornal ter sido fundado, Vitorino, com presença sempre regular na "coluna nobre", escreveu um artigo sobre os primeiros sucessos do novo jornal: "Longe [...] estava [eu] de supor que essa iniciativa [...] se seguisse de êxito tão completo e excepcional". Bittencourt, de acordo com o ex-vice-presidente, havia sido bem-sucedido em diferentes campanhas nas quais se envolveu. Além do caso da Companhia de Bondes de São Cristóvão e da conseguinte crítica à violência policial, citou o caso "das carnes verdes e das mercadorias retiradas pelo presidente da República, sem o pagamento de

---

82 Foi ministro de Prudente de Morais e também era educador e professor do Pedro II.

83 A carta está disponível em *Correspondência* de Capistrano de Abreu, vol. I, Rio de Janeiro, Instituto Nacional do Livro, 1954.

84 "Permaneceu trabalhando na redação desse jornal [*Correio da Manhã*] até seu falecimento e esteve ao lado de Edmundo Bittencourt na defesa de muitas causas políticas, como no apoio à nomeação de Pereira Passos, em 1902, para a prefeitura da cidade do Rio de Janeiro, então Distrito Federal, na crítica ao governo federal pelo combate à Revolta da Vacina, em 1904, e na oposição ao senador gaúcho José Gomes Pinheiro Machado (1890-1915)". Dados disponíveis no dicionário de verbetes biográficos do CPDOC-FGV.

85 Ver em *Almanak do Correio da Manhã* de 1951, pp. 40-41.

direitos". O *Correio* havia denunciado as más condições das "carnes verdes" (ou frescas) vendidas na cidade e o monopólio envolvendo sua distribuição. Sempre com o título "escândalo", o caso começou a ser tratado a partir de 1º de julho de 1901 e teve grande impacto, ocupando incessantemente a primeira página do jornal por vários meses. Era uma questão delicada e nada nova: o próprio Rui Barbosa, quando diretor de *A Imprensa*[86], havia sido acusado de envolvimento em caso de corrupção da empresa responsável pela distribuição das carnes. Também houve respingos no editor-chefe do jornal, Leão Velloso Filho, igualmente advogado, que prestava serviços para a companhia de carnes e precisou afastar-se desta para se manter no jornal.

Sem estar preso à Revista Literária, Veríssimo conquistava liberdade para escrever sobre assuntos diversos e o fato de ser um jornal oposicionista beneficiava seu espírito crítico. Embora continuasse a tratar sobretudo de literatura, brasileira e estrangeira, alguns dos seus textos no período abordavam assuntos gerais. Em 21 de outubro de 1901, por exemplo, publicou "Catolicismo e República", no qual afirmava ver como contrassenso a retomada dessa religião no novo regime. Fazendo referência ao que dissera Afonso Celso no próprio *Correio* – que "a igreja de Cristo é monárquica" –, escreveu que o catolicismo não passava de "um simples fato histórico" e que à ideia de uma República católica preferia "a monarquia voltairiana, ou indiferente [em relação ao catolicismo], de d. Pedro II". O artigo lembrava que o imperador, anticlerical, manteve o catolicismo estacionário, embora fosse a religião oficial, ao contrário do que acontecia na República, onde apresentava crescimento, ainda que o regime se anunciasse leigo.

Em 16 de dezembro de 1901, Edmundo Bittencourt anunciou na primeira página, num breve texto intitulado "O Correio da Manhã" (no alto da quarta coluna), que a partir de 1º de janeiro de 1902 a publicação passaria a ter "o mais completo" serviço telegráfico, a única coisa que ainda lhe faltava. "Para isso, não havemos de medir esforço e sacrifício". Naquele dia, embarcaria no vapor *Cordillère* para Buenos Aires, onde ficaria o tempo necessário a

---

86 Sobre *A Imprensa*, de Rui Barbosa, ver Garzoni (2011).

SEGUNDA PARTE

TRINCHEIRA 3

fim de "estudar a organização dos grandes jornais platinos e contratar lá um serviço especial de informações sul-americanas". No texto, fazia um balanço rápido dos primeiros sete meses e não deixava de alfinetar o *Jornal do Commercio*, o primeiro a saudar uma "vergonhosa mensagem" que Campos Sales apresentara em maio ao Congresso. A imprensa do Rio havia de forma unânime transformado "a miséria e os clamores do povo, em aplausos e aclamações ao *senhor* Campos Sales". Tratava-se, de acordo com Bittencourt, "de uma mentira dolorosa e ultrajante sobre a situação do país", fator decisivo para que tivesse se decidido a criar o jornal. As tiragens iniciais, de cinco mil, haviam chegado logo a 20 mil exemplares diários.

O sucesso, escreveu ainda o proprietário, podia "ser apreciado quando se toma um trem, um bonde e em todas as mãos se vê o *Correio da Manhã*". Se no início o jornal possuía cunho muito individual, vivendo "na pessoa do seu diretor", "hoje [...] representa a alma e o pensamento popular", perdendo o tom pessoal. Encerrava observando que sua "glória é ser a tribuna, prestigiada e livre, de onde falam e são escutados pelo povo, homens superiores, como Manuel Vitorino, Vieira Souto, Américo Werneck, Souza Bandeira, Medeiros e Albuquerque, José Veríssimo, Pedro Tavares e tantos outros!"[87] O artigo de fundo mantinha-se como sustentação de prestígio e apoio à publicação

No mesmo 16 de dezembro de 1901 em que se anunciou a viagem de Bittencourt, Veríssimo assinou um artigo na primeira página, no espaço principal, intitulado "A Espanha por um espanhol", em que comentava um artigo na *Revue*, "antiga *Revue des Revues*"[88]. No texto sobre o livro *Espanha intelectual*, de Fray Candil, aproveitava para dar seu recado: "A [...] vigorosa pintura da sua pátria [...] é feita sem nenhum dos preconceitos patrióticos,

---

87 O nome de Carlos de Laet e de outros colaboradores identificados com as ideias monárquicas não é citado. Na edição de 3 de março de 1902, com o título "Garotos", pode-se ler uma nota informando que Laet já não colaborava no jornal e atuava em outro veículo. Assim começava o texto: "No *Correio da Manhã* há um nome – é o de Edmundo Bittencourt. Na folha onde escreve o *senhor* Laet – quando é preciso – não há nenhum./ Aqui há um homem, à sombra de cuja intrepidez e desassombro se abrigou muita vez, em dias marulhosos, a pena agressiva e azeda do senhor Laet".

88 Trata-se de *La Revue des Revues*, que abordamos no "retrato" sobre a *Revista Brasileira*. O nome teria mudado em 1900.

TRINCHEIRAS DA CRÍTICA LITERÁRIA

nem as tergiversações equívocas dos que pensam que se não pode servir o seu país sem mentira ou disfarce". Embora muitos pudessem considerar o autor espanhol um impatriota, Veríssimo observava que não era o caso.

Em 18 de fevereiro, no artigo "Franklin Távora e a 'Literatura do Norte'", sobre três livros do autor reeditados pela Garnier[89], voltou ao assunto da identidade nacional. No entanto, antes da análise de suas ideias, homenageou o escritor cearense (que viveu em Pernambuco e no Rio), morto em 1888, seu amigo e apoio para que se tornasse conhecido na capital, quando Veríssimo ainda vivia no Pará. Também foi uma inspiração para sua atuação na *Revista Brasileira*:

> Franklin Távora é uma das mais queridas e saudosas recordações da minha vida literária. Fomos amigos, desses amigos, porém, que nunca se viram, nem se conheceram, sequer de retrato. Nos poucos anos em que infelizmente duraram as nossas relações, que de puramente literárias ao princípio, haviam passado natural e insensivelmente a pessoais, e que a sua morte prematura e inopinada intempestivamente cortou, correspondemo-nos assiduamente. Era então o período de sua maior atividade, nos anos 80, quando ele dirigia e dava o melhor de si à *Revista Brasileira*, fundava a gorada Sociedade de homens de letras do Brasil, e procurava, entrando para o Instituto Histórico, e como seu orador, dar vida nova e movimento à senil e respeitável associação. As suas cartas são documentos interessantes para a vida literária da época, aqui no Rio de Janeiro [...] (VERÍSSIMO, *Correio da Manhã*, 18/02/1902, p. 1).

À tese sustentada por Távora, de que o Norte seria mais autenticamente brasileiro por preservar elementos mais primitivos na sociedade, sem as levas de imigrantes, Veríssimo objetava que o contato com os estrangeiros não impediria o Sul de ser menos brasileiro, ainda que com uma nova feição. O Brasil primitivo – "que segundo um conceito romântico devia ser a base imutável da nossa nacionalidade" – também tenderia a desaparecer, mesmo que

---

89   Os livros reeditados foram *O Cabeleira*; *O matuto*; e *Lourenço*.

isso levasse tempo. "Que o Brasil é um país mestiço e de mestiços é uma verdade por todos os que o tem estudado". Não obstante, completava: "Mas se o Brasil foi, e ainda é isso, [...] não pode ser só isso". Essa mudança se devia a três fatores: o português já não podia contribuir com grandes fluxos migratórios; os índios estavam sendo extintos, com contingente cada vez menor fora da Amazônia e dos estados do centro-oeste; e a presença do negro, especialmente com o fim da escravidão, tenderia a diminuir – "a cooperação do negro é cada dia mais escassa". Com a imigração, "uma nova educação, outras ideias, novas tendências, necessidades diversas virão ajudar e apressar" as mudanças. Veríssimo atribuía a posição do escritor a um "bairrismo" e a um "irredutível provincianismo do meu saudoso Távora".

Naquele mesmo dia, Machado de Assis lhe enviou uma carta para elogiar o artigo. Dizendo não saber se teria tempo de encontrá-lo na Garnier, resolveu antecipar o que "diria de viva voz":

> Toda aquela questão da literatura do Norte está tratada com mão de mestre. Tocou-me o assunto ainda mais, porque eu, que também admirava os dotes do nosso Franklin Távora, tive com ele discussões a tal respeito, frequentes e calorosas, sem chegarmos jamais a um acordo. A razão que me levava não era somente a convicção de ser errado o conceito do nosso finado amigo, mas também o amor de uma pátria intelectual una, que me parecia diminuir com as literaturas regionais. Você sabe se eu temo ou não a desarticulação desse organismo; sabe também que, em meu conceito, o nosso mal vem do tamanho, justamente o contrário do que parece a tantos outros espíritos. Mas, em suma, fiquemos na literatura do Norte, e no seu artigo. Consinta-me chamar-lhe suculento, lógico, verdadeiro, claramente exposto e concluído; e deixe-me finalmente compartir um pouco das saudades de brasileiro e romântico, *comme une vieille ganache*, diria o nosso Flaubert[90]. Até logo ou depois, Velho amigo
> Machado de Assis (ASSIS, 2012, carta de 18/02/1902, p. 120).

---

90 A nota na correspondência de Machado afirma que em carta a "George Sand [...] Flaubert [...] se despede: *'Votre vieille ganache romantique et libérale vous embrasse tendrement'* ('Seu velho tolo romântico e liberal beija-a carinhosamente')" (in: ASSIS, 2012, p. 120).

4.2 Aranha, companheiro inestimável

Não demoraria para que, depois da crítica aos livros de Franklin Távora, a questão da relação da literatura com a identidade nacional voltasse à tona. Na edição de 10 de maio de 1902, Veríssimo escreveu crítica a *Canãa*, romance de Graça Aranha lançado pela Garnier. Não foi o primeiro a tratar da obra, embora pudesse ter sido, pois o autor, sendo um de seus melhores amigos, já lhe havia antecipado trechos e enviado o livro em separado, antes da chegada das caixas de Paris (Garnier impusera regras para que nada fosse divulgado antes de os livros estarem nas livrarias brasileiras). Em carta a Veríssimo, Aranha destacou que a obra foi "feita sob a inspiração da nossa profunda amizade", buscando "traduzir o que nós ambos sentimos" (apud AZEVEDO, p. 29). Portanto, o crítico, que estimulara o autor a concluir seu trabalho, pôde pensar muito antes de assinar seu texto na imprensa. Chegou a conversar a respeito com Machado de Assis, com quem comentou em 9 de abril de 1902: "Você verá que é um livro soberbo, e vingativo dos que, como nós, não podíamos aturar os 'novos' não por serem 'novos' mas por não terem talento" (in: ASSIS, 2012, p. 128). O Veríssimo que exaltava os "novos" havia completado 45 anos exatamente na véspera dessa carta a Machado – e nela reclamava, em tom de brincadeira, que o amigo não lhe felicitara pelo aniversário.

Machado concordou com o crítico em carta de 21 de abril: "[...] é realmente um livro soberbo e uma estreia de mestre. Tem ideias, verdade e poesia; paira alto. Os caracteres são originais e firmes, as descrições admiráveis. Em particular, – de viva voz, quero dizer – falaremos longamente". Na mesma carta, com *post scriptum* acrescentado em 22 de abril, também elogiava Veríssimo pelo artigo publicado naquele dia no *Correio* sobre Victor Hugo (em texto que abordava um volume francês organizado por Ferdinand Brunetière com aulas dadas pelo escritor romântico).

Canãa surgiu no mesmo ano em que Euclides da Cunha estreou na literatura com *Os Sertões*. Em muitas análises, as duas obras costumam ser associadas. Tendo pontos em comum, desde a linguagem baseada em premissas científicas até o debate sugerido sobre a nação, voltando-se os dois para o interior do país, seriam um o oposto do outro. Botelho afima que *Canaã* seria "o antípoda" do livro de Euclides "sobretudo pela visão ufanista que apresenta do Brasil já sugerida no título" (2004, p. 166). Apesar da história trágica que narra envolvendo a comunidade de imigrantes alemães – inspirada na experiência de Aranha como juiz municipal no Espírito Santo –, a percepção geral seria de otimismo em relação ao país (esta pelo menos teria sido a intenção de Graça Aranha), ainda que com uma nota de ambiguidade.

Araripe Júnior teria sido dos poucos que não concordaram com a ideia de otimismo. Numa carta que enviou a Aranha, em 1905, disse ser um livro pessimista, não quanto "à significação simbólica do final, e sim ao fato de o romance 'ter dado do Brasil uma sensação de safadeza generalizada'", com a qual não concordava (apud AZEVEDO, p. 63). Na carta, contou ter imaginado fazer esse comentário com Aranha numa "palestra à porta do Garnier, vez por outra cortada pelos chistes de Machado de Assis, as observações históricas de João Ribeiro, a ironia de José Veríssimo".

Ao se observar a trajetória de Veríssimo do ponto de vista do jornal, a associação de *Canaã* com *Os Sertões* ganha um sentido suplementar: os dois livros foram analisados por ele no mesmo espaço, com um relativamente curto intervalo de tempo. No artigo de 10 de maio de 1902 intitulado "A Terra da Promissão", anunciou aos leitores:

> [...] estreia, como não nos lembra outra na nossa literatura, é a revelação [...] de um grande escritor. Novo pelo tema, novo pela inspiração e concepção, novo pelo estilo, *Canaã* é a primeira e única manifestação benemérita de apreço das novas correntes espirituais e sociais, que por toda parte estão influindo na literatura e na arte. [...] esse é o primeiro romance do seu gênero do Brasil e em Portugal. [...] entra na [categoria] dos romances sem enredo, que formam a grande maioria na literatura contemporânea. [...] Graça Aranha é a união difícil, mas nele íntima e perfeita, do mais alto idealismo com o mais vivo realismo (VERÍSSIMO, *Correio da Manhã*, 10/05/1902).

Os dois imigrantes alemães que buscam estabelecer-se plantando café representariam, na figura do "frio" Lentz, segundo

TRINCHEIRAS DA CRÍTICA LITERÁRIA

Veríssimo, "a força do triunfo" ou "a veneração dos fortes ensinada pelos Nietzsches", ao passo que o protagonista Milkau seria "pelo Amor", à procura de "um lugar de paz e de repouso". O primeiro indicaria o mal, e o outro o bem. Nas conjecturas apresentadas em seus diálogos, incertos quanto ao futuro quando chegam ao país, Aranha expõe uma série de teses sobre raças, a partir de premissas positivistas. Lentz atuara como crítico literário na Alemanha, embora a imprensa o houvesse desgastado. Ao contrário de Milkau, ele não apreciava o trabalho com a terra nem se impressionava com a exuberância da paisagem, mas nem por isso abriu mão da lavoura no solo brasileiro. Já seu compatriota preferiu arriscar-se no amor e na solidariedade, deixando a terra para rumos incertos e – como desejava Aranha – esperançosos.

O fato de o escritor escolher personagens alemães como símbolo da possibilidade de transformação do país não era gratuito: Aranha havia estudado Direito em Recife com o germanista Tobias Barreto, a quem considerava o maior pensador brasileiro, como afirmará em suas memórias inacabadas, escritas em 1931, no ano de sua morte. Barreto também foi o mestre de Sílvio Romero – e Veríssimo nunca se cansará de criticar uma influência germânica excessiva que via a partir deste, em sua opinião mal-assimilada.

No entanto, não havia apenas elogios na análise de Veríssimo sobre *Canaã*. O crítico – como viria a observar em relação a *Os Sertões* – teceu restrições à linguagem do romance (sendo este um tópico sempre questionado em suas críticas):

> [...] há superabundância, riqueza excessiva, viço demasiado. Há nelas [nessas páginas] exuberância de ideias, de imaginação, de seiva enfim, que dariam para muitos livros, mas a exuberância é o vício dos fortes, e abençoados os defeitos que apenas são o exagero das qualidades. Estou que em outros livros esses mesmos desaparecerão, quando o *senhor* Graça Aranha houver atingido totalmente aquele momento de repouso e simplicidade que era para Goethe a condição da beleza. Também à sua língua, com todas as qualidades de pitoresco, de animação, de vida a fazem já um admirável instrumento de expressão, talvez falte ainda a firmeza, a segurança impecável do vocabulário e da composição. Nem todos os episódios

183

se ajustam perfeitamente à ação principal do romance ou sequer ao fato geral que ele apresenta. [...] Numa análise particular da arquitetura do livro acaso seriam ainda possíveis outros reparos, mas contemplada a fábrica do seu conjunto, e é como deve ser vista a obra de arte, a impressão é de uma beleza sólida (VERÍSSIMO, *Correio da Manhã*, 10/05/1902).

Da Europa, Graça Aranha não ficou indiferente às palavras de Veríssimo. Em carta que lhe enviou pouco depois, datada de 31 de maio (acervo da Academia Brasileira de Letras), afirmou ter sido, de todas as resenhas escritas na época, a que melhor compreendeu a obra. "Estou esmagado sob o peso do teu magnânimo artigo. É a consagração de que me devaneio mais. [...] Vejo que tu compreendeste perfeitamente o meu pensamento e que reajustaste as infundadas objeções que por ventura me fazem". Mas Graça Aranha também se defendeu das críticas que Veríssimo lhe havia dirigido. Afirmou não ser por índole um escritor correto. Em vez de rebuscar o arcaísmo, disse preferir adotar formas e expressões correntes, mesmo estrangeiras, mas de compreensão geral das línguas. Se, de acordo com Azevedo (2002), as críticas de Veríssimo foram leves, isso não teria impedido certo abalo na relação entre o crítico e o escritor.

Antes de 1902, pode-se ler na correspondência de Veríssimo a Oliveira Lima uma série de referências carinhosas e entusiasmadas a Graça Aranha. Em momento de saudade, o crítico dizia ter recebido na véspera carta de Aranha em que este lhe contava da falta que Oliveira Lima começava a fazer na Europa: "Tenho certeza, porém, que as saudades serão recíprocas. O meu Aranha é um companheiro inestimável e a sua ausência começa verdadeiramente a me ser insuportável. Eu lhe quero como a uma mulher amada" (carta de 11/02/1901). Embora a correspondência de Veríssimo com o futuro modernista tenha continuado pelo menos até 1907, segundo os dados disponíveis no acervo da ABL, nessa fase, longo após a publicação de *Canaã*, não teriam mantido um diálogo epistolar tão intenso.

Em carta ao crítico de 16 de julho de 1902 (acervo da ABL), Sylvio Gurgel do Amaral, que também era diplomata e compartilhava com ambos a amizade, mencionou o texto sobre *Canaã*. A carta vinha de Londres com papel timbrado do corpo diplomático: "[...] O nosso amigo Graça está, como ele próprio diz, acabrunhado pela glória. Li o artigo seu no *Correio da Manhã* sobre o *Canaã* e sua amorosa carta ao autor vitorioso[91]. Que bela obra!". Contou que possivelmente Graça Aranha precisaria ser enviado em missão a Roma e, no fim da breve carta, observou:

> Por aqui fico ao seu dispor. Sei que tem no Graça um amigo certo e pronto para tudo; mas poupa-o um pouco, usando do meu préstimo com largueza. Se precisar de um livro, de uma revista ou de uma informação dirija-se a mim; terei grande prazer em servi-lo como tenho em confessar-me (AMARAL, carta a Veríssimo, 16/07/1903).

Seria tão somente a iminente mudança o que levava Amaral a pedir que Veríssimo "poupasse" Aranha? Sempre foram difíceis as redes de conciliação em que se movia o crítico. O trecho também o mostra como ávido leitor das novidades europeias, fazendo uso de seus amigos no exterior: como estabelecer, afinal, o circuito de troca de informação para manter-se um crítico literário atualizado e influente?

Mesmo assim, passada essa maré, Aranha teria ajudado Veríssimo a conseguir colocação para um de seus filhos na administração pública (o que se lê a partir da correspondência disponível na ABL para essa fase). Numa carta a Mário de Alencar, diria que Aranha "me é um outro eu" (31/05/1905, acervo da ABL). Em 1906, quando o crítico intensificou o tom de suas críticas às intenções imperialistas dos Estados Unidos no continente, a poucos meses da realização da conferência pan-americana de 25 de julho no Rio, lamentou que teria de discordar "nesta história de política americana com o Nabuco, o Rio Branco e, o que me pesa muito mais, o Aranha, todos três *emballés* pelos Estados Unidos. Cada vez me sinto mais avesso a uma tal política que me afigura perigosa para o nosso país" (carta de 21/02/1906). A delegação brasileira na conferência foi chefiada por Nabuco, que em 1905 havia se tornado o primeiro embaixador do Brasil nos Estados Unidos. A carta era

---

91   Não é uma carta conhecida.

SEGUNDA PARTE

endereçada de Petrópolis, onde Veríssimo passava férias com a família em casa obtida por intermédio de Aranha. Aquela foi a última vez na correspondência com Oliveira Lima (a qual se intensificaria depois da morte de Machado) em que Veríssimo falaria de forma plenamente amistosa do querido amigo. Numa carta sem data, embora se possa presumir que seja da época da candidatura do general Dantas Barreto à ABL, por volta de 1910, Veríssimo pedia a Mário de Alencar que escrevesse a Aranha para que ele não votasse no militar: "Não o faço porque as minhas relações epistolares com ele [Aranha] estão rotas".

Há um rápido trecho evocativo da cisão que se mostraria significativa para Veríssimo (e Graça Aranha). Em uma das muitas cartas em que comentam sobre as eleições para a ABL, o crítico pediu a Oliveira Lima votos para Vicente de Carvalho, que se candidatava à vaga de Artur Azevedo e acabou sendo eleito. "É um excelente candidato, mesmo absolutamente, e incomparavelmente superior ao crápula do Emílio de Menezes, que também se apresenta recomendado aliás... adivinha por quem? pelo Aranha, agora no afã de lisonjear os moços" (31/10/1908; a palavra "crápula" estava sublinhada pelo autor no original).

Anos depois, quando resolveu se desligar da ABL (já totalmente identificado com os "moços"), Graça Aranha certamente se lembrou do antigo amigo, a quem fez menção indireta na carta de 18 de outubro de 1924: "Poderia afastar-me sem explicações, como outros já fizeram por motivos pessoais, num gesto de desdém por esta instituição. A atitude que tomo, porém, é de ordem geral e deve ser explicada" (in: MONTELLO, 1994, pp. 135-136) [92]. Sem dar maiores explicações, de fato, Veríssimo abandonou a ABL em 1912. Ou seja, por razões diversas, os dois acabaram dando esse passo comum: causaram grande repercussão ao romper com a Casa que haviam ajudado a fundar.

---

92 Em 3 de julho de 1924, Graça Aranha apresentou um projeto de reforma à ABL, que incluía a sugestão para que a instituição fizesse um dicionário brasileiro de língua portuguesa incorporando vocábulos e frases de "brasileirismos". O projeto não foi aceito, com parecer de Mário de Alencar.

4.3 *Os Sertões* e a guerra da linguagem

Naquele maio de 1902, quando Veríssimo publicou a crítica a *Canaã*, o *Correio da Manhã* estava prestes a completar um ano. Edmundo Bittencourt e os diretores de jornais concorrentes digladiavam-se em denúncias de uso suspeito de dinheiro. O dono do *Correio* vinha a público explicar com que recursos fizera uma recente viagem à Europa. Quando no exterior, tinha sido alvo de acusações e as piores partiram da *Gazeta do Comércio*, o novo jornal para o qual Carlos de Laet se mudara a fim de colaborar nos artigos de fundo. O editor-chefe da publicação recém-fundada, Joaquim de Mattos Faro, chegou a pedir demissão por não ter como provar o que se afirmava. Mas também o *Jornal do Commercio,* principal alvo da ira do *Correio*, na figura de João Carlos Rodrigues, e o *Jornal do Brasil,* de Fernando Mendes, não poupavam críticas. No entanto, sem desistir de bater nas mesmas teclas, Edmundo Bittencourt conseguiu fazer vingar sua folha, que, segundo Sodré, contribuiu para a derrocada da "velha República". Aos poucos, firmando-se como empresa, o *Correio* se consolidou como "veículo dos sentimentos e motivos da pequena burguesia urbana, em papel dos mais relevantes" (SODRÉ, 1999, p. 287). Os mútuos ataques pessoais faziam parte da cultura política do momento. "Tudo se personaliza e se individualiza", comentou Sodré (1999, p. 277), donde a virulência da linguagem da imprensa política, contrastando com o servilismo.

Um dos fatores para a popularidade do *Correio* teria sido justamente sua linguagem direta e salpicada de recursos dramáticos e romanescos – como vimos no caso dos bondes. Comparado a Rui Barbosa, seu "mestre", como Bittencourt a ele se referia, a linguagem que adotava em suas "campanhas" era mais simples, sem as voltas eruditas e as citações aos autores estrangeiros. A empatia foi rápida com o leitor médio. Em *A Imprensa* de Rui Barbosa, havia um contraste ou até uma tensão entre a linguagem utilizada pelo seu diretor e aquela mais corriqueira de outras seções, especialmente a das notícias policiais. Já no *Correio da Manhã*, Bittencourt, ao contrário, incorporava a linguagem mais popular: "Em relação à composição do jornal como um todo, Rui Barbosa parecia condenar o 'sensacionalismo' e o 'culto ao escândalo', na mesma medida em

SEGUNDA PARTE

que Bittencourt buscava incentivá-los" (GARZONI, 2011). No dia 30 de abril de 1902, pode-se ler na primeira página do *Correio* o seguinte trecho sobre uma manifestação de rua (a expressão "comedor" referia-se aos corruptos e, neste caso, também fazia alusão aos escândalos das "carnes verdes"; o termo "açougueiro" dirigido a Fernando Mendes seria uma referência pejorativa à sua posição no caso):

> A multidão prorrompe em aplausos e aos gritos: *Abaixo os comedores! Viva o Correio da Manhã! Viva o doutor Edmundo Bittencourt!* dirigiu-se à rua do Ouvidor parando em frente à *Gazeta do Comércio*, onde prorrompeu em estrepitosa assuada, bradando: *Abaixo o Mattos Faro! Abaixo os bandidos e os miseráveis! Viva o Correio da Manhã!*
>
> Daí, continuou a massa popular a descer a rua do Ouvidor. Passando pela redação da *Tribuna* vaiou esse jornal com os gritos de: *Fora os comedores!*
>
> Para depois o povo em frente ao *Correio da Manhã*, vitoriando-se ao seu diretor, que se achando ausente em sua residência, não pode pessoalmente agradecer, o que foi feito, em seu nome, pelo nosso companheiro Rafael Pinheiro.
>
> Bradando: *Viva o Correio da Manhã! Viva o jornal independente! Viva o doutor Edmundo Bittencourt!* tomou a multidão a rua Gonçalves Dias.
>
> Ao enfrentar o *Jornal do Brasil* prorrompeu numa vaia estridente. Assobios e gritos de: *Fora o açougueiro! Fora os comedores!* ouviram-se durante alguns minutos até que um indivíduo, saindo daquele jornal, e no intuito de libertá-lo da vaia, convidou o povo, em altas vozes, a se dirigir ao Catete (*Correio da Manhã*, 30/04/1902, p. 1).

Nesse velho oeste jornalístico, Veríssimo escreveu uma das principais críticas de sua carreira: "Uma história dos sertões e da campanha de Canudos", no dia 3 de dezembro de 1902, uma quarta-feira, o primeiro texto da imprensa sobre o livro de Euclides da Cunha, publicado na primeira página do *Correio*. Não foi uma crítica qualquer. A começar pelo grande espaço que ocupou, aspecto que certamente deve ter chamado atenção do leitor, por não ser habitual tanto destaque. Foram três colunas e meia sobre o livro, no dia seguinte de sua chegada às livrarias[93].

---

93 Nascimento (2003) e Botelho (2004) afirmam que a crítica de Veríssimo foi publicada

TRINCHEIRAS DA CRÍTICA LITERÁRIA

A história de Veríssimo com *Os Sertões,* entretanto, havia começado bem antes daquela data. A *Revista Brasileira* – assim como acontecera com *Canaã,* de Graça Aranha, e *Um estadista do Império,* de Joaquim Nabuco, entre outros – antecipou um longo trecho no 19º tomo, o último da fase em que Veríssimo a dirigiu, em 1899. A publicação serviu, como nos outros casos, de plataforma de teste[94]. Ao buscar editor, também encontrou os préstimos de José Veríssimo. Em carta a Francisco de Escobar, de 25 de dezembro de 1901, Euclides, escrevendo de Lorena (SP), anunciou que assinara contrato com a casa Laemmert e havia contado com a apresentação de Veríssimo[95].

> Falemos de outa coisa. Estive no Rio. E lá deixei entregue ao Laemmert, os meus *Sertões* – título que dei ao livro que aí te li em parte. O contrato que fiz, não precisava dizer, foi desvantajoso – embora levasse à presença daqueles honrados saxônios um fiador de alto coturno, José Veríssimo – de quem sou hoje devedor, pela extraordinária gentileza com que me tratou. Subordinei-me a todas as cláusulas leoninas que me impuseram, e entre elas a de dividir com eles – irmãmente pela metade, os lucros da publicação – e isto ainda depois que a venda os indenizasse do custo da impressão. Aceitei. No entanto me garantiram no Rio que ainda fiz bom negócio – porque hoje só há um animal [a] quem o livreiro teme, o escritor! Por uma das cláusulas, sairá à luz, em fins de abril do [ano] vindouro (CUNHA, 25/12/1901, in: GALVÃO; GALOTTI, 1997, p. 129).

O papel de Veríssimo para que a obra fosse publicada – embora os documentos disponíveis hoje não deixem dúvida de que tenha sido

---

no "rodapé" do *Correio da Manhã,* o que não era o caso.

94 Olímpio de Souza Andrade (2002) conta sobre outros dois trechos antecipados no jornal *Estado de S. Paulo,* um em 19 de janeiro de 1898 e outro em 25 de fevereiro de 1900 (ver p. 261 e p. 330). Euclides havia escrito para o *Estado* reportagens sobre o conflito em Canudos que originaram a obra.

95 Alberto Venancio Filho diz que um amigo de São Paulo, Garcia Redondo, escreveu a Lúcio de Mendonça pedindo que este apresentasse Euclides da Cunha a Gustavo Massow, da Laemmert (2002, p. XII). Ver *Euclides da Cunha e seus amigos* (1938), de Francisco Venancio Filho. Mesmo com a indicação de Lúcio e o aval de Veríssimo, o autor pagou do próprio bolso metade dos custos da edição, um conto e 500 mil-réis, quase o dobro de seu salário como engenheiro da Superintendência de Obras Públicas do Estado de São Paulo (VENTURA, 2002, p. 10).

SEGUNDA PARTE

decisivo – começou a ser reconhecido somente faz poucos anos. A reconstituição de Ventura (2003) foi importante para juntar partes do quebra-cabeça. Esse feito da terceira "trincheira" foi, como nas anteriores, por diferentes motivos, escamoteado pelo próprio crítico, que em textos posteriores e em cartas não escondia sua falta de admiração pela prosa de Euclides e acreditava que *Os Sertões* acabaria esquecido. Ao ajudar o escritor – o que viria a fazer ainda em outras ocasiões –, Veríssimo passou por cima de suas diferenças em relação à obra, que se referiam sobretudo ao estilo. Seu texto no *Correio* não deixava dúvida de que a considerava importante para o conhecimento da realidade brasileira. E isto, como já se destacou a propósito de sua atuação na *Revista Brasileira*, era uma das suas frentes de batalha.

> Ele [Euclides da Cunha] conhece e compreende bem o fenômeno de ordem sociológica e psíquica que foi, para dizer em uma palavra, Canudos, e o seu livro tem o grande mérito de clareá-lo para os que ainda de boa-fé pudessem ter dúvidas, e esclarecê-lo melhor para os que, desde o primeiro dia, não viram nele senão um produto natural do sertão, e que apenas em proporções e intensidade se diferenciava de centenares de outros semelhantes que o antecederam.
>
> Mas no Brasil o que menos se sabe e se estuda é o Brasil, o que não quer dizer que se saiba e se estude o estrangeiro, ao menos tanto quanto se supõe. Explicando o caso de Canudos, dá o senhor Euclides da Cunha exemplos de outros da mesma espécie (VERÍSSIMO, *Correio da Manhã*, 03/12/1902, p. 1).

Os leitores reagiram como raio. As vendas dispararam com a repercussão, como o editor Gustavo Massow contou em carta a Euclides: em oito dias, foram vendidos cerca de 600 exemplares, mais da metade da edição, a dez mil-réis cada um. Antes da divulgação na imprensa, a Laemmert não havia conseguido vender o calhamaço de 600 páginas nem para sebos, lamentara o editor em outra carta, dizendo-se arrependido de tê-lo editado. De volta a Lorena, Euclides recebeu as duas cartas ao mesmo tempo – por sorte, abriu primeiro aquela que trazia as boas novas (ver VENTURA, 2003 e 2002). *Os Sertões* tornou-se o título mais célebre da Laemmert, com três edições em apenas três anos, de 1902 a 1905. A primeira se esgotou em

TRINCHEIRAS DA CRÍTICA LITERÁRIA

RACHEL BERTOL

cerca de dois meses e rendeu saldo de dois contos e 200 mil-réis, dos quais Euclides lucrou 700 mil-réis (VENTURA, 2002, p. 11).

João Alexandre Barbosa (1974) cita sua crítica a *Os Sertões* como relevante (e até emblemática), mas não destaca sua primazia; chega a afirmar que não foi a primeira a ser publicada na imprensa. Observa até que Veríssimo se teria beneficiado de escrever sua crítica "meses depois" da publicação do livro, podendo assim incorporar questões que já estavam sendo debatidas nos jornais – mas deu-se justamente o contrário: foi ele quem forneceu subsídios para comentários subsequentes na imprensa. Assim afirma Barbosa: "[...] escrevendo o seu artigo poucos meses depois da publicação do livro, já conseguia registrar alguns aspectos que, mais tarde, seriam incorporados, como *faits accomplis*, à bibliografia de Euclides da Cunha" (1974, p. 166).

Essa primazia, portanto, não teve apenas importância cronológica. Além de ter tido impacto decisivo e rápido na opinião pública, Veríssimo abriu com seu texto no *Correio* uma série de questões rebatidas e/ou retomadas em análises posteriores na imprensa da época e que ainda hoje suscitam questionamentos. Uma delas refere-se à linguagem da obra – ou seja, por motivos diferentes, voltou ao mesmo tópico com que tanto incomodara seu dileto amigo Graça Aranha.

> Em uma palavra, o maior defeito do seu estilo e da sua linguagem é a falta de simplicidade; ora, a simplicidade que não exclui a força, a eloquência, a comoção é a principal virtude de qualquer estilo. Mas este defeito é de quase todos os nossos cientistas que fazem literatura, até mesmo de alguns afamados escritores nossos, que mais sabem a língua, é quase um vício da raça, o qual no *senhor* Euclides da Cunha, por grande que seja, não consegue destruir as qualidades de escritor nervoso e vibrante, nem sobretudo, o valor grande do seu livro (VERÍSSIMO, *Correio da Manhã*, 03/12/1902, p. 1).

Introduziu o livro aos leitores como sendo de "um homem de ciência, um geógrafo, um geólogo, um etnógrafo; de um homem de pensamento, um filósofo, um sociólogo, um historiador; e de um homem de sentimento, um poeta, um romancista, um artista". Ao detectar nele o romancista, fez objeções à falta de simplicidade no estilo e no vocabulário, com o uso de neologismos e de arcaísmos, e à linguagem científica e abstrata. No entanto, reconhecia: era um "estilo enfático, abstrato, mas que, sente-se, é naturalmente o seu, e não uma postura". No conjunto de textos escritos por Veríssimo para a imprensa ao longo de sua carreira, a crítica a *Os Sertões* situa-se entre os que mais trazem transcrições da obra apreciada. Assim, apesar das ressalvas, apresentou aos leitores justamente o estilo do autor e algumas das suas "belas páginas", como disse, justificando seus "garbos". Foi certeiro ao pinçar, bem no início do seu artigo, um trecho que se tornou popularmente conhecido: "O sertanejo é, antes de tudo, um forte. Não tem o raquitismo exaustivo dos mestiços neurastênicos do litoral. A sua aparência, entretanto, ao primeiro lance de vista, revela o contrário. Falta-lhe a plástica impecável, [...] a estrutura corretíssima das organizações atléticas".

A tensão entre arte e ciência, que Veríssimo destacou em relação à prosa euclidiana, viria a tornar-se um dos tópicos mais debatidos sobre *Os Sertões*. Na visão de Moreira Guimarães, em textos publicados em março e fevereiro de 1903 no mesmo *Correio da Manhã*[96] (quando Veríssimo tinha recém-deixado de colaborar com o jornal), *Os Sertões* seriam sobretudo obra da imaginação, "mais do poeta e do artista que do observador e do filósofo". Seu objetivo era "isentar a República da denúncia euclidiana do crime cometido nos sertões" (NASCIMENTO, 2003, p. 11). Sílvio Romero, no discurso com que recebeu Euclides da Cunha na ABL, em 1906, criticou esse ponto de vista – mas sua metralhadora giratória fixava-se especialmente em Veríssimo.

> Mas cumpre dizer-vos [a Euclides da Cunha], nada deveis à crítica indígena; porque ela não vos compreendeu cabalmente. Tomou o vosso livro por um produto meramente literário [...]. Viu nele apenas as cintilações do estilo, os dourados da forma, e, quando muito,

---

96 José Maria Moreira Guimarães era engenheiro militar, como Euclides da Cunha, a quem conhecia desde a juventude. Os textos que escreveu sobre *Os Sertões*, no *Correio da Manhã*, datam de 3-4 de fevereiro e de 4 e 7 de março de 1903 (ver NASCIMENTO, 2003, p. 87).

TRINCHEIRAS DA CRÍTICA LITERÁRIA

considerou-o ao demais como uma espécie de panfleto de oposição política [...]. Vosso livro não é um produto de literatura fácil, ou de politiquismos irrequietos. É um sério e fundo estudo social do nosso povo (ROMERO apud NASCIMENTO; FACIOLI, 2003, p. 137).

O discurso foi publicado pelo próprio Sílvio Romero em 1907, na cidade do Porto, em Portugal, com uma "dedicatória" especial a José Veríssimo: "famoso crítico terra-a-terra, que jamais teve, certo, a ousadia de formular duas ideias teóricas; [...] ídolo de todas as mediocridades [...]" (apud NASCIMENTO, 2003, p. 21). Nesse mesmo ano, escreveu seu opúsculo *Zéverissimações ineptas da crítica*, publicado em 1909. Quando proferiu seu discurso na ABL, todavia, também acabou gerando certo "politiquismo irrequieto", pois na plateia se encontrava o presidente da República, Afonso Pena (a posse de Euclides ocorreu em 18 de dezembro de 1906, e o presidente, por sua vez, havia tomado posse de seu cargo dois dias antes). Romero fez uma dura crítica à República, tomada por ele como "um desvio conservador", responsável por restabelecer oligarquias nos estados, com "governichos criminosos". De acordo com Nascimento, esse discurso estabeleceu "uma espécie de marco extremo na crítica ao regime republicano" (2003, p. 13). Causou constrangimento geral: desde então, todos os discursos da ABL passaram a ser submetidos a uma espécie de "censura prévia". Nele, também reproduziu trecho de texto de 1900 sobre Tobias Barreto, em que havia destacado "o bando de ideias novas que esvoaçou sobre nós de todos os pontos do horizonte" nos anos 1870.

José Veríssimo, embora tenha dado ênfase a aspectos literários em sua análise de *Os Sertões*, não deixou de observar que o livro fora escrito com "vingadora veracidade". Com sua profunda aversão ao militarismo, afirmou:

A guerra de Canudos é para o *senhor* Euclides da Cunha um crime. A campanha em si, parece-me, pareceu-me desde o primeiro dia, como diria Tayllerand, mais do que um crime, um erro, um erro crasso e imperdoável [...]. Crime ou crimes haverá apenas nos tristíssimos sucessos do cerco final, conforme os conhecíamos pela divulgação oral,

Correio da Manhã

Director — EDMUNDO BITTENCOURT

Anno II — N. 536 — RIO DE JANEIRO—QUARTA-FEIRA, 3 DE DEZEMBRO DE 1902 — Redacção — Rua Moreira Cesar n. 117

Em três colunas e meia (do alto a partir da esquerda), a crítica de Veríssimo a *Os Sertões*, de Euclides da Cunha, em 3 de dezembro de 1902.

ou por algum escrito de pouco valor, e os narra agora, com vingadora veracidade o autor de *Os Sertões* (VERÍSSIMO, *Correio da Manhã*, 03/12/1902, p. 1).

A questão das raças, presente na sua análise de *Canaã*, também foi abordada a respeito de *Os Sertões*. Contar a história de Canudos seria uma maneira de esboçar aos futuros historiadores, segundo Euclides (citado por Veríssimo), "os traços atuais mais expressivos das sub-raças sertanejas do Brasil". Isso porque talvez essas "sub-raças" estivessem destinadas ao desaparecimento "ante as exigências crescentes da civilização e a concorrência material intensiva das correntes migratórias que começam a invadir profundamente a nossa terra", escreveu Euclides, novamente citado pelo crítico. Sobre esse tema, concluiu no *Correio*: "Já se vê qual é, neste particular, a doutrina sociológica do senhor Euclides da Cunha: 'o esmagamento inevitável das raças fracas pelas raças fortes, no qual Gumplowicz, maior que Hobbes, lobrigou a força motriz da História'".

Canudos, escreveu Veríssimo, era a Terra Santa, a Canaã, "a rápida passagem para o céu, porque, como todas as religiões místicas, a de Antonio Conselheiro anunciava para próximo o fim do mundo". Nessa terra prometida, milhares de pessoas, continuou o crítico, viviam numa "promiscuidade abjeta e tomadas de um misticismo sandeu, da sua vida, das suas esperanças, dos seus feitos. Falta-me já espaço para demorar-me nessas páginas cheias de ação como um drama./ A luta já vai começar".

Assim que leu o artigo, Euclides da Cunha escreveu a Veríssimo para agradecer-lhe, ainda sem saber da sua repercussão. Dizia que o crítico havia sido generoso e que, "atendendo principalmente às observações relativas à minha maneira de escrever, colhi proveitosos ensinamentos" (in: GALVÃO, GALOTTI, 1997, p. 143). Apenas em um ponto vacilava a respeito do juízo de Veríssimo, "o que se refere ao emprego de termos técnicos. Aí, a meu ver, a crítica não foi justa". Em sua opinião, nada justificava "o sistemático desprezo que lhes votam os homens de letras – sobretudo se considerarmos que o consórcio da ciência e da arte, sob qualquer de seus aspectos, é hoje a tendência mais elevada do pensamento humano". Citou a

SEGUNDA PARTE   TRINCHEIRA 3

esse respeito Berthelot, "notável como químico e como prosador", que havia definido o fenômeno em discurso entregue à Academia Francesa. E assim defendia a sua proposta:

> Segundo se colhe de suas deduções rigorosíssimas [de Berthelot], o escritor do futuro será forçosamente um polígrafo; e qualquer trabalho literário se distinguirá dos estritamente científicos, apenas, por uma síntese mais delicada, excluída apenas a aridez característica das análises e das experiências (CUNHA, 03/12/1902, in: GALVÃO; GALOTTI, 1997, p. 143).

Na carta seguinte a Veríssimo disponível em sua correspondência, já de 12 de junho de 1903, contava que ao voltar de viagem havia lido "num *Correio da Manhã* sobre vários candidatos à Academia", o que, conquanto "indiscrição de jornalista", acabou tendo o efeito de "libertar-me da vacilação que me tolhia no concorrer àquele lugar". O crítico foi o primeiro a quem anunciou a decisão, como forma de gratidão pelo fato de lhe ter pavimentado o caminho do sucesso:

> Não posso mais recuar. E sem temer o insucesso inevitável – porque o simples fato de ser admitido à concorrência basta a enobrecer-me consideravelmente – cumpro o dever de lhe comunicar a minha candidatura, antes mesmo de me dirigir ao presidente da Academia [Machado de Assis], porque ao senhor devo o favor da apresentação do meu nome, então obscuro, à sociedade inteligente da nossa terra, amparando-o com extraordinária generosidade. (Não veja aí lisonjaria vã; nunca consegui deixar de escrever o que sinto) (CUNHA, 12/06/1903, in: GALVÃO; GALOTTI, 1997, p. 166).

Àquela altura, o sabor amargo que a crítica inaugural deixara, pelas ressalvas ao estilo, já se havia dissipado. Mas o texto de Veríssimo não ficara sem resposta na imprensa. O escritor Coelho Neto, amigo com quem Euclides se correspondia desde antes de publicar *Os Sertões*, escreveu no *Estado de S. Paulo* nos dias 1º e 2 de janeiro de 1903 uma análise em que condenou a "crítica melindrosa" contrária à "ousadia" de vocábulos arcaicos, à "audácia" dos neologismos, os quais, "por não serem do formulário corriqueiro, logo foram tomados como contrabandos vis". E reiterou: "Não é de hoje o ódio da crítica infecunda e magra contra os escritores possantes que se apresentam com imprevistas imagens, rebrilhados com o recamo de uma rica ornamentação verbal" (in: NASCIMENTO, FACIOLI, 2003, p. 107).

Ecos do texto de Veríssimo sobre *Os Sertões* também se encontram na crítica que Araripe Júnior publicou no *Jornal do Commercio* sobre o livro, em 6 e 18 de março de 1903. O texto comparava *Os Sertões* a narrativas históricas universais, do grego Xenofonte, do escocês Walter Scott, do francês Gustave Flaubert. A intensidade da prosa remetia a Dostoievski. Euclides gostou da interpretação de Araripe, pelos elogios que continha. Assim como no texto de Coelho Neto, aliviava sua tristeza com as restrições apontadas por Veríssimo. Não obstante, o próprio Euclides reconhecia delicadamente sua diferença em relação a Araripe: "Divergimos apenas num ponto, notei que é maior que a sua a minha simpatia pelos nossos extraordinários patrícios sertanejos" (carta de 30/03/1903, in: GALVÃO; GALOTTI, 1997, p. 159).

A visão política de Araripe sobre o caso é diametralmente oposta à de Veríssimo (e, por conseguinte, à do próprio Euclides e de Sílvio Romero). Em sua opinião, o ataque a Canudos era justificado. "O soldado brasileiro viu ali o demônio na figura do jagunço; mas lutou, esconjurou-o e venceu-o", escreveu. De acordo com Nascimento, sua leitura "revela desatenção e erros" (2003, p. 15).

Antes da Laemmert, Euclides havia tentado editar o livro pelo *Estado de S. Paulo*, de Júlio Mesquita, que não demonstrou interesse. Também o *Jornal do Commercio* teria recusado a publicação (VENTURA, 2002). Com seu perfil governista, a folha de José Carlos Rodrigues provavelmente não viria a ser uma boa casa para *Os Sertões*. Assim, estaria Veríssimo mais à vontade para falar da narrativa de "vingadora veracidade" no *Correio da Manhã* que no *Jornal do Commercio*? Já Araripe, ao tratar de forma superficial dos aspectos políticos envolvendo a República, sem esconder sua preferência pelo lado dos que perpetraram o extermínio, parecia ajustar-se bem à linha daquele inimigo do *Correio da Manhã*. *Os Sertões* possibilitaria observar, talvez de forma mais clara que na maioria dos casos, em que medida a linha editorial do veículo influenciava a atividade crítica, como já afirmava Barbosa (1974) a respeito de Veríssimo.

A chama lançada por Veríssimo inflamou outras críticas na imprensa da época. A intensidade do debate foi tamanha, que a Laemmert resolveu reuni-las no volume *Juízo crítico*, de 1904. A coletânea foi reeditada recentemente (NASCIMENTO, FACIOLI, 2003), com o acréscimo de dois textos: o discurso de Romero ao receber o escritor na ABL e o do botânico José de Campos Novaes, de 31 de janeiro de 1903, revendo, "em nome da ciência", conclusões sobre a flora sertaneja. O conjunto permite que se constate o impacto e a perplexidade dos críticos diante da novidade de Euclides da Cunha. Veríssimo misturava a essa perplexidade certo desconforto pessoal diante dele. Confidenciou esse sentimento a Mário de Alencar, sob o impacto da trágica morte do escritor:

> Pobre Euclides! Apesar das aparências contrárias, creio que não havia entre nós muita real simpatia e que ambos nos esforçávamos por nos tratarmos, e até nos amarmos, mais do que os nossos temperamentos e a nossa índole literária diversa quereria. Penso que este esforço recíproco deve ser contado a nosso favor e não tenho nenhum vexame em confessá-lo a um amigo como você.
> Com toda a sua ingenuidade e simpleza real, o seu matutismo inveterado [...], e algumas boas qualidades de caráter e creio também que de coração, havia nele um egotismo que me era insuportável e me fazia talvez julgá-lo com acrimônia da injustiça. Pelo lado literário você sabe que eu não podia absolutamente estimá-lo senão com muitas restrições, e ainda admirando-o quanto podia, sempre achei excessiva a sua fortuna literária, que estou certo não lhe sobreviverá muito tempo (VERÍSSIMO, carta a Mario de Alencar, 17/08/1909, acervo da ABL).

Sua crítica a *Os Sertões* correspondeu a um período muito produtivo e de grande sucesso para Veríssimo. A edição de 1º de janeiro de 1903 prestou homenagem a todos os colaboradores, com destaque para Manuel Vitorino, falecido há pouco. Seus rostos – incluindo o de Veríssimo – foram desenhados a bico de pena, estampados na primeira página, como forma de agradecimento. Em meio às campanhas aguerridas de Edmundo Bittencourt, os articulistas ilustres forneciam lastro de credibilidade à publicação.

Brito Broca afirma que o crítico havia arriscado "todo o seu prestígio" (1956, p. 242) ao apostar num desconhecido como Euclides: investimento arriscado, retorno alto. No aniversário de meio século do *Correio*, na edição especial preparada para celebrar a data, em 15 de junho de 1951, Álvaro Lins escreveu longo artigo para saudar o primeiro crítico literário do jornal. Em momentos difíceis de sua atividade, dizia sempre encontrar naquele modelo do início do século forças para manter-se firme em suas convicções. Lins citou entre as principais críticas de Veríssimo no *Correio* aquela sobre *Os Sertões* e outra a respeito de Olavo Bilac (publicada imediatamente antes do texto sobre *Canaã*. Sobre o parnasiano, transcreveu a frase em que Veríssimo afirma: "O *senhor* Olavo Bilac é por ventura o mais brilhante dos nossos poetas – poeta brilhante, penso eu, é o apelido que mais lhe convém e que melhor o caracteriza – mas faltam-lhe outras virtudes sem as quais não há verdadeiramente um grande poeta"). O *Correio da Manhã* de 1951 também reproduziu na íntegra, em sua edição comemorativa, com destaque, a crítica que Veríssimo publicou no dia 3 de dezembro de 1902 a respeito de *Os Sertões*. Tornou-se uma glória histórica para o jornal da família Bittencourt.

O crítico fazia barulho com seus textos. Ainda segundo Broca, a crítica que Veríssimo publicou a respeito de Nietzsche – intitulada "Um Nietzsche diferente", em 19 de janeiro de 1903 (seu penúltimo texto no jornal) – fez com que o filósofo alemão passasse a ser leitura da moda nas rodas letradas do Rio. "Desde então os artigos se multiplicaram" (BROCA, 1956, p. 112). No texto, o crítico comentou dois artigos publicados na *Revue des Deux Mondes* sobre o filósofo, com destaque para um de Eugène de Roberty, "conceituado pensador europeu". A interpretação de Roberty "faz menos antipático, [...] faz mesmo simpático, o poeta de Zaratustra". Veríssimo foi irônico a respeito. Dizia não ter competência para concordar ou não com o francês, a quem descreveu como uma pessoa com o cérebro marcado pela "impressão da unha poderosa de Comte", embora não fosse um positivista. Com suas propensões,

SEGUNDA PARTE

Roberty queria à força ver em Nietzsche "não o individualista decidido, o egoísta seco, o imoralista cínico [...] mas um pensador generosamente otimista e humano, um sociólogo de vistas claras e benfazejas". Seria este o perigo da tarefa de interpretar: descobrir sentidos e intenções que "condizem com o nosso próprio pensar e sentir" e não estariam na mente do autor. A ideia corrente que se tinha do filósofo – e com a qual Veríssimo tendia ambiguamente a concordar – seria bem diversa da que Roberty defendia:

> No que entrou a chamar modernamente os intelectuais, há uma por-
> ção importante pela quantidade e pela qualidade, cuja filosofia pes-
> soal é feita de individualismo, de pessimismo, quiçá de egotismo,
> de um anarquismo mental e sentimental, que tudo quisera destruir,
> para criar em lugar um mundo novo, onde a expansão do indivíduo
> encontrasse as máximas possibilidades, livre, enfim, de todos os
> "preconceitos" sociais, espirituais e morais, que a atrapalham e em-
> pecem. Essa porção caminhou resolutamente ao encontro do poeta
> filósofo da *Fala de Zaratustra*, aclamou-o senhor e mestre, adotou a
> sua doutrina (VERÍSSIMO, *Correio da Manhã*, 19/01/1903, p. 1).

O sucesso que o crítico vinha fazendo, no entanto, também o tornava um bom alvo para ataques. Seu tempo no *Correio da Manhã* se aproximava do fim, apesar das aparências. No jornal, em 6 de janeiro de 1903 (um mês depois do texto sobre *Os Sertões*), Antonio Salles escreveu uma crítica antipática a Veríssimo, no espaço nobre (onde Veríssimo publicava seus textos), a respeito do lançamento de uma nova série de seus *Estudos de literatura brasileira*. Dizia bem no início que "esse escritor, que não é um jornalista e, por sua índole e educação literária, jamais escreve sobre os joelhos", havia redigi-do textos com força para sobreviver em livro. Era um prelúdio às críticas. Salles, autor de livros de poesia, tinha sido colaborador da *Revista Brasileira*, tendo participado de seus encontros das tardes e dos debates para a fundação da Academia Brasileira de Letras, mas se recusou a fazer parte da agremiação.

Veríssimo também havia comentado poesias de Antonio Salles no *Correio*, na edição de 17 de março de 1902. Esse texto começou por uma observação não sobre o texto, mas a respeito da má qualidade

200

Capa da edição de 01/01/1903 do *Correio da Manhã*; o rosto de José Veríssimo aparece no meio, abaixo do de Manuel Vitorino (localizado na parte central, maior que os demais).

SEGUNDA PARTE   TRINCHEIRA 3

tipográfica dos livros editados pela Garnier, "certamente a primeira das nossas casas editoriais". O artigo também analisava um livro de poesias de Afonso Celso, outra reedição, assim como a coletânea de Salles: "[...] continuam os nossos poetas a republicar em edições mais cuidadas que as primitivas, podadas e revistas, as suas primeiras coleções de verso". No entanto, ele via, nos dois volumes, o mesmo problema: descuido tipográfico, com letras pouco nítidas e muitos erros de composição, com versos fora do lugar e trocas de letras. Ora, segundo o crítico, "[...] um livro vale também como produto industrial e objeto de arte; ele se nos faz à primeira vista agradável ou desagradável pelo seu aspecto e por ele influi sobre a nossa simpatia". Assim, conclui, não seria exorbitância da crítica fazer esse pedido aos editores. Aos poemas de Salles, que comentou depois e com menos espaço que os de Afonso Celso, fez ressalvas. O poeta seria sobretudo "um descritivo, e o abuso da descrição foi o principal vício do parnasianismo, e o que o matou". Elogiando seu soneto e reservando-lhe um bom lugar entre os poetas brasileiros, Veríssimo encerrou afirmando que se podia "esperar mais do moço poeta".

Já o texto de Salles sobre Veríssimo foi escrito a pedido do próprio Edmundo Bittencourt. Numa carta que lhe enviou de Teresópolis, o proprietário o convidou a passar lá alguns dias, com tudo pago pelo *Correio*, e no fim lhe pediu: "Uma coisa que já me ia esquecendo: peço-te o favor de escrever sobre o livro do nosso querido Veríssimo. Nestes dias não tenho tido tempo para nada" (a carta pertence ao acervo da Fundação Casa de Rui Barbosa e está sem data, mas pelo que está escrito – Bittencourt até lhe deseja boas festas –, e pelo que ele ainda lhe diz em outra carta, no mesmo acervo, foi possível identificar que se estava no fim de 1902 ou bem no início de 1903).

No artigo encomendado, Salles observou que no crítico se concentravam todas as expectativas dos escritores brasileiros, pois era o único que acompanhava "o nosso movimento literário passo a passo, que se pronuncia sem exceção sobre todas as individualidades e sobre todas as obras que têm repontado em nosso meio intelectual". Os demais que ocupavam o primeiro plano – "e são só dois – os senhores Sílvio Romero e Araripe Júnior", destacou Salles – passavam largos tempos silenciosos e só escreviam

202

TRINCHEIRAS DA CRÍTICA LITERÁRIA RACHEL BERTOL

"na eventualidade de uma solicitação ou de uma predileção". Já Veríssimo "oficia todos os dias, e é com ele que os autores contam para o julgamento dos seus trabalhos". Mas se tratava de uma perseverança polêmica:

> A sua franqueza, a sua intransigência, a sua esquivança à popularidade que se conquista facilmente com uma benevolência jeitosa, tem-lhe valido fama de censor rígido e mesmo de reacionário para com os representantes da mais recente geração intelectual.
>
> Há inegavelmente contra ele uma prevenção e mesmo uma antipatia que a aproximação faria prontamente desaparecer.
>
> O nosso crítico sente essa atitude, adivinha os conceitos que lhe endereçam de soslaio, já os terá mesmo lido algures; mas o seu temperamento, a sua consciência da justeza de sua conduta, não lhe consentem contemporizar, e a situação incômoda se prolonga sem esperança de composição possível.
>
> Cremos também que ele seria o último a aceitá-la.
>
> E cumpre-nos declarar aqui que não pretendemos assumir o papel de mediador, pois para isso não temos nem queremos procuração bastante das partes adversas.
>
> Apenas registramos o fato, que é lamentável, mas evidente.
>
> Uma das acusações que se lhe fazem mais frequentemente é a do pessimismo (SALLES, *Correio da Manhã*, 06/01/1903, p. 1).

Veríssimo, segundo o comentarista, familiarizado de tal modo com as obras-primas da literatura universal, teria sido tomado pelo "desdém" que um viajante acostumado a grandes monumentos sente diante dos "modestos edifícios de uma pequena cidade". Tudo o que não fosse "a grande arte" seria alvo desse desdém, expresso em palavras frias e "vagamente benévolas".

> O amor próprio dos autores assim apreciados não lhes deixa ver que os artigos do *senhor* Veríssimo não são de um jornalista encarregado da sessão bibliográfica da folha, mas de um crítico profissional, cioso do seu nome, e que não lança no papel conceitos que não possam depois figurar no documento eterno de um livro (SALLES, *Correio da Manhã*, 06/01/1903, p. 1).

SEGUNDA PARTE   TRINCHEIRA 3

Sobre os livros nacionais, Salles afirmou que da "maior parte da produção literária atual não se pode efetivamente dizer muito bom quando se é um verdadeiro crítico". Mas tocou um ponto sensível ao destacar a encruzilhada em que se encontrava o crítico diante da nova literatura do novo século:

> A severidade desdenhosa do *senhor* Veríssimo não decorre aliás somente do confronto que faz da nossa literatura de hoje com a estrangeira, mas também do confronto daquela com a do passado e mais especialmente das produções dos jovens escritores com as dos mortos ou vivos da geração anterior (SALLES, *Correio da Manhã*, 06/01/1903, p. 1).

Além disso, o poeta acusava Veríssimo de não ser suficientemente patriota, o que buscou demonstrar pela transcrição de um trecho dele sobre José de Alencar: "Parece-me [...], teria escrito José Veríssimo, um erro que precisamos expulsar, trazer para as preocupações literárias e artísticas o patriotismo. Com a sua significação política, é um sentimento antiestético". E nisso, segundo Salles, o crítico se diferenciava de Araripe Júnior e de Sílvio Romero, os quais, "mesmo na literatura, são patriotas, aquele [Araripe] por um profundo, apaixonado, quase diríamos um sensual amor à nossa terra; este [Romero], parte por amor também, parte pelo seu temperamento combativo que se compraz em lançar afirmações provocantes ao estrangeiro... que não nos lê".

Por fim, o poeta ainda criticou o estilo de Veríssimo: "Como um tão lúcido critério e um tão real saber das coisas literárias não possua um condigno instrumento de expressão, é coisa de explicação difícil e muito para lamentar". O "dom do estilo" seria reservado a privilegiados, representados no Brasil por nomes como João Francisco Lisboa, Alencar, Machado de Assis, Joaquim Serra e Raul Pompeia. E assim finalizava: "O pensamento do *senhor* Veríssimo é uma árvore arenosa, de fundas raízes, de imensa fronde – mas que infelizmente não dá flores".

Salles pouco comentou sobre o que os leitores encontrariam no volume recém-publicado que serviu de pretexto à "análise". Dizendo-se sem procuração para falar em nome de qualquer lado, em alguns momentos, todavia, seu texto adquiriu um tom editorial, até pelo

204

TRINCHEIRAS DA CRÍTICA LITERÁRIA   RACHEL BERTOL

uso da primeira pessoa no plural ("cumpre-nos declarar", escreveu ele). A falta de "benevolência jeitosa", a "esquivança à popularidade", o confronto com as produções dos jovens escritores estariam incomodando o jornal com pretensões populares e renovadoras?[97] Ou seria apenas a "revanche" de Antonio Salles? Ou as duas coisas? No dia seguinte, com destaque na primeira página, há uma nota (diagramada de modo a valorizá-la) anunciando que um romance inédito de Antonio Salles, *Aves de arribação*, começaria a ser publicado no folhetim do *Correio* em poucos dias. O "nosso apreciado colaborador" era elogiado "pelo brilho que sabe dar aos seus trabalhos", com um "estilo, de uma singeleza encantadora e atraente" (06/01/1903).

Numa carta de 8 de janeiro, também de Teresópolis, ou seja, dois dias depois de publicado o artigo, Edmundo Bittencourt elogiou o poeta: "Gostei muito do teu artigo: o Veríssimo é aquilo mesmo, e como é grande para o nosso meio!"[98].

Em 10 de janeiro, lê-se uma pequenina nota no jornal segundo a qual o crítico fora nomeado pelo governo fiscal na New York Insurance. Mais uma fonte de renda para o pai de muitos filhos – e menos uma, com sua saída do jornal. Em 26 de janeiro de 1903 saiu seu último texto no *Correio*: "França e Alemanha: sua influência espiritual".

Depois de expor a perplexidade diante de Nietzsche, no artigo seguinte tentava compreender, como fazia o *Mercure de France* em inquérito citado por Veríssimo, se "à Alemanha pertence, de fato, como pretende o imperador Guilherme, a supremacia mundial nas coisas de espírito". A publicação francesa trazia a opinião de autores de Londres sobre a questão, e a maioria dizia que a influência alemã havia encolhido. Um dos citados, o irlandês Bernard Shaw

---

97 Brito Broca (1956) diz que não se sabe ao certo o que motivou a saída de Veríssimo do *Correio*. Ele não chega a fazer referência à crítica de Antonio Salles sobre o autor publicada no jornal. De acordo com Broca, que cita informação vinda de fonte secundária que não documenta, Veríssimo teria escrito artigos anônimos com críticas ao Barão do Rio Branco no *Correio*, e Edmundo Bittencourt, indiscreto, teria anunciado a autoria. De fato, o Barão do Rio Branco, ministro de Relações Internacionais (em cargo em que se manteria até sua morte, em 1912), estava sendo muito citado, por causa das contendas relacionadas à questão do território do Acre. Não foram encontrados dados referentes a essa afirmação no jornal.

98 Essa carta também se encontra no acervo da Fundação Casa de Rui Barbosa. Nela, indica-se apenas a data de 8 de janeiro, mas pelo que conversam pode-se identificar que estavam em 8 de janeiro de 1903.

SEGUNDA PARTE   TRINCHEIRA 3

(que vivia em Londres), comentou em tom humorístico: "Ao meu parecer pertence a supremacia de que fala o imperador Guilherme II à cidade de Dublin, capital da Irlanda: é a minha terra natal". Veríssimo também fez referência ao fato de Goethe nunca haver escondido sua admiração pela França, país que a maioria dos ingleses citou como o mais influente. Os alemães o criticavam: "Na Alemanha reprochavam ao grande poeta aquilo que chamavam a sua falta de patriotismo, de não ter pegado em armas contra os franceses". Mas segundo Goethe, citado por Veríssimo, haveria "uma altura do pensamento em que ele [o ódio de nação a nação] se desvanece; aí nos achamos, por assim dizer, acima das nacionalidades; [...] nesta altura, antes de haver chegado aos sessenta anos, me fixei firmemente". Por outro lado, o crítico reiterou que nenhum estudioso sério poderia abrir mão de conhecer as produções alemãs e para isso era fundamental saber plenamente a língua de Goethe (e sempre dizia isso tendo em mente Sílvio Romero. Veríssimo reconhecia não saber alemão e recomendou: "não me posso furtar a aconselhar aos que aí vêm com o gosto do estudo e do saber: estudem o alemão").

Machado de Assis, outro "grande" do meio, demonstrou preocupação e curiosidade quanto à situação do amigo no jornal:

> Às tardes, quando o bonde me leva para casa, ainda tenho ocasião de ler o *V.* [assinatura de Veríssimo em *A notícia*] e os comentários dos telegramas, mas é pouco e rápido. Alguém me perguntou há dias, se Você deixara o *Correio da Manhã*. Respondi que não, e dei algumas das razões últimas, acima citadas [dois filhos de Veríssimo haviam caído doentes recentemente] (ASSIS, carta a Veríssimo, 17/03/1903, 2012, p. 177).

Apesar da torcida, nada mais havia que valesse a pena lutar naquela "trincheira". Seguindo o ideal de Goethe, José Veríssimo parecia querer fixar-se na altura do pensamento acima das nacionalidades.

Retratos

5.1 *Kósmos*: o luxo carioca

"Estas páginas serão uma placa sensível em que irão se fixando todas as imagens, todos os aspectos, todas as mudanças da nossa vida": este foi o programa com que a revista *Kósmos* se apresentou ao público, em janeiro de 1904, pela pena do poeta Olavo Bilac, convidado a escrever sua crônica de estreia. O Rio de Janeiro, "civilizando-se" sob as reformas de Pereira Passos, ganhava um magazine ilustrado mensal, de luxo, para acompanhar o ritmo da "transformação radical" do cenário urbano. "A velha cidade, feia e suja", segundo Bilac, "tem os seus dias contados. Esta revista acompanhará – se o público quiser auxiliá-la –, essa lenta e maravilhosa metamorfose". A fotografia, o desenho, a arte da gravura e "todas as belas conquistas da imprensa moderna" seriam postas a serviço do leitor.

E lá estava José Veríssimo: no primeiro número, logo depois da crônica de apresentação de Bilac, ele assinou o primeiro artigo da *Kósmos*. Contou aos leitores que no ano anterior não tinha estado tão atento aos desenvolvimentos da literatura brasileira, "como nos que imediatamente o precederam, desde 1895". Mesmo assim, foram muitas as obras que citou no texto "Vida literária – Ano passado". Deu destaque a *Luzia-Homem*, de Domingos Olympio, e ainda a *Canaã*, de Graça Aranha, embora este tivesse sido lançado havia já quase dois anos (mas não fez esse favor a *Os Sertões*, de Euclides da Cunha, outro colaborador da revista).

A *Kósmos* foi outro empreendimento jornalístico que contou em seus primeiros dias com o fôlego do crítico, entre seus colaboradores, para firmar-se. *O Malho* (1902), *Avenida* (1903), *Renascença* (1904), *Fon-Fon* (1907), *Careta* (1908), *Revista Americana* (1909) foram algumas das revistas surgidas no período (e Veríssimo participou ainda da *Renascença* e da *Revista Americana*). O momento mostrava-se prolífico.

Não há nos textos de Veríssimo para a *Kósmos* o sentido de atualidade e combate intelectual das "trincheiras": o crítico se adaptava ao estilo "civiliza-se" característico da publicação. Isso ainda que continuassem densos, em alguns casos talvez excessivamente densos para a proposta. Em muitas edições, voltará a assinar a coluna Vida Literária, alternando-a com artigos sobre política internacional, muitos assinados como V., e estudos ensaísticos sobre questões linguísticas, os quais constituem boa parte de sua colaboração para a revista, que circulou até 1909.

Na última edição de 1904 da *Kósmos*, em dezembro, publicou sua crítica a *Esaú e Jacó*, de Machado de Assis. Foi mais uma ocasião para saudar a obra do autor, "a de mais perfeita unidade em nossa literatura". Cada livro de Machado, além do estilo, oferecia uma novidade. Naquele, a qualidade do romance viria sobretudo da "língua admirável, a rara ciência de dicção com que é escrito e depois a arte peregrina e toda pessoal da composição". Em cartas, pouco tempo antes, Veríssimo já enviara elogios a Machado a propósito do novo livro.

5.2 Memória machadiana

Veríssimo teria voltado a escrever para o *Correio da Manhã* em 1908, quando usou o pseudônimo Candido para assinar a coluna Semana Literária por alguns meses. Nessa breve passagem pela folha de Edmundo Bittencourt, escreveu sua crítica a *Memorial de Aires*, de Machado de Assis, publicada em 3 de agosto daquele ano, menos de dois meses antes da morte do escritor, em 28 de setembro. Talvez devido ao pseudônimo ou por ter sido publicada depois que muitos já haviam aclamado o *Memorial de Aires*, foi, das críticas aos romances de Machado que escreveu, a menos alentada, aquém em termos de qualidade de seus textos anteriores sobre o escritor. Também não há comentário a respeito na correspondência de Machado, que mantinha uma frenética atividade epistolar, embora já se encontrasse muito doente.

Ao longo de 1907 e até março de 1908, Veríssimo voltou a publicar sua Revista Literária no *Jornal do Commercio*. No dia da morte de Machado, em 29 de setembro de 1908, assinou no *Jornal do Commercio* um artigo em homenagem ao escritor, "Machado de Assis, impressões e reminiscências". Em abril daquele ano, o escritor havia tornado Veríssimo seu testamenteiro literário, com a autorização para que recolhesse e publicasse suas cartas que merecessem divulgação (ver ASSIS, 2015).

Com a morte de Machado, apagou-se todo um circuito literário que girava à sua volta. Veríssimo deu sentido a esse vazio com a militância pela memória do escritor, e contou com Mário de Alencar como aliado. Em outubro de 1909, já dizia não ter ânimo de ir à Academia, "transformada em seção do Ministério do Exterior, e só me interessa nela de fato a memória do nosso Grande e querido Machado" (16/10/1909). A ascendência de Rio Branco sobre a instituição era grande naquele tempo, a ponto de manobrá-la a favor de interesses pessoais relacionados à política internacional brasileira. A primeira missão a que se dedicaram foi a edição de um livro em homenagem ao autor, o *In Memoriam*. Embora os textos estivessem prontos antes do fim de 1908, como contou em suas cartas, a impressão da obra, a ser realizada pela Imprensa Nacional, tornou-se uma novela, de que a correspondência entre os dois mostra os diferentes percalços. Ainda em 1911 falavam do assunto.

Na primeira reunião da ABL depois da morte de Machado, Veríssimo também sugeriu que se erguesse uma estátua do autor, mas o projeto só se tornaria realidade em 1929, quando foi inaugurada a escultura em bronze realizada por Humberto Cozzo. Para os homens oitocentistas, ver-se retratado em bronze era suma glória (na França, por exemplo, o crítico Ferdinand Brunetière inflamou o mundo literário ao opor-se ao projeto de realizar uma estátua, por Rodin, do poeta Charles Baudelaire).

Não era tarefa fácil aquela a que Veríssimo e Mário de Alencar se lançaram. Sobre o esforço que Mário de Alencar realizava com a Garnier, para manter vivas as edições dos escritos do autor, Veríssimo o parabenizou e garantiu: "E como eu creio que Machado de Assis será no século XXI um nome muito maior do que é hoje, tudo isso será precioso e a posteridade lhe será reconhecida meu caro Mário pela sua piedade para com ele" (20/12/1908).

A fim de preservar a memória de Machado, não bastava publicar livros: era preciso ocupar a cidade. José Veríssimo também pensou que seria urgente, além da estátua, ter uma rua na cidade com o nome do escritor. Encontrou-se com o prefeito para obter a devida permissão.

SEGUNDA PARTE

RETRATOS

Creio ter obtido que o Prefeito dê o nome de Machado de Assis a uma rua desta cidade, da qual ele foi certamente o filho mais notável. Trata-se de ver à qual, e peço-lhe me ajude nisso. Vê você que não o deixo descansar. O problema não é tão fácil como à primeira vista parece. Não se quer uma rua de nome tradicional impossível de desenraizar [...] nem uma rua muito excêntrica, onde a comemoração ficasse perdida. Eu penso que o que servia melhor são essas ruas de nomes próprios sem significação alguma, *Dona* Carlota, Bambina, Marianna e que tais. Pense nisso, consulte com mais conhecedores de ruas do que você e diga-me (VERÍSSIMO, carta a Mario de Alencar, 22/09/09).

Acabou-se escolhendo para a memória de Machado a Rua do Pinheiro (preservando os nomes femininos), no bairro do Flamengo, muito próxima do local onde fora erguida no Rio de Janeiro a estátua de José Alencar. A vida literária, desse modo, entrecruzava-se com a geografia urbana, a partir da ação dos próprios escritores, que queriam ver-se espelhados na cidade, por suas ruas e monumentos.

5.3 Lima Barreto

Em 1907, José Veríssimo foi o primeiro a escrever sobre Lima Barreto na "grande" imprensa. Na época, Lima Barreto ainda não havia lançado romance algum[99]:

Ai de mim, se fosse a revistar aqui quanta revistinha por aí aparece com presunção de literária, artística e científica. Não teria mãos a medir e descontentaria a quase todos; pois a máxima parte delas me parecem sem o menor valor, por qualquer lado que as encaremos. Abro uma justa exceção, que não desejo fique como precedente, para uma magra brochurazinha que com o nome esperançoso de *Floreal* veio ultimamente a público, e onde li um artigo "Spencerismo e Anarquia", do Senhor M[anuel] Ribeiro de Almeida, e o começo de uma novela

---

99 Abordei a relação de Lima Barreto com Veríssimo em Bertol, 2017. Este "retrato" se baseia nas análises desenvolvidas para esse artigo.

210

Recordações do escrivão Isaías Caminha, pelo Senhor Lima Barreto, nos quais creio descobrir alguma coisa. E escritos com uma simplicidade e sobriedade, e já tal qual sentimento de estilo que corroboram essa impressão (VERÍSSIMO, *Jornal do Commercio*, 09/07/1907).

Em decorrência da nota no importante jornal, Lima e Manuel Ribeiro foram se encontrar com o crítico pouco antes do Natal, como contou o escritor em seu *Diário Íntimo* (2011) em 5 de janeiro de 1908. Na época, Veríssimo morava com a família numa casa no Engenho Novo, não muito distante da casa de Lima em Todos os Santos, sendo ambos suburbanos - e "morar distante de bairros chiques como Botafogo e Cosme Velho indicava que, apesar da proeminência na atividade de crítico e professor, o equilíbrio financeiro era frágil" (BERTOL, 2017). Conversaram sobre sinceridade na literatura brasileira, que para o crítico seria "cerebral, artificial". Lima parecia concordar: "Sempre achei condição para obra superior a mais cega e mais absoluta sinceridade"[100].

"Quando lançou *Recordações do escrivão Isaias Caminha*, em 1909, não foi difícil aos contemporâneos encontrarem a 'chave' (sincera) do *Correio da Manhã*. A imprensa quase nada comentou" (BERTOL, 2017). José Veríssimo escreveu uma carta a Lima Barreto, sem deixar de tecer ressalvas, especialmente ao que considerou o seu "excessivo personalismo". Em sua opinião, se Lima agradava à "malícia dos contemporâneos que põem um nome sobre cada pseudônimo", por outro lado a "fotografia literária da vida" poderia tornar o livro "efêmero e ocasional". Mesmo assim o incentivou:

Sincera e cordialmente o felicito pelo seu livro. Há nele o elemento principal para os fazer superiores, talento. Tem muitas imperfeições de composição, de linguagem, de estilo, e outras que o senhor mesmo, estou certo, será o primeiro a reconhecer-lhe, mas com todos os

---

100 Lima Barreto foi leitor da *Revista Brasileira*, como deixa claro em certas passagens citadas em seu *Diário Íntimo*. A publicação integra também a "Limana", sua biblioteca em Todos os Santos. Ser notado pelo editor da *Revista Brasileira* certamente não era pouca coisa para Lima.

SEGUNDA PARTE

seus senões é um livro distinto, revelador, sem engano possível, de talento real (VERÍSSIMO, carta a L.B., 05/05/1910)[101].

Justificava o motivo de não publicar uma crítica a respeito por seu afastamento das colaborações regulares na imprensa. Em março de 1908, o *Jornal do Commercio* havia dispensado a colaboração do crítico, como disse a Oliveira Lima (ver BERTOL, 2017). O segundo romance de Lima, *O triste fim de Policarpo Quaresma*, foi publicado em livro somente em 1915, quando Veríssimo estava absorto pela Guerra.

"Euclides da Cunha poderia, de fato, ter sido incluído na sua *História da literatura brasileira*, pelo recorte cronológico adotado. Mas Veríssimo, como vimos, apesar de ter feito a glória de *Os Sertões*, não acreditava em vida longa para a obra" (BERTOL, 2017). Quando terminou a redação de *História da literatura* (em 1914, o livro já tinha sido batida à máquina, como contou a Oliveira Lima), a obra de Lima Barreto não possuía densidade suficiente (e não se trata de discutir se viria a ter) capaz de modificar o projeto de Veríssimo, planejado como uma apoteose a Machado, como analisado ainda em Bertol (2017). De toda forma, de acordo com o mesmo artigo, não se pode afirmar que o crítico teria deixado de fora os dois autores, Euclides da Cunha e Lima Barreto, por serem "conflitantes" em relação aos seus propósitos, na medida em que tinham como objetivo mostrar "os problemas sociais do Brasil"[102]. Encerramos este retrato lembrando a homenagem que Lima Barreto fez ao crítico pouco tempo depois da morte deste:

Em 1917, Lima lançou uma segunda edição de *Recordações do escrivão Isaías Caminha* em que incluiu uma "breve notícia" introdutória,

---

101 Essa carta pertence ao acervo da Fundação Biblioteca Nacional.

102 "[...] José Veríssimo, ao escolher Machado de Assis para centro de seu cânone literário nacional, deixa de lado muitos escritores, como Euclides da Cunha (1866-1909) e Lima Barreto (1881-1922), que seriam conflitantes em relação aos propósitos do crítico. Assim sendo, o campo intelectual proposto por Veríssimo não poderia ser definido por escritores que mostrassem os problemas sociais do Brasil, mas por escritores que, de certa forma, continuassem um padrão de 'esfera pública' centrado nos ideais europeus de civilização" (PEREIRA, Marcio Roberto apud BERTOL, 2017). Mas a atual pesquisa não confirma essa hipótese - e a pesquisa de Sevcenko demonstra o contrário.

datada de 31 de dezembro de 1916, com uma singela homenagem ao crítico[103]. Veríssimo, que havia morrido há pouco tempo, era a inspiração para que, na nova edição, Lima restabelecesse o original tal qual lhe fora confiado por seu "amigo" Isaías Caminha, escrivão da Coletoria Federal de Caxambi (Isaías é o protagonista ficcional do romance). Isso porque os primeiros capítulos publicados na *Floreal* haviam levado "aquele espírito firme e independente, aquele sagaz crítico, com o seu nobre amor pelos grandes ideais nas letras, que se chamou José Veríssimo" a escrever um comentário muito positivo a respeito na sua coluna Revista Literária, no *Jornal do Commercio*. Para um espírito igualmente crítico como o de Lima Barreto, sempre em busca de sinceridade, não podem ser considerados elogios lançados ao vento. Fora a consagração íntima de Isaías (BERTOL, 2017).

5.4 *Zéverissimações*

O ano de 1909 reservou uma surpresa negativa para Veríssimo: as *Zéverissimações ineptas da crítica*, libelo publicado em Portugal por Sílvio Romero contra o crítico. "No correr de todos os seus livros encontram-se às dúzias malignas e sorrateiras afirmativas a meu respeito que, por evitar brigas e não parecer provocador, fui deixando continuamente sem resposta" (ROMERO, 1909, p. 6).

As diferenças entre os dois vinham de longe. A Oliveira Lima, Veríssimo nunca escondeu o projeto de realizar outra *História da literatura brasileira*, que seria, de alguma forma, uma alternativa à de Romero. Já em 1896, afirmou ao diplomata: "O *Senhor* devia dar-nos a história da nossa literatura, que nos falta, porque a do *Senhor* Romero, apesar do seu mérito, incompleta, é antes uma reunião de artigos e, portanto, cheia de repetições, incoerências e pouco homogênea" (25/01/1896). Conforme diria em 1901, o Sílvio "é um

---

103 Também em 1917, Lima Barreto tem a intenção de criar uma nova revista literária, que se chamaria *Marginália*. Corrêa (apud BERTOL, 2017) afirma que seu projeto editorial era o de uma publicação que seria um meio-termo entre as revistas ilustradas e populares, como *Fon-Fon* e *Careta*, e as revistas intelectuais. O autor, em seu livro de 2016, cita como exemplo revistas intelectuais influentes da França, mas, como destacado em Bertol (2017), deixa de citar a *Revista Brasileira*, que havia sido a principal publicação desse tipo no Brasil no fim do século XIX e da qual Lima fora leitor em seus anos de formação.

SEGUNDA PARTE

grosseirão", capaz de "inconveniências". Já então dizia que o projeto sociológico de Romero estava ultrapassado havia tempos.

Para os contemporâneos, o libelo foi um regalo de divertimento. Engraçado, o crítico sergipano não poupou a criatividade ao criar imagens como a de "tucano empalhado da crítica brasileira", "Sainte-Beuve peixe-boi", "sedoso marajoara, fino como lã de jabuti", "atrasadíssimo criticalho", que se limitaria "ao triste papel de fonógrafo" de ideias. "Habituado a escrever por empreitada nos jornais, com tarefa estabelecida em dias certos, transformou-se num perfeito *penny liner*[104] (sic) nas coisas do espírito". Depois reunia "todas essas drogas em pacotes, que chama livros" (p. 10).

Embora afirmasse não ter hábito de ler Veríssimo, não deixou de passar dados sobre sua vida, mesmo que de maneira superficial. "Anda Zezé [...] e vem; quero esmagar-te de vez" (p. 38), provocou. Dizia que Veríssimo nunca entendera a crítica sociológica por ele proposta e que se ancorava em medalhões literários para seu sucesso, como Machado de Assis e Joaquim Nabuco, e nos jornais que lhe davam guarida e dinheiro. Um dos pontos centrais de sua crítica era a questão do germanismo, a partir das proposições de Tobias Barreto, das quais Romero era adepto fervoroso. Em sua opinião, Tobias era tratado com desrespeito por figuras como Machado e Taunay, a quem Veríssimo seria subserviente. O fato é que Veríssimo, segundo contou a Oliveira Lima pelo menos, nunca teria lido as *Zéverissimações*.

Não li, afirmo-lhe, as *Zeverissimações*, apenas as conheço de referências, e estas, mesmo as que miram ser me desagradáveis, me fazem crer que o libelo se resulta desfavorável para alguém é para o Sílvio. O que o *Senhor* me diz dele acusar-me de eu lhe ter roubado a sua amizade, é por tal forma burlesco, que excede ao direito que ele tem de, quando irado, ser burro. Creia que para mim é inteiramente novo que o *Senhor* tivesse quaisquer relações com ele quando tive a fortuna de iniciar as minhas com o *Senhor*. E como é [...], pequenino, miserável, como revê o provinciano [...], mal educado, este argumento [...] de predileções com iguais! Mas como é bem do Sílvio, que intelectual e

---

104 A expressão em inglês é *penny-a-liner*; reproduziu-se aqui a forma escrita por Romero.

moralmente nunca passou de um trapalhão! Deixemo-lo com a tola suposição de supor que a bílis que derramou sobre mim me sujará para sempre (VERÍSSIMO, carta a O. L., 19/07/1910).

Como dirá Candido (2006), trata-se de um livro de calão, sobre o qual não comenta (embora até hoje muitos leiam Veríssimo por intermédio de Romero). Segundo Candido ainda, Romero, mais afeito ao ensaio, era mau crítico literário, sem métodos de concisão e boas avaliações. Uma breve passagem em que Romero compara o crítico brasileiro a Sainte-Beuve pode ser tomada como um retrato da situação do profissional brasileiro que tentava manter-se profissionalmente na imprensa do país, com ganhos minguados. É preciso, porém, subtrair a maldade – e possivelmente havia ali uma imagem idealizada da realidade francesa:

> Sainte-Beuve e Ed[mond] Scherer escreviam cada um seu artigo de crítica por semana; mas não colaboravam, ao mesmo tempo, em quatro ou cinco jornais, nem saíam para dar lições de livro aberto na Escola Normal, nem iam a agulheiro [a Garnier] algum. Eram robustos, tinham fortuna e secretários que os ajudavam.
> Para o fim da vida fizeram parte do Senado francês; raro, porém, subiam à tribuna. Veríssimo faz literatura barata, parte diariamente, parte por semana, parte por mês; a rateio no quiosque da *Notícia*, em grosso no armazém do *Jornal [do Commercio]*, por carregamento na feira mensal da *Kósmos* (ROMERO, 1909, p. 52).

O perfil que Romero faz de Veríssimo como "homem de imprensa" é repleto de vivacidade, mas já vinha carregado de preconceito, como não raro se veria nas décadas seguintes em relação à crítica dita impressionista e apressada... Nesse caso, tratava-se, para além das ideias, de uma batalha política e pela sobrevivência. Mas Veríssimo, apesar da imagem que o texto transparece, vivia nos jornais relações bem mais complexas.

5.5 A manobra de João do Rio

Com morte do Barão do Rio Branco, Lauro Müller assumiu seu lugar no Ministério das Relações Exteriores, em 1912, no governo de Hermes da Fonseca. Essa mudança fez com que Oliveira Lima se sentisse inseguro sobre sua posição no Itamaraty. Começou a falar em aposentadoria. Para ajudá-lo, Veríssimo aceitou encontrar-se pessoalmente com o novo ministro a fim de sondá-lo sobre a situação do diplomata. A primeira referência ao ministro nas cartas surge em 10 março de 1912:

> Penso exatamente como o *Senhor* sobre o Lauro Müller, e desde o primeiro dia achei a sua nomeação excelente. De parte a moralidade (causa de suma importância hoje aqui) é um homem de valor e capacidade, e acredito que será muito melhor ministro exterior do que foi o Barão (VERÍSSIMO, carta a O. L., 10/03/1912).

Quinze dias depois, Veríssimo escreveu-lhe outra carta contando ter encontrado o ministro, por quem havia sido muito bem recebido. Entregou-lhe uma carta de Oliveira Lima e ficou com a impressão de que Müller nada tinha contra o diplomata. Também buscou informações no *Jornal do Commercio*, por intermédio de Félix Pacheco, que lhe garantiu não haver problema algum – mas, se houvesse, pedia o favor de que ele desfizesse qualquer intriga. Pacheco contou até sobre os bastidores de um encontro de José Carlos Rodrigues com o novo ministro como garantia de que o diplomata nada tinha a temer. Mesmo assim, alertava o amigo de que havia risco de conspirações. Veríssimo pedia confidencialidade naquelas informações.

No início de abril, o crítico fez a primeira referência ao nome de Ramiz Galvão, diretor da Biblioteca Nacional no tempo do Imperador Pedro II, para substituir Rio Branco em sua vaga na ABL. Naquela mesma carta, de 2 de abril de 1912, afirmou que, a partir de então, fazia questão absoluta da eleição de um homem de letras para a Academia. Havia apenas uma possibilidade de exceção: "Com o meu voto o último que, sem o ser [homem de letras], poderá entrar na Academia será o Oswaldo Cruz".

TRINCHEIRAS DA CRÍTICA LITERÁRIA

No fim de abril, voltou a falar de outro encontro com Lauro Müller. Mais uma vez, havia sido muitíssimo bem recebido. "Em suma, parece-me que o *Senhor* tem no homem um amigo e um admirador como ele mesmo me repetiu. Não imagina quanto folgo com esta convicção" (30/04/1912). Na carta seguinte, contou que Oswaldo Cruz e Felix Pacheco haviam sido eleitos para a ABL – mas ainda não se tratava da vaga de Rio Branco. "Os repórteres e [os] jornalistas estão danados por não lhes ter vingado a candidatura do safardana – aliás muito digno deles – Emílio de Menezes" (21/05/1910). Veríssimo apontava, desse modo, para a clara clivagem que vivia em relação ao novo jornalismo, que poderia ser bem demarcada na paisagem das redações. Embora fosse jornalista, Felix Pacheco, do *Jornal do Commercio*, não era identificado por Veríssimo àquele grupo ruidoso.

Eram tipos que, além disso, ainda tentavam invadir a "torre de marfim" da ABL, segundo a célebre expressão de Machado de Assis[105]. A eleição de João do Rio, dois anos antes, em 1910, representava bem esse avanço. O jornalista havia sido eleito contra a vontade de Veríssimo, embora tivesse recebido o apoio público de Joaquim Nabuco, que expressou sua opinião a favor dele na imprensa, pouco tempo antes de sua morte (contrariado, Veríssimo chegou a comentar essa atitude com Oliveira Lima). No entanto, poucos dias depois de celebrada a vitória sobre Emílio de Menezes naquele 1912, Veríssimo apresentou novidades:

> Sabe que o Fontoura Xavier[106] (naturalmente apenas na qualidade de bajulador nato) e o João do Rio queriam levantar a candidatura do Lauro Müller? Veja ao que chegamos. Felizmente alguns amigos e eu manobramos de modo ao Ramiz se apresentar e essa candidatura demoverá o propósito dessa empreitada de sabujice (VERÍSSIMO, carta a O.L., 28/05/1912).

---

105 No fim de 1897, menos de meio ano depois da criação da ABL, Machado afirmou: "Nascida entre graves cuidados de ordem pública, a Academia Brasileira de Letras tem que ser o que são as instituições análogas: uma torre de marfim, onde se acolhem espíritos literários, com a única preocupação literária, e de onde estendendo os olhos para todos os lados, veem claro e quieto. Homens daqui podem escrever páginas de história, mas a história faz-se lá fora" (apud SEVCENKO, 2003, p. 261).

106 Diplomata, jornalista e poeta, mas não integrou a ABL.

SEGUNDA PARTE

Em meados de junho, ainda se mostrava a disposto a encontrar-se com Müller, em nome do amigo, mas sua "manobra" em prol da candidatura de Ramiz Galvão não tinha dado certo. A candidatura do ministro havia escandalizado os acadêmicos? Ao contrário, afirmou Veríssimo: "[...] um bom número deles, e não os mais conhecidamente canalhas, a acha muito legítima. Ora diga se não é de dar vontade a gente que não perdeu toda a vergonha de desaparecer?" (16/06/1912). O acadêmico estava decidido: caso vingasse aquela candidatura, nunca mais voltaria à ABL. "É o que eu estou resolvido a fazer, moralmente enquanto não chega a hora bem minha de o fazê-lo de fato".

Na carta seguinte, datada de 7 de julho, estava consumado: o crítico já havia apresentado sua "renúncia irrevogável" da ABL. Viveu momentos intensos até esse desfecho. Esperou o fim do prazo da apresentação das candidaturas, na esperança de que Lauro Müller decidisse não concorrer à vaga, pois lhe atribuía "mais espírito". Mas a jogada tinha sido pesada... E tudo aconteceu sob a orquestração de João do Rio. Conseguiram telegrafar para os acadêmicos que se encontravam no exterior, numa ação frenética, cabalando todos os votos necessários.

> [...] na noite de 4, fim do prazo, me apareceu o Paulo Barreto (seu futuro colega de corpo diplomático) com a carta dele. Foi isto quinta-feira e já ontem sábado eu escrevi à Academia a minha renúncia irrevogável de seu Secretário Geral e das Comissões que lá exercia, e decididamente não vou mais lá e a abandono de todo. Faço-o menos como protesto contra a candidatura do Lauro, por mais que este se afigure absolutamente impertinente, que por nojo dos meus confrades (VERÍSSIMO, carta a O. L., 07/07/1916).

Com a carta que trouxe aos acadêmicos, o jornalista expulsou o velho crítico da ABL. Não foi apenas um golpe de esperteza, mas também a manobra do tempo. Quem dava as cartas agora era aquele "repórter sem cultura", conforme a expressão de 1906 do próprio Veríssimo a respeito de João do Rio.

Trincheira 4

6.1 *O Imparcial*: um combate apaixonado

> *"[...] no Brasil, tudo se arranja."*
> José Veríssimo, "A comédia política", *O Imparcial*, 07/06/1913, p. 2

Em meados de 1912, José Veríssimo contou a Oliveira Lima que havia começado a rascunhar um artigo sobre um livro que o amigo lhe enviara, para ser publicado num jornal que em breve começaria a circular:

> *O Imparcial*, novo jornal que aqui vai aparecer, mistura de *Figaro* e *Excelsior* e onde voltarei à atividade crítica. Nele vou dar o instantâneo que me mandou e que todos aqui muito apreciamos. Hei de também lhe mandar regularmente esse jornal, que se cria com grandes elementos de sucesso (VERÍSSIMO, carta a O. L., 22/07/1912).

O "instantâneo" despachado pelo diplomata chegava ao lugar certo, pois *O Imparcial*, que surgiu em 13 de agosto daquele ano, anunciava-se no subtítulo como "Diário ilustrado do Rio de Janeiro". Em sua primeira página, excetuando manchetes e legendas, quase nada havia para ser lido: o espaço todo era ocupado por fotos.

Seguia-se exatamente o modelo do *Excelsior* – como informa a reveladora carta de Veríssimo. O jornal francês criado em 1910 por Pierre Lafitte apresentava a cada edição fotografias na primeira página, fazendo uso abundante delas com intuitos jornalísticos. Foi importante fator de modernização para o fotojornalismo na Europa[107]. No subtítulo, a publicação francesa também se apresentava como *"Journal Illustré Quotidien"*. Seria, segundo ela própria, a primeira desse tipo na França. Desde meados do século XIX, o

---

107 "Será na França que, a partir de 1910, a fotografia jornalística faz a sua verdadeira aparição nos jornais europeus, no *Excelsior*, de Pierre Lafitte. Neste jornal, quatro a doze páginas eram reservadas à reprodução de fotografias de atualidade usadas como 'meio de informação', e não de ilustração. No Velho Continente, isto era novidade. Com o britânico *Daily Mirror*, *L'Excelsior* torna-se um dos pioneiros europeus em matéria de fotorreportagem" (SOUSA, 2004, pp. 49-50).

SEGUNDA PARTE

popular *Le Petit Journal* utilizava esse mesmo recurso, mas somente na capa de seu "suplemento ilustrado", publicado aos domingos desde o ano de 1866 e cujas tiragens alcançavam um milhão de exemplares facilmente (ver MEYER, 1996, p. 97). Assim, o *Excelsior* teria inaugurado um novo estilo, com o uso da foto diariamente na capa de seu caderno principal.

Era algo novo também na imprensa diária carioca, talvez por vocação inovadora de seu proprietário, José Eduardo de Macedo Soares[108]. Anos depois, em 1928, ele fundou um jornal que marcou época, o *Diário Carioca*, pioneiro na introdução de modernas técnicas de redação. Por meio de seus profissionais respeitados, o veículo contribuiu para a consolidação da ideia não de uma imparcialidade, mas da chamada "objetividade" jornalística na imprensa brasileira (ver RIBEIRO, 2007).

Já o jornal *Le Figaro*, citado por Veríssimo como uma das inspirações para o projeto de 1912, era um dos mais tradicionais na época. Buscava-se mesclar, portanto, tradição e inovação. Depois da primeira notícia sobre o novo jornal na correspondência, é provável que, por isso, Oliveira Lima, nesse tempo morando na Bélgica, se tivesse animado a enviar-lhe regularmente exemplares do jornal ilustrado francês.

"Tenho recebido regularmente o *Excelsior*, que muito lhe agradeço. 'Quem quer bem adivinha'. Eu andava com vontade de conhecer esse pessoal, que apenas tinha visto, e que, sem ser o jornal do meu gosto, é muito interessante", escreveu-lhe o crítico no fim de agosto. Nessa mesma carta – certamente tendo esquecido que já falara do *Imparcial* –, voltou a anunciar sua criação. O nome da publicação não lhe agradava: "Aqui vai em breve aparecer um [jornal] com o infeliz nome de *O Imparcial*, feito segundo o *Excelsior* e para o qual fui convidado a colaborar" (29/08/2012).

A entrada em circulação do jornal foi atribulada. Depois de ter surgido em 13 de agosto de 1912, *O Imparcial,* que funcionava na Rua da Quitanda, no Centro do Rio, teve mais duas edições e parou de circular. Veríssimo, porém, ainda encontrou tempo de publicar na terceira edição, de 15 de agosto, seu primeiro artigo na folha, com

---

108 Macedo Soares (1882-1967) foi oficial da Marinha antes de ser dono de jornal. Quando deixou a corporação possuía a patente de primeiro-tenente, que largou em 1912.

o título "Literatura regional". Depois, o jornal de Macedo Soares só voltaria às ruas em 7 de dezembro daquele ano, com o título impresso com outra forma tipográfica, mais ao estilo *art nouveau*. A partir desse relançamento, ganhou regularidade.

Pela primeira vez, diferentemente das "trincheiras" jornalísticas anteriores, o texto de Veríssimo havia deixado de figurar na primeira página, agora inteiramente dominada pelas imagens. Ainda continuava em espaço nobre, mas no alto da página 2, no lado esquerdo. Nessa segunda página, também se liam comentários editorializados. Já na 3, o destaque eram notícias, em alguns casos (mas nem sempre) com referência ao conjunto de fotos da primeira página. Havia ainda muitas entrevistas ou *interviews,* palavra em inglês que o jornal utilizava algumas vezes nos títulos para anunciar esses textos. Assim, o olhar do leitor ia bem dirigido: da capa ilustrada, caía na 3 com notícias e entrevistas. Para ler o artigo de fundo e os comentários editorializados, já se tornava necessário fazer um breve desvio do olhar ou um leve trejeito da mão.

A ideia de "imparcialidade" evocada no título seria uma alusão a um jornalismo moderno, ao qual Macedo Soares queria associar-se. No entanto, "imparcialidade" não foi uma característica da publicação, e, ao contrário, sua parcialidade é que deve ter agradado bastante a Veríssimo, que não gostava do nome do jornal.

Uma das causas do *Imparcial* era a defesa de Rui Barbosa. Em 26 de dezembro de 1912, por exemplo, deu destaque a uma entrevista com o senador, derrotado nas eleições de dois anos antes pelo marechal Hermes da Fonseca, apesar da alta mobilização popular obtida por sua campanha eleitoral. Para o novo jornal oposicionista, o movimento civilista não havia morrido, e o ano de 1913, quando a publicação consolidou sua atividade, foi marcado por disputas para saber quais seriam os candidatos das próximas eleições presidenciais.

Na entrevista com Rui Barbosa – assim como aconteceria em outras no jornal –, realçava-se o ineditismo da reportagem. Naquele caso, os repórteres haviam sido recebidos no dia seguinte ao Natal, em meio a familiares de Rui Barbosa, em sua casa de veraneio em Ipanema, na Vieira Souto: "[...] numa vivenda simples e confortável,

SEGUNDA PARTE   TRINCHEIRA 4

a cuja frente, sobre um jardim, corre uma varanda donde se desfruta o panorama sempre novo e sempre belo do oceano vasto e misterioso". Não era uma entrevista com perguntas e respostas (estilo rígido de "pingue-pongue"), mas um texto que mesclava uma forma narrativa corrida com perguntas, fazendo uso do travessão para introduzir as falas de Rui Barbosa. O debate sobre a sucessão presidencial, de acordo com *O Imparcial*, fazia-se urgente, embora ainda restassem dois anos do governo Hermes da Fonseca. O jornal reiterou que era "nítida a consciência [...] da profunda desordem destes últimos tempos". Apresentou o senador como "o incomparável brasileiro que foi, no último pleito, o poderoso fator da mais formidável e da mais brilhante luta política a que o Brasil já assistiu".

O civilismo deve lutar – afirmou *sua excelência* com uma energia admirável, quase assombrosa na sua idade. – Da outra vez, no pleito passado, não tínhamos para convencer a opinião pública e abrir uma propaganda eleitoral irresistível os elementos que teríamos agora.

Da outra vez, nos limitávamos a profecias, agora argumentaríamos com os fatos. Da outra vez, o governo se apoiava na força em todo o seu peso; agora as classes militares estão abaladas intimamente pela experiência do mal causado aos seus verdadeiros interesses por dois anos de militarismo.

Movendo-se o civilismo para entrar em sua segunda campanha, a sua vitória seria muito menos incerta do que ao tentar-se a campanha passada. O civilismo não tem feito senão crescer.

Se não temos partido organizado, temos na opinião nacional, a nosso favor, correntes de um poder incalculável (*O Imparcial*, "Uma entrevista com o senador Rui Barbosa", 26/12/1913, p. 2).

Em suas cartas a Oliveira Lima na época das eleições de 1910, Veríssimo não escondia seu repúdio a Hermes da Fonseca:

Não nos iludamos, nós marchamos para um verdadeiro regime militar a sul-americana e o exército está ávido do poder, e, principalmente, das vantagens de toda ordem que lhe trará.

Os civilistas contam com 270 a 280 mil votos para o Rui, os hermistas asseguram que ele não terá mais de 100 mil. Eu não sei me decidir

TRINCHEIRAS DA CRÍTICA LITERÁRIA

RACHEL BERTOL

pelos dois algarismos, mas quando vejo com o Hermes o governo federal e a grande maioria das estaduais creio que os últimos acertarão mais. Em todo o caso o Rui terá dado a sua vida em belíssimo fim, o de encarnar a reação civilista, quer dizer da mesma civilização, contra a sobrevivência retrógrada do militarismo (VERÍSSIMO, carta a O. L., 10/02/1910).

Poucos dias depois das votações, mostrava-se revoltado:

Já saberá [o Senhor] o que foram as eleições na máxima parte do Brasil, e sobretudo aqui: a mais desfaçada trapaça governamental que nunca se viu em país algum mesmo no Brasil. E anda o Senhor, meu caro amigo, da melhor fé do mundo, e o mais sinceramente possível, a querer convencer os europeus que nós somos um povo civilizado. Que de fato não o somos, acabam mais uma vez de provar estas eleições. É preciso inventar uma expressão para significar os povos que tendo todas as aparências e exterioridades de civilização, uma constituição, leis, uma administração, uma pseudo justiça, telégrafos, caminhos de ferro, escolas, bibliotecas, [...] não são civilizados e no fundo se conservam bárbaros, isto é, radicalmente incapazes de praticar as instituições cultas [...], são radicalmente incapazes de verdade, de lealdade, de honestidade. É nesta categoria que nós temos o nosso lugar marcado, e saliente (VERÍSSIMO, carta a O. L., 08/03/1910).

Nessa carta, contava que o militarismo tentava invadir até a Academia Brasileira de Letras. O general Dantas Barreto, autor de *A última expedição de Canudos*, de 1898 – obra baseada na sua experiência como oficial na campanha que também inspirou *Os Sertões* –, havia se candidatado à vaga de Joaquim Nabuco, morto em janeiro de 1910. O crítico considerava essa provável eleição "um perigo" para a ABL e sua "dignidade".

É agente ou coveiro desta empreitada o Coelho Neto – que confirma assim a péssima opinião que sempre tive dele. Procurou-me especialmente para ver se me apanhava o voto ou pelo menos a abstenção. Declarei que, embora sem estar comprometido não podia

SEGUNDA PARTE   TRINCHEIRA 4

acompanhá-lo. O argumento vilão e indigno com que sustenta essa candidatura é este: que o general vai ser o ministro da guerra e o inspirador do Marechal [Hermes da Fonseca], e desde já promete erigir-se em mecenas para proteger as letras, ciências e artes, começando a proteção por dar à Academia o Palácio Monroe. Façamo-lo acadêmico e teremos o Palácio Monroe.

Está claro que eu me pus em campo contra uma candidatura cuja vitória importaria numa desconsideração da Academia ao Rui [Barbosa]. Tudo o que possa fazer aqui farei, e já tenho feito. Faça o *Senhor* aí, e estou certo que o fará da melhor vontade, por sua parte. Veja se obtém o voto do [Olavo] Bilac para o Alfredo de Carvalho, e também o do [Afonso] Arinos e de outros acadêmicos que por aí andem. Escreva também para [...] aqueles que puder convencer de não concorrerem para aquela desconsideração (VERÍSSIMO, carta a O. L., 08/03/1910).

Alfredo de Carvalho (1870-1916), pernambucano como Oliveira Lima e amigo comum de ambos, era o nome que Veríssimo tentava emplacar em lugar de Dantas Barreto. Tratava-se do pesquisador que melhor conhecia a história da imprensa no Brasil, na opinião de Veríssimo, apesar de suas críticas ao autor pela visão pouco analítica e filosófica de suas abordagens, como escreveu em artigo para a revista *Kósmos* (1907, n. 1). Carvalho se candidatou à vaga na ABL, mas, diante das pressões, abriu mão da disputa sem avisar a Veríssimo, o que lhe desagradou bastante. O general Dantas Barreto acabou sendo eleito em setembro de 1910 para a ABL. Três meses depois, em 15 de dezembro de 1910, quando Hermes da Fonseca assumiu a Presidência, tornou-se seu ministro da Guerra. A ABL não ganhou o Palácio Monroe, e o ministro enfrentou uma prova de fogo: os conflitos provocados pela Revolta da Chibata, que havia eclodido no fim de novembro, contra os castigos físicos na Marinha. A cidade foi posta em estado de sítio. O tema perdurou longo tempo nas páginas dos jornais, e José Eduardo de Macedo Soares, ex-oficial da Marinha, não se cansou de criticar em seu *Imparcial* a anistia concedida aos revoltosos.

Uma contundente página a esse respeito (entre outras) foi publicada em 1º de janeiro de 1913, uma quarta-feira, no artigo de fundo editorializado (não assinado), intitulado "Uma vergonha nacional – A incrível apoteose de João Candido". Embora o exemplar disponível na coleção da Fundação Biblioteca Nacional esteja bastante danificado, é possível ler trechos de evidente condenação à revolta:

> Foram postos em liberdade, anteontem à tarde, os marinheiros insubordinados da revolta da Ilha das Cobras, recentemente anistiados.
> Em outro qualquer país do mundo, a história dessa anistia teria despertado na consciência popular o sentimento da degradação nacional e do rebaixamento de brio que ela representa. Nem teriam sido levianamente esquecidas todas as evidentes ameaças de que ela vem pejada, como péssimo prenúncio para o futuro da nacionalidade.
> No Brasil, o marinheiro rebelde e assassino é [...] aplaudido, festejado, aclamado como herói, escritor e poeta.
> Não se pode assinalar inversão mais completa do senso moral: não se pode imaginar maior nem mais alvar atentado contra a moralidade do país e contra a dignidade de suas classes armadas.
> [...] João Candido, com o prestígio de sua força, de sua idade e de sua audácia, assumiu o posto de chefe. Passou a ser o símbolo da ralé confusa de assassinos, de desclassificados, de bandidos [...].
> A revolta foi a ideia de uma minoria hábil e infeliz e foi o fato de uma horda de criminosos (*O Imparcial*, 01/01/1913, p. 2).

Desse modo, a anistia aos marinheiros passava a ser mais um ponto de crítica do jornal em relação ao governo. A vitória de Hermes da Fonseca havia desanimado Veríssimo como nenhuma outra eleição presidencial nos anos anteriores, embora todos os demais presidentes não contassem com sua simpatia. Mas com Hermes o militarismo voltava ao poder (antes dele, o último presidente militar fora Floriano Peixoto, em 1892) e nenhuma outra eleição na República mobilizara tanto as ruas, como ocorreu com os partidários de Rui Barbosa, criando uma expectativa que se frustrou. O desalento era pessoal, e até a paisagem carioca lhe inspirava tristeza:

> A unidade mental [...] e moral do brasileiro [...] também é para mim [...] assentada. Ainda há pouco eu passava, num dos mais afastados

SEGUNDA PARTE   TRINCHEIRA 4

subúrbios desta cidade, por miseráveis habitações que me faziam lembrar as das mais ínvias paragens do meu Pará. E a roda deles, as mesmas criaturas feias, fracas, desanimadas, indolentemente sentadas [...], em atitudes da máxima inatividade e conformidade absoluta com aquela vida miserável [...]. Lá com a Anna Flora [filha de Veríssimo] [...] fiz-lhe notar que o Brasil era aquilo, que aquele espetáculo se via absolutamente igual desde os arredores da sua grande capital, como o *Senhor* sabe [...] até os seus sertões mais afastados e recônditos. Transporte aquilo ao moral [e] é a mesma coisa. Apresenta-se um general pouco menos que analfabeto em letras e cultura literária candidato a uma Academia de letras. Pois bem há literatos afamados, há poetas e homens de letras de real valor para lhe aceitarem a ridícula presunção [...] com os seus votos.
O nosso Alfredo de Carvalho está creio vencido, e nós com ele. A Academia elegerá o futuro ministro da Guerra do Marechal Hermes (VERÍSSIMO, carta a O. L., 29/03/1910).

A correspondência com Oliveira Lima não deixa transparecer os desentendimentos que Veríssimo enfrentou na ABL por sua oposição à eleição de Dantas Barreto, mas as cartas para Mário de Alencar oferecem um retrato mais turbulento. No fim de 1910, o crítico chegou a pedir demissão do cargo de primeiro-secretário da Academia para não precisar tomar parte nas atividades relacionadas à eleição do general. Como a presidência da ABL era ocupada por Rui Barbosa, que pouco lá ia, recaíam sobre Veríssimo as atividades relacionadas ao dia a dia da Casa.

Por isso sua animação, como deixou transparecer a Oliveira Lima, quando surgiu a oportunidade de colaborar com um jornal oposicionista. Assim como no *Jornal do Brasil*, duas décadas antes, na passagem por mais esta folha aguerrida Veríssimo vivenciou bastante o dia a dia da redação. Memória recolhida por Prisco (1937) em *Carvalhos e roseiras*, de Humberto de Campos, conta sobre a presença constante do crítico na nova redação:

José Veríssimo era, na redação do *Imparcial*, das figuras mais prestigiosas e queridas. Todas as tardes, nos dois primeiros anos de vida do jornal, lá estava ele a fazer o seu *meeting* de silêncio, sorrisos generosos e

226

TRINCHEIRAS DA CRÍTICA LITERÁRIA   RACHEL BERTOL

conceitos ligeiros, rodeado pelos trabalhadores da casa, que dividiam os cuidados e atenções entre a sua pessoa e as de Afrânio Peixoto, João Ribeiro, Leopoldo Bulhões, Calogeras, Huet Bacellar e Carlos Peixoto [outras pessoas que escreviam os artigos de fundo] (CAMPOS, 1923, apud PRISCO, 1937, p. 123).

O primeiro artigo de Veríssimo após o relançamento do *Imparcial*, depois dos meses em que deixou de circular, entre agosto e dezembro de 1912, teve como título "Araripe Júnior", em 14 de dezembro. Misto de análise e de "conversa", o texto lembrava o antigo companheiro de crítica literária. Seu livro *Ibsen*, publicado no Porto pela Lello & Irmão um ano antes, havia sido recebido com "duro silêncio de crítica e do noticiário", contrastando com o barulho provocado "pelo livreco do *Senhor* Nilo Peçanha, que apareceu pouco depois". Veríssimo reiterou logo na primeira frase: "Nunca é tarde para falar de um bom livro". E pouco abaixo constatou: "Ah! se Araripe Junior fosse vivo [ele morrera em 1911] e tivesse alguma probabilidade de ser presidente da República, [...] como a crítica, a crônica, o noticiário [...] se não mobilizariam [...] em lhe enaltecerem o livro e o nome!".

Meu pobre amigo em que pese ao teu otimismo estreme de ironia, que o atenuasse, em que custe a tua bondade e ingenuidade quase infantil com que querias te enganar com as coisas e os homens, consente que eu junte mais este fatozinho aos muitos com que, tu vivo, contrarieite as generosas ilusões (VERÍSSIMO, *O Imparcial*, 14/12/1902, p. 2).

Em sua opinião, Araripe sempre teve "evidente pendor pelas novidades de ordem intelectual", motivado por um receio de parecer atrasado. "Literariamente foi sempre um revolucionário, um anarquista, no sentido filosófico desses termos. Não que fosse autor ou promotor de algum levante ou sequer motim em nossas letras, mas porque os animou [...] e aplaudiu mais ou menos a todos". Sem concordar com esse ponto de vista, Veríssimo também fez restrições ao que considerava um excesso de imaginação em sua crítica, apesar da sua grande capacidade de análise. Já o método de Veríssimo se baseava em outras premissas: "[...] a crítica não é mais que o estado arrazoado da obra d'arte, para descrevê-la, defini-la, explicá-la em si mesma e nas suas relações, e verificar como ela corresponde às intenções do autor".

Nos primeiros números do *Imparcial*, a escritora Julia Lopes de Almeida também foi uma das colaboradoras na página 2 e chegou a escrever uma coluna sobre jornalismo, apontando "a feição incongruente, atrapalhada, desconexa de muitos jornais brasileiros" na época. A apresentação gráfica de muitos deles exprimia essa confusão, com "linhas e linhas de títulos e subtítulos, interpolando-os de gravuras e humanizando-os com retratos e cenas de personagens de toda ordem... e de toda desordem". Passava-se das "ideias" às "massas", mas muitos veículos ainda não pareciam adaptados.

> Hoje os jornais são casas de comércio ou de indústria, dirigidas com mais ou menos probidade, com maior ou menor inteligência, procurando pelo reclame, pelo negócio [...] tornarem-se, enfim, poderosas, não pelas ideias, como antigamente, mas pela riqueza e pela influência direta nas massas populares lisonjeadas (ALMEIDA, "Os jornais de hoje", *O Imparcial*, 17/01/1913, p. 2).

Em 18 de janeiro de 1913, Veríssimo começaria a tratar de um assunto ao qual voltou em vários outros momentos no *Imparcial*: a relação do Brasil com a América Latina, especialmente por meio da literatura. O primeiro texto de que se tem notícia a respeito no jornal é datado de 18 de janeiro. Intitulado "As duas Américas", o texto foi reproduzido em coletânea organizada por João Alexandre Barbosa (1986). A edição de 18 de janeiro do *Imparcial* consultada na Hemeroteca Digital da Fundação Biblioteca Nacional encontrava-se danificada, o que impediu a leitura do texto. É da fase do *Imparcial* a maioria dos textos daquela coletânea. Mais do que nas "trincheiras" anteriores, os assuntos políticos tornaram-se bastante presentes. Frequentemente, ainda, o crítico recorria à memória (como se viu com Araripe Júnior) e à História.

Alguns códigos da crítica precisavam ser recombinados, a fim de que Veríssimo continuasse a estabelecer comandos de influência. Assim, escolheu realizar uma leitura menos intensa dos contemporâneos. No lugar da nova literatura, que não largou, fez mais uso do passado, ao entrelaçar memória e História, e do presente, ao lançar-se no debate político. A memória ampliada de que dispunha, aperfeiçoada por anos de prática e pela coleta incessante de informação pelo mundo, possibilitava-lhe o manejo dos recursos do tempo com uma eficiência de que poucos dispunham na imprensa.

O Imparcial destacava a presença do crítico, reafirmando seu valor. Em 25 de janeiro de 1913, no mesmo dia em que Veríssimo publicou a coluna "Novo historiador", elogiando trabalhos de pesquisa histórica com base em documentos originais, o jornal, em texto editorializado na mesma página 2, repercutiu artigo de Oliveira Lima no *Estado de S. Paulo,* em que este havia comentado sobre como Veríssimo era admirado nos Estados Unidos. Na ocasião, o diplomata realizava conferências sobre o Brasil em universidades americanas, incluindo Harvard, e encontrou-se com estudiosos que conheciam textos brasileiros. Professores das universidades de Wisconsin e de Columbia teriam elogiado Veríssimo. O novo jornal não perdeu a oportunidade de enaltecer seu experiente colaborador; abrigá-lo era uma maneira de *O Imparcial* enfatizar a sua própria postura independente e oposicionista.

> [...] isolado no seu meio, alheio às coteries literárias em vigor, José Veríssimo tem sido, talvez, o mais combatido dos nossos escritores e o mais malquisto dos nossos críticos de letras. Entretanto, ainda não se deixou vencer ou corromper. Preferindo à notoriedade passageira e ao elogio recíproco a dignidade, a sinceridade, a honestidade do seu trabalho, vem pela vida sem incentivo outro que não sejam a admiração muda e recalcada dos que o leem com cuidado e o ódio inopinado dos que o invejam.
>
> E como aqui nesta casa todos são daquele número, é com sincero prazer que damos curso às palavras de justiça que Oliveira Lima lhe trouxe da América (*O Imparcial*, 25/01/1913, p. 2).

Afinado com o ritmo da redação, Veríssimo se engajou na campanha do jornal para que Rui Barbosa fosse confirmado candidato à presidência da República. De 7 de junho a 28 de julho de 1913, publicou uma série de artigos sobre política nacional, apenas com

SEGUNDA PARTE

duas interrupções. Em 21 de junho, desviou o foco sobre o Brasil para tratar do ciclo de repressão do governo de Portugal, em "O terror português". Era a segunda vez que abordava a situação portuguesa (a primeira fora em "Repúblicas irmãs", em 5 de abril). Respondendo a críticas ao que havia escrito naquele primeiro texto, reiterou: "Odeio, sim, odeio profundamente a maldade, a perversidade, a estupidez de que essa república [Portugal] está dando mostras". A outra exceção foi o artigo de 19 de julho, em homenagem ao jovem poeta e diplomata Thomaz Lopes, que havia morrido subitamente na Europa e recebeu muitos elogios do crítico literário.

No primeiro texto sobre questões nacionais, "A comédia política", Veríssimo analisou o "divertido" espetáculo que o debate sobre a escolha dos presidenciáveis vinha suscitando. A questão das candidaturas seria a seção mais "mais curiosa e alegre" dos jornais. Nas ruas, em vez do calor, o assunto obrigatório passara a ser a sucessão política. Ninguém se entendia, e muitos jornais chamavam a atenção para a "gravidade" dessa situação incerta...

> Grave? Não creio. Não sei que jamais tenha havido no Brasil situação grave, isto é, que não se resolvesse sem grandes alterações. Não o foi a Independência, que sendo em toda América motivo de lutas sangrentas e guerras demoradas, não passou aqui de uma briga de família que não chegou sequer a escandalizar o bairro. Não o foi a abolição da escravidão, que ia custando aos Estados Unidos a sua unidade e lhes custou uma guerra civil de cinco anos. Não o foi tampouco a substituição da monarquia pela república, feita com passeatas de tropas, discurseira, palmas e vivório. [...] Podíamos continuar a ladainha, mas é desnecessário demonstrar o axioma de que no Brasil não há nada grave.
>
> A gravidade é no caso presente a pimenta com que tornamos menos insípido o banal cozido do nosso magro repasto político. Os senhores verão como isto vai se arranjar muito sossegadamente, e verificarão mais uma vez este outro argumento da nossa sociologia: no Brasil tudo se arranja (VERÍSSIMO, "A comédia política", *O Imparcial*, 07/06/1913, p. 2).

Mais uma vez, continuou ele, o povo assistia "bestializado" aos acontecimentos, como na "forte e sempre justa expressão de Aristides Lobo". Só um nome não aparecia nos conchavos cômicos, mas todos o tinham em mente, "como a única solução racional e digna deste conflito de interesses", afirmou, sem chegar a citar Rui Barbosa, a quem se referia. No artigo seguinte, "A farsa das candidaturas", reiterou:

> Na comédia política do Brasil, país em que temos horror às posições definidas, às opiniões extremadas, às atitudes intransigentes, a tudo que não é Maria vai com as outras, no Brasil, a comédia política há de sempre acabar também em casamento, isto é, em acordo (VERÍSSIMO, "A farsa das candidaturas", *O Imparcial*, 14/06/1913, p. 2).

Em "Beco sem saída", de 28 de junho de 1913, abordou os vícios dos partidos políticos brasileiros criados no regime republicano. Com o fim da monarquia, sendo a maioria da população republicana (salvo exceções), não havia surgido um movimento forte o suficiente para a criação de novos partidos. Somente com a crise que se seguiu à Revolta da Armada, em 1893, houve essa necessidade. Mas o que se viu foi a criação de um partido (o Partido Republicano Federal) como se fosse uma "sociedade carnavalesca", com o fim prático de influir na sucessão presidencial, sem "ideia ou princípio" que o motivasse. Somente Rui Barbosa havia tentado criar um partido baseado em princípios. Mas ao senador faltavam as "qualidades ou defeitos de um chefe político, qual aqui conhecemos e temos". Por sua "superioridade intelectual" e sua "distinção pessoal", com seu "ar um pouco 'distante'", Rui Barbosa afastava de si "a massa de que se fazem os partidos". Mesmo assim, era o único a conseguir influenciar a opinião pública no Brasil. Em geral cético, Veríssimo parecia ceder um pouco à esperança com a confirmação do nome do senador como candidato, embora se preocupasse com tentativas de sufocar o movimento popular:

> Não pode haver a mínima dúvida que é opinião pública o movimento que se faz pela candidatura do senhor Rui Barbosa, à presidência da República.

SEGUNDA PARTE   TRINCHEIRA 4

[...] há certa e incontestavelmente uma manifestação de opinião pública como desde a abolição nunca tivemos. É, pois, um crime contra a república, para quem tal advento é auspiciosíssimo, tentar matá-la no nascedouro (VERÍSSIMO, "A grande contradição", *O Imparcial*, 28/07/1913, p. 2).

Poucos meses antes, em 3 de maio de 1913, Veríssimo havia expressado exatamente o oposto em relação à opinião pública brasileira – e essa costumava ser sua ideia sobre o tema. No artigo, intitulado "Presidencialismo, parlamentarismo...", sobre debates que surgiam em São Paulo a respeito de um novo regime político, dizia que não valia a pena o esforço de mudar, pois o problema do país seria a ausência de uma opinião pública consolidada:

Ora, essa opinião, como uma força política, e menos como uma força política esclarecida e viril, absolutamente não existe aqui, e nós todos os brasileiros que não somos inteiramente boçais (ou velhacos) estamos fartos de saber que isso que aí anda como representação nossa apenas representa de fato, e legitimamente, a trapaça política e a fraude eleitoral (VERÍSSIMO, "Presidencialismo, parlamentarismo...", *O Imparcial*, 03/05/1913, p. 12).

A nova candidatura de Rui Barbosa, portanto, parecia oferecer um alento à opinião pública nacional. O realismo pessimista de Veríssimo já ensaiava o combate.

6.2 Velho Bruxo

Além da esfera política, ao jogar com o tempo em suas críticas, Veríssimo trouxe Machado de Assis com certa frequência às páginas do *Imparcial*. O primeiro artigo a seu respeito surgiu em 4 de janeiro de 1913, quando analisou o livro de Alcides Maia intitulado *Machado de Assis* (Jacintho Editor). O mérito da obra, na visão do crítico, fora sistematizar e fundamentar "os conceitos da opinião e da crítica nacional" sobre o autor. Se a abordagem que realizou do *humour* machadiano não era nova (o próprio Verísssimo havia sido o primeiro a destacar essa característica em 1892 no

232

TRINCHEIRAS DA CRÍTICA LITERÁRIA
RACHEL BERTOL

Jornal do Brasil), as melhores páginas seriam as dedicadas ao nacionalismo: "Não esse nacionalismo de mostra ou aparência, que está todo na descrição [...] o nacionalismo de Machado de Assis não é desse gênero ao cabo fácil, se não de natureza mais profunda e de realização mais dificultosa". O que interessava ao autor eram os aspectos íntimos, a "alma do homem e das coisas". Alcides Maia também teria tido o mérito de expor a índole e a feição peculiar do pessimismo de Machado, visto como "se fosse um defeito ou vício" por muita gente. E esses dois tópicos (nacionalismo e pessimismo), no viés machadiano, se encaixavam como luva nas ideias do crítico.

No entanto, havia uma questão mal resolvida com Alcides Maia. A uma crítica, segundo Veríssimo, "inteiramente simpática e até amiga" que lhe fizera na *Revista Americana*, ele havia respondido com um artigo em que expusera uma contrariedade "de cujo bom gosto eu me permito duvidar". Já Machado de Assis possuiria uma visão sobre a função da crítica bem diversa da de Maia. Para demonstrar, reproduziu trecho da advertência de *Ressurreição* (1875) – seria a mesma opinião de Veríssimo:

> O que eu peço à crítica vem a ser – intenção benévola, mas expressão franca e justa. Aplausos, quando os não fundamenta o mérito, afagam certamente o espírito e dão algum verniz de celebridade; mas quem tem vontade de aprender e quer fazer alguma coisa prefere a lição que melhora ao ruído que lisonjeia (ASSIS apud VERÍSSIMO, "Machado de Assis". *O Imparcial*, 04/01/1913, p. 2).

A maneira de escrever de Alcides Maia também não estaria à altura de Machado. Seria demasiadamente rebuscada e arrevesada, com arcaísmos e termos desusados, marcada pelo uso impertinente de neologismos (o mesmo tipo de restrição que fazia a muitos escritores). Sempre recorrendo à lição de Machado, Veríssimo expôs algo do código com que ele também processava as questões linguísticas dos autores contemporâneos:

> É, como ensinou Machado de Assis em toda a sua obra e propositadamente em seus dois contos *O Dicionário* e *O cônego ou metafísica do estilo*, o uso discreto, o sábio emprego, a combinação justa dessas

palavras que distingue o escritor do simples arranjador de frases (VERÍSSIMO, "Machado de Assis", *O Imparcial*, 04/01/1913, p. 2).

Em outro texto sobre Machado no *Imparcial*, de 24 de maio, analisou o volume organizado por Mário de Alencar para a editora Garnier com as críticas literárias do escritor. Tratava-se de um esforço inicial para juntar escritos dispersos. Com esse, já somavam três os volumes póstumos que reuniam textos de Machado escritos para jornal. Porém, segundo Veríssimo, era "imperdoável o desleixo" da Garnier, que, mesmo com sua "reputação e responsabilidade", havia deixado passar muitos erros tipográficos. "[...] como se não se tratasse do maior escritor brasileiro, de um verdadeiro clássico nacional, cuja escrita merece, por isso mesmo, escrupuloso respeito". Os "barbarismos" chegavam a mudar a intenção do autor. Ao analisar as características da crítica machadiana, lembrou o crítico Émile Faguet, então um dos mais influentes da França:

> Sustenta teimosamente o senhor Faguet que a crítica, queiram ou não, é sempre impressionista, e até não pode ser outra coisa. Concedendo que assim seja, não é menos certo que o impressionismo crítico, salvo se apenas for a divagação de algum inepto, o condicionará a cultura, o gosto, a emotividade estética ou a sensibilidade literária do crítico. É em suma impressionista a crítica de Machado de Assis (VERÍSSIMO, "Machado de Assis crítico", *O Imparcial*, 24/05/1913).

Portanto, Veríssimo dava valor à crítica dita impressionista, mas com ressalvas: para que tivesse importância, ela demandava muita capacidade analítica, e Machado dispunha de "peregrinos dons de psicólogo", além de "uma rara sensibilidade literária". Era sobretudo do "ponto de vista da estética literária" que o escritor exercitava crítica, embora fosse capaz de vê-la por outros aspectos, e também conhecia "as condições mesológicas ou sociais que atuam" na literatura. Desconfiado "de sistemas e assertos absolutos", ninguém mais que ele, na opinião de Veríssimo, teria sido capaz de exercer a crítica no Brasil, atividade que acabou por suprir com uma "obra de imaginação que é o mais perfeito exemplar de engenho e bom gosto literário existente nas nossas letras".

A citação a Faguet remete à influência no Brasil dos principais críticos franceses, como os "impressionistas" Jules Lemaître e Anatole France. Se, por um lado, muito os admirava, por outro cultivava suas dúvidas. Ao receber de Oliveira Lima um volume de *Chateaubriand*, de Jules Lemaître, lançado em 1912 com conferências do crítico a respeito do pioneiro do movimento romântico francês, comentou:

> Depois recebi um postal seu de Paris e o volume do *Chateaubriand* do Lemaître. Agradeço com tanto mais razão que estava ansioso por lê-lo, pois já tinha notícia dessa obra de maldade mais que de inteligência, apesar de haver muita nela. Como crítica puramente impressionista e pessoal, é um livro brilhante, antes brilhante que sólido. Ao cabo, sem novidade alguma, mas ainda assim pela genial malícia interessante (VERÍSSIMO, carta a O. L., 21/05/1912).

Ser "pessoal" não era código considerado válido para Veríssimo. Tanto que nem os jornalistas do *Imparcial* foram poupados de restrições – em vez de optar pelo silêncio, fazia questão de reafirmar a impessoalidade. Houve pelo menos dois casos. Um deles ocorreu com o redator Goulart de Andrade, cujo romance *Assumpção* foi duramente criticado por Veríssimo em 9 de agosto de 1913, no artigo "O romance de um poeta". Outro foi com o editor Miguel Mello, que, segundo Humberto de Campos, seria o principal defensor de Veríssimo na redação. Mesmo assim, quando o jornalista lançou *A visão da estrada*, teria havido a mesma situação embaraçosa, segundo a memória de Campos: "[...] obtida a necessária licença do amigo [para escrever a crítica], caiu sobre o livro do romancista, agitando-o todo, como quem convulsiona um lago" (apud PRISCO, 1934, p. 123). Mas a leitura do texto sobre o romance de Miguel Mello, publicado em 24 de janeiro de 1914, mostra que Veríssimo não foi tão duro com o jornalista, chegando a fazer inúmeros elogios à sua prosa.

Em todo caso, Machado de Assis continuava a ser o principal autor em que Veríssimo conseguia harmonizar a impessoalidade do julgamento crítico com a amizade. Assim, trabalhou para que, em 29 de setembro de 1913, a capa ilustrada do *Imparcial* fosse dedicada

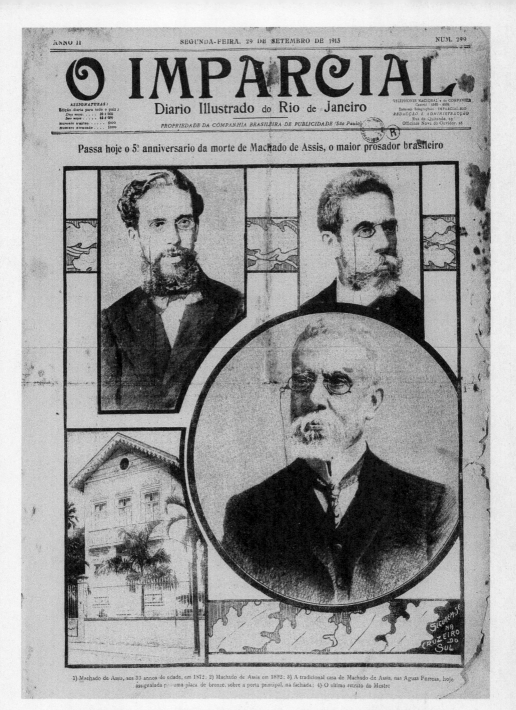

Capa do *Imparcial* de 29/09/1913 em homenagem a Machado de Assis no quinto aniversário de sua morte, em edição planejada por José Veríssimo.

ao Bruxo do Cosme Velho, com diferentes fotos do escritor e a manchete: "Passa hoje o 5º aniversário da morte de Machado de Assis, o maior prosador brasileiro". Na página 2, completou-se a homenagem com um delicado artigo de Mário de Alencar que lembrava o escritor e em que ele defendeu a ideia de que se erguesse uma estátua de Machado. O texto foi seguido, na mesma página, por um comentário editorializado, em que se podia ler:

> [...] Não tendo logrado em vida a popularidade, depois de morto, Machado de Assis continua a ser apenas admirado dos espíritos mais cultos, capazes de compreenderem a sutilidade extrema do seu ceticismo indulgente e irônico.
> [...] o Mestre, só no fim da vida, viu o seu mérito proclamado por uma sociedade semi-bárbara [...] (*O Imparcial*, 29/09/1913, p. 2).

Esse pequeno editorial, muito provavelmente, foi escrito por Veríssimo. No acervo da Academia Brasileira de Letras, está disponível a breve carta, com timbre do jornal (ainda que sem data), na qual o crítico fez o convite a Mário de Alencar para que escrevesse o artigo de homenagem do quinto aniversário. A ideia da estátua foi logo encampada pelo jornal, sob a pena anônima de Veríssimo. Naquele mesmo 29 de setembro, Veríssimo também assinou um artigo no *Jornal do Commercio* para lembrar a memória de Machado ("A filosofia de Machado de Assis"). Assim, tornou presente o escritor nessa efeméride em pelos menos dois jornais: o crítico manejava o circuito da informação em prol da memória do amigo. Contando com Mário de Alencar como aliado, em nenhum momento os dois hesitaram em unir-se, superando divergências, para conspirar por essa causa.

6.3 Futurismo

A Primeira Guerra ainda não havia começado, mas, desde que *O Imparcial* fora lançado, muitas de suas capas apresentavam fotografias de militares, no Brasil e no exterior. Algumas eram amenas, para mostrar novas fardas ou exercícios rotineiros. Em parte, essa presença seria influência dos interesses de José Eduardo de Macedo Soares, ex-oficial da Marinha, mas também resultava do clima

SEGUNDA PARTE

TRINCHEIRA 4

bélico vivido na época. A guerra nos Bálcãs, especialmente, oferecia imagens impactantes. Um dos primeiros artigos de Veríssimo no jornal que refletiam essa tensão surgiu em 11 de outubro de 1913, intitulado "Pela concórdia humana" (p. 2), no qual reafirmava que "o perigo iminente da guerra" vinha do patriotismo exaltado, ambicioso e cupido. Em reação a isso, crescia uma "atmosfera universal contra a guerra", transformando a razão em sentimento geral nas massas, decorrente de campanhas dos pacifistas, em geral "internacionalistas", que seriam os "pregadores contra os velhos ódios, [contra] os anacrônicos rancores". Veríssimo nunca perdia oportunidade de repetir: "O patriotismo, egoísmo coletivo, como admiravelmente o definiu Spencer, [...] é ainda o principal estorvo ao estabelecimento de um perfeito acordo entre as nações".

Desde que chegara ao Rio (22 anos antes), logo após a proclamação da República, sua desconfiança em relação ao nacionalismo só fez crescer. Além disso, não modificou a posição extremamente crítica em relação ao militarismo – a influência da farda na política dos países latino-americanos seria um de seus piores males. Naquele momento, com o acirramento da "paz armada" na Europa, via motivos para reiterar em circunstâncias diversas sua prevenção ao militarismo e ao nacionalismo.

Nessa linha crítica ao nacionalismo, a ideia de "brasileirismos" – que a Academia Brasileira de Letras buscava reunir num dicionário – oferecia motivo de sarcasmo. O cotidiano da República exigia criatividade de vocabulário para nomear as novas situações. Como escreveu em 18 de dezembro de 1913, a prática confirmava os filólogos, quando diziam "que a língua é a mais cabal expressão de um povo". Para Leibnitz, citado entre outras eminências do pensamento, "a língua era o melhor espelho do espírito humano"

Por exemplo, a "bajulação" havia-se tornado uma instituição republicana. "Ensina-se nas escolas, em manifestações de louvor e apreço a toda casta de superiores" – seria um fenômeno com múltiplas formas. Para referir-se a esse novo costume, tinham sido criados neologismos como "engrossar", "engrossamento", "engrossador". Havia outros com o mesmo intuito: "bico da chaleira", "pegar no bico da chaleira", "chaleirar". Mas "a nata, a fina flor dessa semântica republicana" era uma palavra "sublime de significação e crueza":

TRINCHEIRAS DA CRÍTICA LITERÁRIA

Essa palavra, que começa em "es" e acaba em "ão", infelizmente, ainda não a posso escrever aqui, embora, ao que me dizem, já se ouça nos salões onde viçam o tango e o maxixe. Se há palavras que definam exatamente a nossa situação política, social e moral, são essa e as suas cognatas. A sua criação é um invento genial (VERÍSSIMO, "Brasileirismos", *O Imparcial*, 18/12/1913).

Humor sarcástico em relação ao país e desconfiança do nacionalismo eram medidas de leitura. Em 1913, praticamente o primeiro ano do *Imparcial* (1912 tivera poucas edições), Veríssimo conseguia divertir-se. O estilo mais solto reverberava a linha editorial. A primeira página na maioria das vezes oferecia uma colagem de fotos, com diferentes ângulos de uma mesma situação, sempre movimentada, até quando se tratava de situações trágicas de guerra ou de assassinatos, com cadáveres expostos sem subterfúgios nas cenas do crime. A narrativa chegava em alguns dias a assemelhar-se à das futuras fotonovelas. O assunto abordado na primeira página nem sempre era "sério". O jornal não poupava amenidades, com fotos de crianças brincando no mar nas "nossas praias de banho", flagrantes de moda de mulheres passeando sábado na Avenida Rio Branco, paisagens grandiosas de quedas d'água.

Havia ainda um suplemento de teatro e cinema, publicado às quintas-feiras, e muitas capas dedicadas à prática esportiva no Rio. Ainda que oposicionista, *O Imparcial* cedeu espaço para mostrar o casamento do presidente Hermes da Fonseca com Nair de Teffé, em dezembro de 1913, com viés bastante positivo. Havia até flagrado o presidente saindo da Praia do Flamengo às 6h da manhã, caminhando para o Palácio do Catete envolto numa toalha e desgrenhado depois do banho de mar. Seu rosto atônito diante do fotógrafo prenunciava o reino dos *paparazzi*. E Veríssimo já admitia ler poesia de outra maneira:

Como poeta moderno que é, o senhor Alberto Ramos afeiçoa o verso livre. Confesso ter tido por este verso maiores prevenções do que tenho hoje. Entretanto, não abandonei de todo a dúvida de que dele se carecesse na nossa língua, de tão variada e rica métrica. Em todo o caso, como é natural, precisamos de tempo e repetição para o tolerarmos

SEGUNDA PARTE

e ainda mais para o estimarmos. O senhor Alberto Ramos o maneja com facilidade, correção e graça (VERÍSSIMO, "Modernismo e poesia", *O Imparcial*, 04/10/1913).

O velho crítico pedia um tempo. Nesse caso, para além dos Faguet, Brunetière e Lamaître, a referência à ideia de "modernismo" vinha do crítico inglês Scott James, autor de *Modernism and Romance* (1908). O título mesmo da crítica – "Modernismo e poesia" – seria uma alusão ao livro. Ao analisar os versos eróticos de Alberto Ramos, observou, conforme o autor inglês, que "o futuro da poesia não está com os indivíduos para quem ela não passa de um brinco", mas com quem a busca para "se assenhorar" da vida, combinando experiência, pensamento e visão. "Prefiro este dizer simples, claro, honesto, que todo mundo entende, às especiosas argúcias estéticas que, ou ninguém, nem os seus mesmos autores, compreende, ou, se as analisamos, resultam em velharias sabidíssimas". Em sua *História da literatura brasileira* (1916), que escrevia naquele momento, Veríssimo relacionou a noção de modernismo à Geração de 1870 no Brasil. No livro também observou (numa breve nota de rodapé) que se inspirou no peruano Ventura García Calderon, autor de *Del romanticismo al modernismo* (1910), para chegar a essa conclusão (1998, p. 22). Vê-se como se inseria num circuito globalizado de trocas. No livro de 1916 não vai apresentar ideias fechadas:

> Foi mais firme já o meu parecer da necessidade de conservamos o português castiço [...]. Começo a convencer-me da impossibilidade de tal propósito. Não o poderíamos realizar senão artificialmente como uma reação erudita, sem apoio nas razões íntimas da mentalidade nacional e com sacrifício da nossa espontaneidade e originalidade VERÍSSIMO, 1998 [1916], p. 188).

Já se estava muito distante, portanto, da proposição lançada por Joaquim Nabuco ao inaugurar a ABL, em 1897, quando este defendera não apenas uma língua castiça, como a subordinação a Portugal em questões de linguagem. Veríssimo não costumava concordar com a subordinação ao antigo colonizador, cuja influência condenava, em diferentes esferas. No entanto, ao contrário de Araripe

Júnior, não aceitava de pronto as novidades. "Mais uma extravagância literária", sobre os futuristas de Marinetti, é emblemático dessa postura, publicado em 5 de setembro de 1913 no *Imparcial*.

Nesse texto, fez a relação de boa parte das "novas estéticas" então em voga, como as dos "simbolistas, deliquescentes, decadistas, nefelibatas, naturistas, versolibristas, egotistas, cubistas, veristas, afora os que me escapam". Eram movimentos de "radicalismo literário" na Europa, que estariam jogando com o público assim como o rei com seus súditos ao desfilar nu com sua nova roupa. Como frades em convento, de acordo com Veríssimo, a primeira coisa que tais "charlatães da independência" faziam era criar regras, para se ligarem por compromissos, escravizarem a inspiração, o pensamento e a expressão com programas estreitos e definidos, "mais precisos do que nunca foi nenhuma retórica". O crítico reiterou sua visão da arte: "Qualquer que seja a concepção que tenhamos da arte, ou a definição que lhe dermos, ela se não poderá fazer senão dentro da humanidade e da vida, com os recursos que ambas lhe oferecem". Sem isso, restava apenas o recurso do extravagante e do estrambólico: "Foi, a meu ver, onde vieram ter os futuristas italianos".

O crítico havia recebido do próprio Marinetti um volume de *I poeti Futuristi,* lançado em 1912 (três anos depois do Manifesto assinado pelo autor no *Le Figaro*): "O diretor mental do movimento futurista [...], por via de dois distintos cavalheiros de São Paulo, me fez a honra de enviar [o livro]". Mas seu primeiro ponto de crítica não se relacionava à estética. Antipatriótico militante, Veríssimo logo pontuou: "desconfio muito das intenções e da sinceridade das manifestações patrióticas demasiadamente berradas". Não gostava da "grita" nem dos "palavriados pregoeiros de novidades". Logo puxou "a divisa grega de Merimée e do nosso Machado de Assis, 'Lembra-te de desconfiar". Além disso, o elogio da guerra o contrariava, e Marinetti exaltava "o patriotismo arrogante, o espírito guerreiro, a guerra como 'a única higiene do mundo e única moral educadora', anatematizava os pacifistas". Mas Veríssimo também buscou analisar o movimento por outro ângulo – "deixemos [...] este arranque de patriotismo e nacionalismo dos futuristas italianos. Pouco nos importa". Acontece que

SEGUNDA PARTE   TRINCHEIRA 4

a proposta estética também não lhe agradava. Dizendo-se sem espaço para alongar-se, preferia deixar "à pachorra do leitor" o comentário sobre a proposição futurista para destruir a sintaxe, usar o verbo somente no infinitivo, anular os adjetivos, os advérbios, a pontuação. Só havia duas conclusões possíveis, em sua opinião: tratava-se daquela "degenerescência já estudada por Nordau, ou [de] uma formidável facécia?". A dúvida indica que ele tampouco se curvava à ideia da arte degenerada.

6.4 Guerra

Depois da confirmação do nome de Rui Barbosa para disputar a Presidência, em meados de 1913, sua segunda candidatura, todavia, não decolou. Na véspera das votações, realizadas em 1º de março de 1914, Veríssimo escreveu um artigo sobre a falência do voto no Brasil. Constatava – sem citar o nome de publicação alguma – uma situação que se via até nas páginas do *Imparcial*, criado um ano antes com a firme convicção de apoiar Rui Barbosa, no rescaldo da campanha civilista. Foi o último texto de Veríssimo sobre política nacional escrito para o jornal de Macedo Soares.

> Não foram os referidos editais, publicados por dias seguidos em páginas inteiras de jornais, a próxima eleição presidencial passaria despercebida. Ninguém, de fato, nem mesmo a imprensa, que tinha por obrigação de ofício fazê-lo, se ocupa dela, ou pelo menos ninguém dela se ocupa de modo a causar o mínimo abalo no espírito público, ainda agitado pelos últimos redemoinhos do Carnaval, única preocupação séria desta população.
>
> Tenho a certeza de não cometer um dos comuns exageros jornalísticos dizendo que esta eleição não interessa de modo algum o povo brasileiro, e muito menos o povo do Rio de Janeiro, não o abala, não o agita de qualquer modo. Com toda a verdade se pode afirmar que ele não tem mais a parte nela do que o espectador do cinematógrafo no desenrolar da fita que lhe passa diante dos olhos. Os operadores a manobram, os porteiros lhe tiram o dinheiro, com um enganoso programa, ao incauto curioso, maus músicos o engambelam com ruins melodias (VERÍSSIMO, "Eleições à puridade", *O Imparcial*, 28/02/1914, p. 2).

TRINCHEIRAS DA CRÍTICA LITERÁRIA — RACHEL BERTOL

Não que fosse contra o carnaval. Admirava-se com a festa nas ruas da capital, que suspendia "toda vida que não fosse carnavalesca", como afirmou em uma de suas cartas a Oliveira Lima alguns anos antes:

> A única coisa séria que há no Rio de Janeiro, digo eu há muito tempo, é o carnaval. É a única coisa que verdadeiramente toca este povo, pela qual ele [...] profundamente se interessa, que ele ama deveras e com ardor. E nesta devoção fervorosa comungam indistintamente todas as idades, condições, cores, uma igualdade absoluta e tocante (VERÍSSIMO, carta a O. L., 01/03/1911).

Nas cinzas da folia de 1914, recorrendo à História, o crítico lembrava que as eleições realizadas no período do Império para os cargos legislativos movimentavam mais a população que as disputas presidenciais da República. Esta, "que assentou sua existência no completo regime eleitoral, deu cabo dessa tradição. Com ela, pode-se assegurar, nunca mais houve eleição". O povo havia perdido o interesse no pleito democrático, que passou a ser feito "à puridade, na intimidade dos mesários e de algumas dúzias de ingênuos, ou espertos, segundo as determinações do grupo, no momento, explorador da situação". Mas o "povo" que votava se limitava a profissionais liberais (médicos, engenheiros, advogados), em geral funcionários do Estado, portanto seu "valor como fiscais deste e seus mandantes vem [...] a ser nulo". Os intelectuais, que em outros tempos Veríssimo via como forças regeneradoras para propiciar a formação de uma opinião pública, tampouco seriam confiáveis:

> Os que aqui se chamam, à francesa, de intelectuais, sobre serem em reduzidíssimo número, são política e socialmente insignificantes e como são, por via de regra, pobres ou vadios, facilmente constituem matéria explorável para as baixas obras do governo na imprensa ou na politicagem (VERÍSSIMO, "Eleições à puridade", *O Imparcial*, 28/02/1914, p. 2).

Quatro dias depois das eleições, Hermes da Fonseca decretou, em 4 de março de 1914, estado de sítio no Distrito Federal, em Niterói e em Petrópolis, e só em novembro o suspenderia. Venceslau

Brás, vice-presidente da República e presidente eleito com 91,6% dos votos (sobre um total de votantes de apenas 2,4% da população)[109], tomou posse em dezembro daquele ano. Com o estado de sítio, Hermes da Fonseca buscava conter a insatisfação de setores das Forças Armadas. Um dos motivos dessa dissidência era a maneira como o presidente manobrava a instabilidade no Ceará.

> O estado de sítio foi somente decretado 1º, para impedir uma sessão do Clube Militar, que o governo não tinha força para mandar fechar; 2º, para tomar vingança de coisas passadas. Os jornais de São Paulo lhe darão melhor do que eu o que isto vai sendo. Para mim o estado de sítio tem a vantagem de me reter mais em casa, e portanto [...] a um desejado isolamento (VERÍSSIMO, carta a O. L., 15/03/1914).

O Imparcial vinha dando amplo destaque ao que chamou de "guerra civil" no estado do Nordeste. Hermes agia contra o governador que ele próprio havia levado ao poder, Franco Rebelo, e se aliara a um protegido do senador Pinheiro Machado, político de grande influência em seu governo, garantindo, com uma legião de jagunços, a autoridade de Padre Cícero em Juazeiro do Norte (ver CARVALHO, 2012, p. 114). Na véspera do início do estado de sítio, políticos e militares reunidos no Clube Militar haviam tentado destituir sua diretoria e queriam aprovar uma moção que reiterasse a defesa de valores constitucionais. Seria o ápice de um complô iniciado meses antes contra o governo. Rui Barbosa estaria entre os conspiradores e a imprensa oposicionista não foi poupada.

No dia 6 de março, *O Imparcial* estampou em sua capa ilustrada a manchete "Os presos de anteontem", com a foto de cada um: Caio Monteiro de Barros, advogado; Pinto da Rocha, colaborador de *O Século*; Leal de Souza, diretor-secretário de *A Careta*; Vicente Piragibe, redator-chefe de *A Época*; o major Paulo de Oliveira; "nosso diretor", José Eduardo de Macedo Soares, dono do *Imparcial*; o general Thaumaturgo de Azevedo; Jorge Schmidt, diretor de *A Careta*; o marechal Menna Barreto; Brício Filho, diretor de *O Século*. Na página 10, com alguns espaços em branco intercalados ao texto

---

109 Sobre os índices da baixa participação nas eleições da Primeira República, ver José Murilo de Carvalho (2001).

(certamente já devido à censura?), *O Imparcial* trazia notícias sobre os acontecimentos e, sem maiores comentários, no meio da página, com uma discrição que contrastava com a capa, ampliava a lista de presos, incluindo o nome de Joaquim Marques da Silva, diretor-gerente de *A Noite*, jornal de Irineu Marinho. Também começaram a correr boatos de que fotógrafos seriam presos, o que, segundo o jornal, chegou a acontecer com Francisco Salles, de *O Século*. De noite, alguns dos presos, incluindo Macedo Soares, foram transferidos da Política Central para a Brigada Policial (de onde ele conseguiria fugir, com a ajuda do irmão, indo refugiar-se em São Paulo).

Veríssimo não publicou texto algum no jornal ao longo do mês de março de 1914 (é possível que estivesse de férias). Reapareceu em 5 de abril com o artigo "Coisas antigas", sobre Alberto Lamego, pesquisador de história literária, cujo nome aparece algumas vezes na sua correspondência com Oliveira Lima. Ambos haviam trabalho pela publicação de trabalhos de Lamego.

Depois de decretado o estado de sítio, com o jornal sob censura, a política ainda seria abordada com frequência por Veríssimo, mas somente em âmbito internacional. "Notícias daqui não as posso dar porque não as sei. Continua o estado de sítio, e embora voltassem a publicar-se os jornais nada [...], *et pour cause*, de interessante. Mas o Senhor imagina o que se estará fazendo neste escuro" (VERÍSSIMO, carta a O. L., 13/04/1914).

Suas finanças pessoais continuavam a preocupá-lo. O crítico contou a respeito em carta na qual, mais uma vez, gentilmente recusou a oferta de Oliveira Lima para realizar conferências sobre o Brasil na Sorbonne. Dois anos antes, a questão havia ocupado bastante tempo na correspondência. O diplomata havia-lhe feito o mesmo convite, mas um dos pretendentes para realizar a tarefa era Medeiros e Albuquerque (que acabou indo a Paris), inimigo de Veríssimo. Em muitas cartas, levantou objeções ao colega da Academia, a quem considerava um pérfido, "literato de almanaque", "tipo real de Malasartes"[110]. Além de indecisões de ordem

---

110 Essa diferença pessoal é um elemento que deve ser observado quando da leitura do prefácio assinado por Medeiros e Albuquerque para a *Pequena história da literatura brasileira* (1937 [1919]), de Ronald de Carvalho. No texto, Medeiros e Albuquerque faz severas restrições a Veríssimo.

SEGUNDA PARTE   TRINCHEIRA 4

pessoal, Veríssimo não quis competir com ele. Em 1914, com o novo governo, mostrou-se novamente muito preocupado com o impacto que essa troca poderia provocar em sua renda. Por isso, viu-se obrigado a recusar mais um convite de Oliveira Lima:

> A minha situação [...] atual sobre não ser precisamente brilhante (e nunca jamais o foi) é precária. Naturalmente ganho 1:600$ mensais, como professor da Escola Normal (600$), diretor interino (400$) e substituto do Leôncio Correia, na cadeira dele (600$), mas em abril deve cessar a minha comissão de Direção e em novembro, com a mudança de governo, é natural que o Leôncio reassuma a sua cadeira deixando a direção da Imprensa Nacional. De sorte que em abril eu fico reduzido a um conto e duzentos mil-réis, e em novembro a 600 mil-réis. Mas se eu for fazer as conferências, perco forçosamente o benefício da comissão de diretor e da substituição do Leôncio, e não terei outro vencimento que os 600$ da minha cadeira, na hipótese de que o Prefeito as mande pagar integralmente. Ora não é com esse dinheiro que eu posso deixar aqui a família. Estando eu ainda posso arranjar um ou outro bico jornalístico e ir acomodando as coisas *tant bien que mal*, mas eu fora, muda a coisa de figura de mal a pior. Nesta situação o meu bom amigo compreende que me é de todo impossível aceitar a missão, aliás demasiado pesada e honrosa para mim, que a sua extrema benevolência me quer confiar. Estou certo de que me dará razão (VERÍSSIMO, carta a O. L., 02/02/1914).

O estado de sítio minava as forças, e Veríssimo de fato se sentia mais fraco. O tom de preocupação se assemelhava ao de 1897, mas o pessimismo parecia ainda maior, como dirá em maio:

> Temos novo estado de sítio, por mais seis meses. O motivo [...] acho eu é o pânico de que está tomando o Hermes, diante da perspectiva do desafogo da imprensa que ele amordaçou.
> Não sei que lhe diga de tudo isto. A minha indignação, o meu aborrecimento, ou melhor o meu vazio não caberiam em mais uma folha de papel. Sinceramente, nos meus dias de maior pessimismo, e o Senhor sabe se os tenho, nunca imaginei que o Brasil viesse a suportar, e sofrer, situação tão miserável! E nenhuma esperança porque

TRINCHEIRAS DA CRÍTICA LITERÁRIA

RACHEL BERTOL

a monarquia (em que pese a Dona Flora [esposa de Oliveira Lima]) é uma impossibilidade física, moral e material no Brasil. É aguentar até que a morte nos venha libertar disto (VERÍSSIMO, carta a O. L., 28/05/1914).

Mesmo precisando do dinheiro da colaboração jornalística, não encontrava o mesmo ânimo para manter-se no *Imparcial*. Em julho de 1914, admitiu:

Eu nada mais faço que os meus artigos do *Imparcial* e esses somente pelo pouco dinheiro que me dão, e com muita vontade de deixar essa tarefa, que começa a pesar-me, de escrever de uma literatura que não existe, senão como uma impostura, sem outro prêmio que a má vontade dos meus contemporâneos (VERÍSSIMO, carta a O. L., 28/07/1914).

A carta foi escrita justamente no dia em que eclodiu a Primeira Guerra, mas nela ainda não trata do assunto. Além de o ambiente da redação já não ser o mesmo com a censura e a prisão de Macedo Soares, *O Imparcial* apoiava abertamente Nilo Peçanha, que, naquele mesmo julho, quando Veríssimo dizia sentir-se cansado, foi eleito presidente do estado do Rio de Janeiro. "Uma vitória da opinião pública", anunciou a manchete de 13 daquele mês. Mais de uma vez, em seus textos no próprio *Imparcial*, Veríssimo havia feito referências negativas ao período em que Nilo Peçanha[111] ocupara a presidência, em 1909, chegando a citar seu governo como "nefasto".

Embora afastado da Academia, o crítico acompanhava à distância as concorridas disputas por vagas à imortalidade e até ajudava

---

111 Em 1915, José Eduardo de Macedo Soares foi eleito deputado federal pelo Rio de Janeiro, na legenda do Partido Republicano Fluminense, chefiado por Nilo Peçanha. Em maio de 1918, foi reeleito, para um período que se estendeu até 1920, e, no ano seguinte, conseguiu a segunda reeleição, cumprindo seu mandato até 1923. Em 1922, participou da campanha de Nilo Peçanha para a Presidência da República, no movimento da chamada Reação Republicana. A derrota (o vitorioso foi Artur Bernardes, candidato de Epitácio Pessoa) levou à primeira revolta tenentista dos anos 1920. Macedo Soares foi um dos ocupantes da Companhia Telefônica de Niterói, em 4 de julho de 1922, para impedir as comunicações com o Rio e facilitar o levante. A revolta eclodiu no dia seguinte. O jornalista se refugiou na legação da Argentina e antes do fim do ano foi preso em Maricá, mas conseguiu fugir. Fonte: CPDOC-FGV.

SEGUNDA PARTE

alguns amigos como podia. Na carta de 28 de julho de 1914, agradeceu o apoio de Oliveira Lima a um pedido seu. E não resistiu a comentar a candidatura de Gilberto Amado[112], que disputava a vaga de Heráclito Graça (tio de Graça Aranha) com Antônio Austregésilo[113]. Naquele tempo, a verve de Amado movimentava a opinião pública em sua coluna de *O Paiz*. Em um de seus textos, havia citado Veríssimo ao discutir a autonomia da literatura brasileira em relação a Portugal; o crítico lhe respondeu no *Imparcial* ("Literatura brasileira", 08/11/1913). Em outro, Amado provocou tanto descontentamento entre jovens autores que *O Imparcial*, reagindo ao que havia sido escrito no concorrente, resolveu abrir uma tribuna livre para a crítica literária (25/09/1913). Mas o primeiro texto que recebeu, já no dia seguinte, não tratou de Gilberto Amado, e sim de Veríssimo: João Ribeiro o atacou duramente. Seria uma resposta a texto em que o crítico afirmara que ele não tinha espaço na literatura brasileira. A reação continha ataques tão duros a Veríssimo que este escreveu uma resposta, reafirmando sua opinião ("Talento à força", 27/09/1913, p. 2), e o jornal saiu em sua defesa:

> Literatura porreteira.
> Decididamente, o assunto em voga há de ser, ainda por alguns dias, o caso dos poetas que planejam uma agressão ao jovem escritor Gilberto Amado – agressão de todo frustrada [...]. Ontem, o *senhor* João Ribeiro, que, certamente, se terá munido, ao menos, de algum *box*, comentou o caso. Hoje, o senhor José Veríssimo [...] discute o assunto, conforme já os seus leitores esperavam.
> Na *Réplica* aos críticos do seu projeto do Código Civil, Rui Barbosa classificou José Veríssimo como o melhor dos nossos críticos. Essa foi a opinião igualmente já externada por homens como Joaquim Nabuco e Oliveira Lima. De sorte que, em se tratando de direitos da crítica e direitos dos criticados, era indispensável a opinião do

---

112 Amado só conseguiria eleger-se para a ABL em 1963. Em 1915, foi eleito deputado federal por Sergipe, seu estado natal, e em maio daquele ano matou a tiros o poeta Aníbal Teófilo, no saguão do *Jornal do Commercio*, por motivos pessoais. Fonte: CPDOC-FGV.

113 Médico e fundador dos Arquivos Brasileiros de Medicina e dos Arquivos Brasileiros de Neurologia e Psquiatria. Informações disponíveis no site da ABL.

Mestre [Veríssimo] mais atacado, de Sul a Norte, pelo nosso público (*O Imparcial*, 27/09/1913, p. 2).

A Oliveira Lima, Veríssimo não escondeu sua opinião sobre Gilberto Amado: apesar do seu incontestável talento, tratava-se de um mau caráter.

Ficam em campo [na disputa pela vaga na ABL] o Gilberto e o Austregésilo. Do ponto de vista literário não há comparação entre os dois. A candidatura do Austregésilo é ridícula, ele literariamente não é só nulo, mas um bobo. Mas a Academia tem de escolher entre um bobo e um dos mais acabados exemplares da presente amoralidade ou imoralidade da mocidade brasileira, um arrivista desavergonhado, mas de incontestável talento, o que é pior. Como me aplaudo de a ter deixado! (VERÍSSIMO, carta a O. L., 28/07/1914).

A partir de agosto, sua colaboração começou a escassear, e, salvo duas exceções, todos os seus textos dessa fase trataram da guerra na Europa. Nesses textos, realizou análises de diferentes sentidos do confronto, sempre em tom de crítica à Alemanha, defendendo ideias pacifistas, internacionalistas e até (agora sim) socialistas.

O socialismo, já agora formidável, o socialismo que visto no seu conjunto não é somente esta ou aquela doutrina de nova organização social anticapitalista, mas a coligação de todos os descontentamentos da organização que leva a crises como esta, poderia achar-se incumbido, pelo próprio desenrolar dos acontecimentos, de destruir o presente estado político europeu. Que este se mostrou incapaz, o demonstra evidentemente o resultado a que chegou: a única saída que se lhe oferece é uma guerra geral, uma guerra cuja só a possibilidade é tremenda, e na qual arrisca todos os ganhos da civilização nos últimos quarenta anos (VERÍSSIMO, "Si vis pacem, para pacem", *O Imparcial*, 03/08/1913).

O conhecimento de política internacional acumulado pelo crítico era profundo e ele estendeu nesse período sua militância para artigos no *Jornal do Commercio*. Também teve textos

SEGUNDA PARTE   TRINCHEIRA 4

reproduzidos em publicações europeias (como *Temps*, *Revue Universitaire*, *Public Opinion*).

Em 16 de março de 1915, uma de suas últimas colunas no *Imparcial* (sua colaboração com o jornal se encerrou em maio), tratou da Liga Pró-Aliados, criada em 17 daquele mês. Como na ABL depois da morte de Machado de Assis, deu-se na Liga a dobradinha Rui Barbosa-Veríssimo. O senador era o presidente oficialmente, mas o crítico tornou-se a figura central para tocar as atividades cotidianas. Sua ascendência era tamanha que depois de sua morte, ocorrida no início de 1916, *O Imparcial* acusará a Liga de desviar-se de seus propósitos. O mesmo tipo de crítica será feita pelo *Jornal do Commercio* (ver PIRES, 2011), e a organização se esvaziou, com a saída de vários membros.

Nas trincheiras europeias, quando havia ofensivas alemãs mais duras, Veríssimo se sentia desalentado.

> Dir-se-ia que, nesse curto espaço de alguns dias [após uma vitória alemã], o homem envelheceu dez, vinte anos. O seu rosto, já pálido, enlividara, rugas profundas se lhe abriam na testa, ao redor dos olhos; havia, em todo ele, uma tristeza trágica, um imenso abatimento [...]. Chegadas, porém, as primeiras notícias da vitória dos exércitos aliados nas batalhas de Oureq e do Marne, ei-lo que se reanima e, como o mesmo entusiasmo, continua a lutar (LUSO, João apud PRISCO, 1937, p. 170).

A Alemanha representava, segundo Veríssimo, o oposto dos ideais de nação que o Brasil vinha construindo internacionalmente. Por isso, com a criação da Liga Pró-Aliados, havia chegado a hora de dar público testemunho de solidariedade, fazendo o mesmo que outros países. Apesar de seu profundo pessimismo a respeito da política nacional, sua visão sobre o país, tendo como base o cenário internacional e sobretudo o contraste com a Alemanha, mostrava-se positiva. A "paz armada" havia levado os países europeus a formar grandes estoques de armamento, retroalimentando a indústria bélica, num ciclo que tornou praticamente inevitável o conflito. Mas existia na posição alemã outros pontos de preocupação, notadamente as questões de raça. Lembrando que no Brasil o

TRINCHEIRAS DA CRÍTICA LITERÁRIA

povo que se formava poderia ser considerado "o novo latino", seria um contrassenso aceitar e não se bater contra o viés sociológico de tipo único que os alemães queriam impor.

> [...] com o nosso arraigado conceito de direito e da moralidade internacional, com o qual defendemos a nossa própria soberania, não nos é lícito, desde que estamos convencidos, como não podemos deixar de estar, da significação desta guerra, tomar outro partido senão o daqueles que lutam pelos princípios que são a base e a razão de ser da nossa existência como nação soberana. [...] Esse ideal é justamente a ocasião de afirmá-lo, ou de afirmá-lo de modo a criá-lo, se não o tivéssemos. [...] Nós somos, e queremos continuar a ser, uma democracia liberal, pacífica, progressista, bastante larga e elástica para que todos e cada um caibamos nela, sem embargo de diferenças de quaisquer opiniões e diversidades de temperamentos, isto é, precisamente, sem essa organização que quisera reduzir a Humanidade a um tipo único, de que os alemães fazem agora o seu ideal sociológico. [...] O que nos anima a todos é a profunda e decidida aversão ao sistema político propugnado pela Alemanha [...] é a política alemã de restauração da guerra e da conquista, do desprezo dos direitos dos povos, do menosprezo dos tratados, dos processos bárbaros de guerra, da mentira, da perfídia, da duplicidade preconizadas e usadas como expedientes políticos e diplomáticos, é a sua estólida presunção de raça superior que detestamos e contra a qual pensamos nos devemos precaver (VERÍSSIMO, "Os brasileiros e a guerra", *O Imparcial*, 16/03/1915).

Naquele mesmo março, a amizade de Veríssimo com Oliveira Lima, iniciada havia duas décadas, encontrou seu fim, abatida pela Guerra. O diplomata pendia para o lado alemão. Em 11 de março de 1915, Veríssimo lhe escreveu uma breve carta em tom seco e com uma formalidade acima do usual. No envelope, pôs um recorte do *Jornal do Commercio* em que se podia ler uma declaração do diplomata, sobre a qual comentou:

> Com quanto (sinto que não esteja em mim calá-lo) ela me tenha profundamente desgostado, como a todos os seus amigos aqui têm

profundamente desgostado a sua atitude, estimo-o e respeito-o bastante para não precisar das suas tão insistentes recomendações na carta com que m'a enviou para fazê-la publicar (VERÍSSIMO, carta a O. L., 11/03/1915).

Foram retomadas antigas práticas de militância, como as que Veríssimo havia conhecido nos anos de campanha abolicionista – ele que costumava festejar e brindar anualmente o 13 de Maio. Em 21 de abril, escreveu no *Imparcial* sobre a importância da solidariedade contra a Guerra ("Por nós mesmos") e terminou falando de um festival que ia acontecer no Teatro Lírico para aclamar a França. Foram muitas as atividades desse tipo propostas pela Liga.

O impacto do que acontecia na Europa também foi sentido nas práticas do *Imparcial*. Desde o início do conflito, a maioria de suas capas ilustradas passou a retratar situações da Guerra. No entanto, em abril de 1917 o jornal deixou de publicar ilustrações na primeira página, que passou a ser dividida em seis colunas, como a maioria dos jornais.

> [...] tentamos dar à cidade, de pronto, um jornal calcado sobre os melhores moldes europeus. Como, porém, as condições do meio ainda não comportassem uma publicação dessa ordem, por estar a maioria do público habituada aos moldes tradicionais do jornalismo brasileiro, consentimos em transigir parcialmente, guardando-nos para realizar totalmente o essencial do nosso propósito quando se oferecesse a precisa oportunidade (*O Imparcial*, 17/04/1917, p. 4).

Aos poucos, houve a descaracterização da folha tal como planejada em 1912[114]. Mas esta última "trincheira" de Veríssimo se assemelha à primeira, do *Jornal do Brasil*, pelo turbulento cenário no qual as publicações buscaram se afirmar. Do primeiro a seu último ciclo no jornalismo da capital, o crítico não deixou cair a pena - e a política não lhe deu trégua. Ser jornalista, crítico,

---

114 Em 1923, o nome de Macedo Soares deixará de figurar na primeira página como diretor. A folha, que teve outros diretores, vai sair de circulação em 1929. *O Imparcial* que surgiu em 1935, de José Soares Maciel Filho, não deve ser confundido com a folha de 1912 (ver o perfil do jornalista disponível no site do CPDOC-FGV).

negociando continuamente espaço na imprensa, exigia muita energia, e a realidade brasileira na República nascente se mostrava particularmente desafiadora. Quando comentou *Os Sertões*, de Euclides da Cunha, Veríssimo apressou os leitores: "Falta-me já espaço para demorar-me nessas páginas cheias de ação como um drama. A luta já vai começar". Agora quase podemos dizer como ele: falta-nos espaço para continuar nestas páginas cheias de ação e drama. A luta não terminou, e a próxima batalha já vai começar.

Crítica vs. Reportagem: por fim

José Veríssimo manejou o cotidiano da vida literária nas duas décadas iniciais da República. Sua atividade não se limitava a escrever sobre os autores: havia redes de convivência e invenção social em torno da escrita, constituindo-se e firmando-se numa instância coletiva. Sua centralidade se reforçava na medida em que dominava os códigos da escrita numa sociedade profundamente identificada com a literatura. Nesse processo, participou do esforço de construção de uma mirada crítica realizada por intelectuais do período sobre a realidade brasileira, com aspectos que seriam retomados posteriormente na obra de alguns dos "intérpretes" do Brasil.

O perfil que se delineia do José Veríssimo "homem de imprensa" é o de uma figura altamente combativa, bem mais do que pode fazer supor sua colaboração no vetusto e conservador *Jornal do Commercio*, pela qual é mais conhecido. O crítico abre cada uma das três primeiras décadas da República aderindo a jornais oposicionistas (*Jornal do Brasil*, *Correio da Manhã* e *O Imparcial*), novas empresas então recém-criadas que apresentavam propostas de inovação do circuito jornalístico.

O fato de atuar no cerne mesmo da imprensa faz com que encontremos em sua trajetória mais do que uma mirada meramente biográfica: são os embates mesmo do tempo que ali se delineiam. Podemos compreender mecanismos da crítica literária em jornal, por exemplo, e por extensão há subsídios para discutirmos de que forma a autoridade jornalística buscará se impor na virada do século XIX para o XX. Os lances teatrais e em certa medida até cômicos de sua oposição a João do Rio, por exemplo, fornecem indícios saborosos das questões que se punham de forma irremediável diante deles.

Com o apoio de Machado de Assis, Veríssimo realizou o principal empreendimento editorial de sua trajetória: a recriação da

CRÍTICA VS. REPORTAGEM: POR FIM

Revista Brasileira, em 1895. Por quatro anos, a *Revista* se tornou uma meca intelectual na capital. Em sua redação, fermentou a ideia de criação da Academia Brasileira de Letras, e sua história costuma ser contada apenas como apêndice desse episódio, ofuscada pela "imortalidade". Aqui se buscou realizar o movimento inverso, sem, no entanto, deixar de lado os aspectos relacionados à agremiação criada em 1897. Naquele período, um projeto espelhou o outro. Os documentos encontrados a respeito da publicação, demonstrando que se constituiu por meio de uma sociedade de ações, embasam a ideia de que Veríssimo não apenas angariou prestígio e centralidade para si ao dirigi-la, como a transformou em instrumento eficaz para a organização dos intelectuais e a propagação de ideias. Desde sua chegada à capital, em 1891, vendo de perto os bastidores da República, havia iniciado um processo, que aos poucos radicalizaria, de crítica ao nacionalismo, a ponto de ser acusado de antipatriotismo e precisar muitas vezes justificar-se. Sua associação com Machado de Assis desempenhou papel importante para essa tomada de posição (de alguma forma, a mesma acusação pesava sobre a literatura machadiana) - e a Revista "brasileira" vai ser significativa para essa noção, também a respeito da nossa cultura.

No fim da vida, ainda, "entrincheirou-se" na Liga Pró-Aliados, durante a Primeira Guerra, tornando-se o líder desse movimento em oposição à Alemanha. Nesse período, passou a se expressar mais claramente a favor do socialismo e do internacionalismo, com restrições ao militarismo germânico e à sua defesa de um "tipo sociológico único", como condenava. Não sendo o Brasil um país branco, dizia Veríssimo, seria uma profunda incongruência apoiar essa perspectiva.

De alguma maneira, o crítico pressentiu, em sua atuação, a passagem que corresponde à virada das redes discursivas 1800-1900, segundo a análise apresentada por Kittler e Gumbrecht. A morte de Machado, portanto, pode ser tomada como símbolo dessa mudança; João do Rio expressou-a em forma de ataque. A crítica literária, associada ao projeto da crítica hermenêutica, já não encontraria o mesmo espaço para se desenvolver. A chamada "crítica de rodapé", que terá seu auge nos anos 1940, será uma resposta a essas restrições do início do século XX. Veríssimo nunca foi um crítico de rodapé.

Buscar cruzar a crítica no jornalismo e este na crítica faz com que ambos os lados sejam remetidos à instabilidade que lhes é originária. Assim, ir à história demonstra que o jornalismo vive da reafirmação constante de sua autoridade. Se no passado o jornalismo se viu em certa medida confrontado pela crítica literária, hoje são outros os desafios a superar.

Referências bibliográficas

Obras de José Veríssimo:

Primeiras páginas. Composto por "Viagens no sertão"; "Quadros paraenses"; "Estudos". Belém: Tip. Gutenberg, 1878.

Idoles de l'Amazone. Lyon: Imprimerie Pitrait Aimé, 1884.

Cenas da vida amazônica: um estudo sobre as populações indígenas e mestiças da Amazônia. Belém: Tavares Cardoso & Irmão, 1886.

Cenas da vida amazônica: um estudo sobre as populações indígenas e mestiças da Amazônia. Nova ed. Rio de Janeiro: Laemmert, 1899.

Cenas da vida amazônica: um estudo sobre as populações indígenas e mestiças da Amazônia. 3a ed. Rio de Janeiro: Organizações Simões, 1957.

Cenas da vida amazônica: um estudo sobre as populações indígenas e mestiças da Amazônia. Organizado por Antonio Dimas. São Paulo: WMF Martins Fontes, 2011.

As populações indígenas e mestiças da Amazônia: sua linguagem, suas crenças e seus costumes. Rio de Janeiro: Laemmert, 1887.

A educação nacional. Belém: Tavares Cardoso, 1890.

A educação nacional. Aumentada pelo autor de uma introdução e de um capítulo novo. 2a ed. Rio de Janeiro: Livraria Francisco Alves, 1906.

A educação nacional. 3a ed. Porto Alegre: Mercado Aberto, 1985.

A educação nacional. Prefácio de José Murilo de Carvalho. 4ª ed. Rio de Janeiro: Topbooks; Belo Horizonte: PUC-Minas, 2013.

Estudos brasileiros (1877-1885). Belém: Tavares Cardoso & Irmão, 1889.

Estudos brasileiros (1877-1885): segunda série (1889-1893). Rio de Janeiro: Laemmert, 1894.

A instrução pública no estado do Pará em 1890. Belém: Typographia Tavares Cardoso, 1892.

A Amazônia: aspectos econômicos. Rio de Janeiro: Tipografia do Jornal do Brazil, 1892.

A pesca na Amazônia. Rio de Janeiro: Livraria Clássica de Alves & C, 1895.

A instrução e a imprensa. IV centenário. Rio de Janeiro: 1899.

O século XIX. Resenha histórica publicada pela Gazeta de Notícias, 1899.

Pará e Amazonas: questões de limites. Rio de Janeiro: Companhia Tip. do Brasil, 1899.

Estudos de literatura brasileira: primeira série. Rio de Janeiro: H. Garnier, 1901.

Estudos de literatura brasileira: segunda série. Rio de Janeiro: H. Garnier, 1901.

Estudos de literatura brasileira: terceira série. Rio de Janeiro: H. Garnier, 1903.

Estudos de literatura brasileira: quarta série. Rio de Janeiro: H. Garnier, 1904.

Estudos de literatura brasileira: quinta série. Rio de Janeiro: H. Garnier, 1905.

Estudos de literatura brasileira: sexta série. Rio de Janeiro: H. Garnier, 1907.

Homens e coisas estrangeiras: primeira série 1899-1900. Rio de Janeiro: Garnier, 1902.

Homens e coisas estrangeiras: segunda série 1901-1902. Rio de Janeiro: Garnier, 1905.

Homens e coisas estrangeiras: terceira série 1905-1908. Rio de Janeiro: Garnier, 1910.

Homens e coisas estrangeiras: 1899-1908. Prefácio João Alexandre Barbosa. Rio de Janeiro: Topbooks, 2003.

Juízos críticos. Os Sertões: campanha de Canudos, por Euclides da Cunha. Rio de Janeiro: Laemmert, 1904.

Que é literatura? e outros escritos. Rio de Janeiro: H. Garnier, 1907.

História da literatura brasileira: de Bento Teixeira (1601) a Machado de Assis (1908). Rio de Janeiro; Lisboa: Francisco Alves; Aillaud e Bertrand, 1916.

História da literatura brasileira: de Bento Teixeira (1601) a Machado de Assis (1908). 2ª ed. Rio de Janeiro; Lisboa: Francisco Alves; Aillaud e Bertrand, 1929.

História da literatura brasileira: de Bento Teixeira (1601) a Machado de Assis (1908).Coleção documentos brasileiros. 3ª ed. Rio de Janeiro: José Olympio, 1954.

História da literatura brasileira: de Bento Teixeira (1601) a Machado de Assis (1908). Biblioteca Básica Brasileira. 4ª ed. Brasília: Editora Universidade de Brasília, 1963 [1º reimpressão 1981].

História da literatura brasileira: de Bento Teixeira (1601) a Machado de Assis (1908). 5ª ed. Rio de Janeiro: José Olympio, 1969.

História da literatura brasileira: de Bento Teixeira (1601) a Machado de Assis (1908). 6ª ed. Rio de Janeiro: Record, 1998.

REFERÊNCIAS BIBLIOGRÁFICAS

História da literatura brasileira: de Bento Teixeira (1601) a Machado de Assis (1908). 7ª ed. Rio de Janeiro: Topbooks, 1998.

Letras e literatos: estudinhos críticos da nossa literatura do dia 1912-1914. Rio de Janeiro: José Olympio, 1936.

Estudos amazônicos. Coleção Amazônica. Belém: Universidade Federal do Pará, 1970.

Teoria, crítica e história literária. Seleção e apresentação de João Alexandre Barbosa. Rio de Janeiro: Livros Técnicos e Científicos; São Paulo: Ed. da Universidade de São Paulo, 1977.

Últimos estudos de literatura brasileira: 7ª série. Introdução de Luiz Carlos Alves. Belo Horizonte: Itatiaia; São Paulo: Edusp, 1979.

Cultura, literatura e política na América Latina. Seleção e apresentação: João Alexandre Barbosa. São Paulo: Brasiliense, 1986.

Acervos de periódicos (Fundação Biblioteca Nacional - exceto os indicados):

Jornal do Commercio

Gazeta de Notícias

Jornal do Brasil

Correio da Manhã

Almanak do Correio da Manhã

O Imparcial

Revista Brasileira

Revista Amazônica

A Semana

Kósmos

Revista do Brasil (a consulta deste periódico foi realizada no Museu de Astronomia e Ciências Afins)

Revue des Revues (acervo da Biblioteca Nacional da França, Gallica)

Manuscritos originais:

Fundação Biblioteca Nacional

Oliveira Lima Library (Universidade Católica da América, Washington, D.C.)

Arquivo José Veríssimo, Academia Brasileiras de Letras

Arquivo-Museu da Literatura Brasileira, Fundação Casa de Rui Barbosa

Obras gerais:

ABREU, Márcia; MOLLIER, Jean-Yves. *Romances em movimento:* a circulação transatlântica dos impressos (1789-1914). Campinas: Editora da Unicamp, 2016.

ALONSO, Angela. *Ideias em movimento*: a geração 1870 na crise do Brasil-Império. São Paulo: Paz e Terra, 2002.

ALONSO, Angela. *Joaquim Nabuco:* os salões e as ruas. São Paulo: Companhia das Letras, 2007.

ANDERSON, Benedict. *Comunidades imaginadas:* reflexões sobre a origem e a difusão do nacionalismo. São Paulo: Companhia das Letras, 2008.

ANDRADE, Olímpio de Souza. *História e interpretação de "Os Sertões"*. 4ª ed., revisada e aumentada. Rio de Janeiro: Academia Brasileira de Letras, 2002.

ARANHA, Graça. *Canaã*. Prefácio de Renato Pacheco. Ed. comemorativa, anotada e ilustrada. Rio de Janeiro: Ediouro, 2002.

ARANHA, Graça. *O meu próprio romance*. São Paulo: Companhia Editora Nacional, 1931.

ARANHA, Graça (org., introdução e notas). *Correspondência:* Machado de Assis e Joaquim Nabuco. São Paulo: Monteiro Lobato & Cia. Editores, 1923.

ASSIS, Machado de. *Obra completa em quatro volumes*. Rio de Janeiro: Editora Nova Aguilar, 2008.

ASSIS, Machado de. *Correspondência de Machado de Assis:* tomo II, 1870-1889. Coordenação e orientação Sergio Paulo Rouanet; reunida, organizada e comentada por Irene Moutinho e Sílvia Eleutério. Rio de Janeiro: ABL, 2009.

ASSIS, Machado de. *Correspondência de Machado de Assis:* tomo III, 1890-1900. Coordenação e orientação Sergio Paulo Rouanet; reunida, organizada e comentada por Irene Moutinho e Sílvia Eleutério. Rio de Janeiro: ABL, 2011.

ASSIS, Machado de. *Correspondência de Machado de Assis:* tomo IV, 1901-1904. Coordenação e orientação Sergio Paulo Rouanet; reunida, organizada e comentada por Irene Moutinho e Sílvia Eleutério. Rio de Janeiro: ABL, 2012.

ASSIS, Machado de. *Correspondência de Machado de Assis:* tomo V, 1905-1908. Coordenação e orientação Sergio Paulo Rouanet; reunida, organizada e comentada por Irene Moutinho e Sílvia Eleutério. Rio de Janeiro: ABL, 2015.

AZEVEDO, Maria Helena Castro. *Um senhor modernista:* biografia de Graça Aranha. Prefácio de Alberto Venancio Filho. Rio de Janeiro: Academia Brasileira de Letras, 2002.

REFERÊNCIAS BIBLIOGRÁFICAS

BAHIA, Juarez. *História, jornal e técnica:* história da imprensa brasileira, vol 1. 5ª ed. Rio de Janeiro: Mauad X, 2009.

BARBOSA, Francisco de Assis. *A vida de Lima Barreto (1881-1922).* Notas de revisão de Beatriz Rezende. 10ª ed. Rio de Janeiro: José Olympio, 2012.

BARBOSA, João Alexandre. *A tradição do impasse:* linguagem da crítica & crítica da linguagem em José Veríssimo. São Paulo: Ática, 1974.

BARBOSA, João Alexandre. "Introdução: A vertente latino-americana". In: VERÍSSIMO, José. *Cultura, literatura e política na América Latina.* Seleção e apresentação: João Alexandre Barbosa. São Paulo: Brasiliense, 1986.

BARBOSA, Marialva. *História cultural da Imprensa: Brasil 1800-1900.* Rio de Janeiro: Mauad X, 2010.

BARBOSA, Marialva. *História cultural da Imprensa: Brasil 1900-2000.* Rio de Janeiro: Mauad X, 2007.

BARBOSA, Marialva. "Por uma história dos sistemas de comunicação". In: *Contracampo*, vol. 01, n. 1, Niterói, jul-dez 1997.

BARBOSA, Marialva; RIBEIRO, Ana Paula Goulart (orgs). *Comunicação e história: partilhas teóricas.* Florianópolis: Insular, 2011.

BARRETO, Lima. *Recordações do escrivão Isaías Caminha.* São Paulo: Penguim Companhia, 2010.

BARRETO, Lima. *Os subterrâneos do Morro do Castelo.* Rio de Janeiro: Dantes, 1999.

BARRETO, Lima. *Diário íntimo.* São Paulo: Globus Editora, 2011.

BERTOL, Rachel. "Em torno da crítica literária em jornal: sobre Lima Barreto e José Veríssimo". In: *MATRIZes*, vol. 11, n. 2, mai-ago 2017, São Paulo, pp. 249-270.

BERTOL, Rachel. "A figuração do circuito editorial no movimento romântico brasileiro". In: GRUSZYNSKI, Ana; MARTINS, Bruno; GONÇALVES, Márcio (org). *Edição: agentes e objetos.* Belo Horizonte: PPGCOM-UFMG, 2018.

BERTOL, Rachel. "Um republicano entre monarquistas: José Veríssimo nos primeiros dias do Jornal do Brasil". In: *Anais da Biblioteca Nacional*, vol. 135-136, 2015-2019. Rio de Janeiro, 2019, pp. 281-288.

BERTOL, Rachel. "*Revista Brasileira*, dirigida por José Veríssimo: motor de uma geração". In: *Revista Brasileira de Ciências Sociais*, vol. 35, n. 103, 2020.

BERTOL, Rachel. "Anacronias da crítica literária em jornal: a transição da matriz romântica ao rodapé". In: *Intercom – Revista Brasileira de Ciências da Comunicação*. São Paulo, v. 43, n. 1, jan/abr, 2020a, pp. 53-70.

BERTOL, Rachel; MARTINS, Bruno Guimarães. "Entre o crítico e o tipógrafo: Machado de Assis e a invenção de espaços editoriais, em dois tempos". In: *Machado de Assis em Linha,* vol. 13, 2020, pp. 47-61.

BETHELL, Leslie. "O Brasil e a ideia de 'América Latina' em perspectiva histórica". In: *Estudos Históricos*, vol. 22, no 44, Rio de Janeiro, jul-dez 2009.

BEZERRA NETO, José Maia. "José Veríssimo: pensamento social e etnografia na Amazônia (1877-1915)". In: *Dados* [online], 1999, vol. 42, n. 3, pp. 539-564.

BOLLE, Adélia Bezerra de Menezes. *A obra crítica de Álvaro Lins e sua função histórica*. Petrópolis: Vozes, 1979.

BOSI, Alfredo. "Prefácio". In: BARBOSA, João Alexandre. *A tradição do impasse: linguagem da crítica & crítica da linguagem em José Veríssimo*. São Paulo: Ática, 1974.

BOTELHO, André. "Crime e expiação: a recepção de 'Os Sertões' de Euclides da Cunha". In: *Revista Brasileira de Ciências Sociais*, vol. 19, n. 54, 2004.

BOURDIEU, Pierre. *O poder simbólico*. Lisboa: Difel; Rio de Janeiro: Bertrand Brasil, 1989.

BOURDIEU, Pierre. "A ilusão biográfica". In: AMADO, Janaína; FERREIRA, Marieta de Moraes (orgs). *Usos e abusos da história oral*. Rio de Janeiro: FGV, 2006.

BROCA, Brito. *A vida literária no Brasil – 1900*. Rio de Janeiro: José Olympio, 1956.

CALMON, Pedro. "O cicoentenário de um jornal". In: *Jornal do Brasil*, 09/04/1941, p. 5.

CANDIDO, Antonio. *A formação da literatura brasileira: momentos decisivos 1750-1880*. Rio de Janeiro: Ouro sobre Azul, 2006 [1957].

CANDIDO, Antonio. *Método crítico de Silvio Romero*. Rio de Janeiro: Ouro Sobre Azul, 2006 [1945].

CANDIDO, Antonio. "A vida ao rés-do-chão". In: *Recortes*. Rio de Janeiro: Ouro sobre Azul, 2004, pp. 26-34.

CARVALHO, José Murilo. "Os três povos da República". In: CARVALHO, Maria Alice Rezende de (org). *República no Catete*. Prefácio de Raphael de Almeida Magalhães. Rio de Janeiro: Museu da República, 2001.

CARVALHO, José Murilo. Prefácio à 3ª ed. In: *Correspondência: Machado de Assis & Joaquim Nabuco*. Organização, introdução e notas por Graça Aranha. Rio de Janeiro: Academia Brasileira de Letras/Topbooks, 2003.

CARVALHO, José Murilo (org). *A Academia Brasileira de Letras: subsídios para sua história*. Rio de Janeiro: ABL, 2009.

REFERÊNCIAS BIBLIOGRÁFICAS

CARVALHO, José Murilo. Prefácio à 4ª ed. In: *A educação nacional*. Rio de Janeiro: Topbooks, 2013.

CARVALHO, Maria Alice Rezende de (org). *República no Catete*. Prefácio de Raphael de Almeida Magalhães. Rio de Janeiro: Museu da República, 2001.

CARVALHO, Maria Alice Rezende de. *Irineu Marinho: imprensa e cidade*. São Paulo: Globo, 2012.

CASTILHO, Mariana Moreno. *"O indígena no olhar de José Veríssimo"*. Tese de doutorado. Universidade de São Paulo (USP), 2012.

CAVAZOTTI, Maria Auxiliadora. *O projeto republicano de educação nacional na versão de José Veríssimo*. São Paulo: Annablume, 2003.

CHARTIER, Roger. *A história cultural: entre práticas e representações*. Lisboa: Difel, 1990.

COSTA, Ariadne. Prólogo. In: LUDMER, Josefina. *Intervenções críticas*. Rio de Janeiro: Azougue: Circuito, 2014.

COSTA, Cristiane. *Pena de aluguel:* escritores jornalistas no Brasil 1904-2004. São Paulo: Companhia das Letras, 2005.

COSTRUBA, Deivid Aparecido. "Júlia Lopes de Almeida e a literatura de 'O livro das noivas' (1896)". In: *Baleia na Rede*: Revista Online do Grupo de Pesquisa em Cinema e Literatura, vol. 1, n. 6, ano VI, dez/2009.

DARNTON, Robert. *O beijo de Lamourette:* mídia, cultura e revolução. São Paulo: Companhia das Letras, 2010.

DE LUCA, Tania Regina. *A Revista do Brasil*: um diagnóstico para a (N)ação. São Paulo: Fundação da Editora da Unesp, 1999.

DOYLE, Plinio; LYRA, Helena Cavalcanti de; SENA, Homero; COUTO, Ivette Maria S. Sanches do. *História de Revistas e Jornais Literários,* índice da *Revista Brasileira*, volume II. Rio de Janeiro: Fundação Casa de Rui Barbosa, 1995.

DUTRA, Eliana de Freitas. "Revistas de cultura no Brasil dos oitocentos: trânsitos e apropriações. O caso da *Revue des Deux Mondes* e da *Revista Brasileira*". In: GRANJA, Lúcia; DE LUCA, Tania Regina. *Suportes e mediadores:* a circulação transatlântica dos impressos (1789-1914). Campinas, SP: Editora da Unicamp, 2018.

EL FAR, Alessandra. *A encenação da imortalidade*: uma análise da Academia Brasileira de Letras nos primeiros anos da República (1897-1914). Rio de Janeiro: Fapesp/FGV, 2000.

FARGE, Arlette. *O sabor do arquivo*. São Paulo: Edusp, 2009.

FERREIRA, Lúcio Menezes. *Território primitivo:* a institucionalização da arqueologia no Brasil (1870-1917). Porto Alegre: EdiPUCRS, 2010.

TRINCHEIRAS DA CRÍTICA LITERÁRIA

FLEIUSS, Max. *A Semana:* chronica da saudade. Rio de Janeiro, 1915.

FOUCAULT, Michel. *A ordem do discurso.* 5ª ed. São Paulo: Edições Loyola, 1996 [1970].

FOUCAULT, Michel. *As palavras e as coisas:* uma arqueologia das ciências humanas. Tradução de Salma Tannus Muchail. São Paulo: Martins Fontes, 2000 [1966].

FRANÇA, Maria do Perpétuo Socorro Gomes de Souza Avelino. "José Veríssimo (1857-1916) e a Educação Brasileira Republicana: raízes da renovação escolar conservadora". Tese de doutorado – Universidade Estadual de Campinas (Unicamp), 2004.

GALVÃO, Walnice Nogueira; GALOTTI, Oswaldo (orgs.). *Correspondência de Euclides da Cunha.* São Paulo: Edusp, 1997.

GARZONI, Lerice de Castro. "Disputas políticas e disputas por leitores: a criação do 'Correio da Manhã' (1898-1901)". In: *Topoi,* v. 12, n. 22, jan-jul 2011, pp. 158-177.

GINZBURG, Carlo. *O queijo e os vermes*: o cotidiano e as ideias de um moleiro perseguido pela Inquisição. São Paulo: Companhia das Letras, 1998.

GOMES, Angela de Castro. "José Veríssimo e 'A educação nacional': história pátria e cultura política republicana". In: CURY, Cláudia Engler; FLORES, Elio Chaves; CORDEIRO JR, Raimundo Barroso (orgs). *Cultura histórica a historiografia:* legados e contribuições do século 20. João Pessoa: Editora Universitária/UFPB, 2010.

GOMES, Angela de Castro (org.). *Em família:* a correspondência de Oliveira Lima e Gilberto Freyre. Campinas, SP: Mercado de Letras, 2005.

GOMES, Angela de Castro. "Escrita de si, escrita da História: a título de prólogo". In: GOMES, Angela de Castro (org.). *Escrita de si, escrita da história.* Rio de Janeiro: FGV, 2004.

GUIMARÃES, Hélio de Seixas. *Os leitores de Machado de Assis:* o romance machadiano e o público de literatura no século 19. São Paulo: Nankin/ Edusp, 2004a.

GUIMARÃES, Hélio de Seixas. "Romero, Araripe, Veríssimo e a recepção crítica do romance machadiano". In: *Estudos Avançados,* vol. 18, n. 51, São Paulo, mai-ago 2004b.

GUMBRECHT, Hans Ulrich; Pfeiffer, Ludwig (orgs). *Materialities of Communication.* Stanford: Stanford University Press, 1994.

REFERÊNCIAS BIBLIOGRÁFICAS

GUMBRECHT, Hans Ulrich. "Posfácio: A história das mídias como evento da verdade: sobre a singularidade da obra de Friedrich A. Kittler". In: KITTLER, F. *A verdade do mundo técnico*: Ensaios sobre a genealogia da atualidade. Rio de Janeiro: Contraponto, 2017.

GUMBRECHT, Hans Ulrich. *Produção de presença:* o que o sentido não consegue transmitir. Tradução de Ana Isabel Soares. Rio de Janeiro: Contraponto: PUC-Rio, 2010.

GUMBRECHT, Hans Ulrich. *Corpo e forma:* ensaios para uma crítica não hermenêutica. Organização de João Cezar de Castro Rocha. Rio de Janeiro: EdUerj, 1998a.

GUMBRECHT, Hans Ulrich. "Cascatas da modernização". In: ROCHA, João Cezar de. *Interseções:* a materialidade da comunicação: VI Colóquio Uerj. Rio de Janeiro: Imago/EdUerj, 1998b.

GUMBRECHT, Hans Ulrich. *In 1926:* living at the edge of time. Cambridge e Londres: Harvard University Press, 1997.

GUMBRECHT, Hans Ulrich. "Devemos continuar escrevendo histórias da literatura?". In: MOREIRA, Maria Eunice. *Histórias da literatura*: teorias e perspectivas. Porto Alegre: EdiPUCRS, 2005.

HAYLES, N. Katherine. "How we think: transforming power and digital technologies". In: BERRY, David M. (org). *Understanding digital humanities*. Nova York: Palgrave Macmillan, 2012.

KITTLER, Friedrich. *Discourse Networks, 1800/1900*. Traduzido por Michael Metteer com Chris Cullens. Prefácio de David Wellbery. Stanford University Press: Stanford, Califórnia, 1990.

KITTLER, Friedrich. *Gramofone, filme, typewriter*. Belo Horizonte: Editora UFMG; Rio de Janeiro: EdUERJ, 2019.

KITTLER, Friedrich. *A verdade do mundo técnico:* Ensaios sobre a genealogia da atualidade. Rio de Janeiro: Contraponto, 2017.

LESSA, Renato. "A invenção da República no Brasil: da aventura à rotina". In: CARVALHO, Maria Alice Rezende de (org). *República no Catete*. Prefácio de Raphael de Almeida Magalhães. Rio de Janeiro: Museu da República, 2001.

LESSA, Renato. *A invenção republicana*. 3ª ed., revisada e aumentada. Rio de Janeiro: Topbooks, 2015.

LUDMER, Josefina. *Aqui, América Latina*. Belo Horizonte: Editora UFMG, 2013

MACHADO, Ubiratan. *História das livrarias cariocas*. São Paulo: Edusp, 2012.

MARTINS, Ana Luiza. *Revistas em Revista:* imprensa e práticas culturais em tempos de República, São Paulo (1890-1922). São Paulo: Edusp, 2001.

MARTINS, Bruno Guimarães; BERTOL, Rachel. "O que nos diz a máquina de escrever? Notas sobre a escrita de um Brasil moderno". In: *Contracampo*, Niterói, v. 37, n. 03, pp. 09-27, dez. 2018/ mar. 2019.

MARTINS, Wilson. *A crítica literária no Brasil:* volume 1. Rio de Janeiro: Francisco Alves / Imprensa Oficial do Paraná, 2002.

MARTINS, Wilson. *História da inteligência brasileira:* volume IV (1877-1896). São Paulo: Cultrix: Edusp, 1977-78.

MEDEIROS E ALBUQUERQUE. Prefácio. In: CARVALHO, Ronald. *Pequena história da literatura brasileira*. Prêmio da Academia Brasileira. 6ª ed. rev. Rio de Janeiro: Briguiet, 1937 [1919].

MELO, José Marques de; FADUL, Anamaria; SILVA, Carlos Eduardo da (orgs). *Ideologia e poder no ensino da comunicação*. São Paulo: Cortez & Moraes/ INTERCOM, 1979.

MELO, José Marques de. *A opinião no jornalismo brasileiro*. 2ª ed. rev. Petrópolis: Vozes, 1994.

MELO, José Marques de. *Sociologia da imprensa brasileira*. Petrópolis: Vozes, 1973.

MEYER, Marlyse. *Folhetim:* uma história. São Paulo, Companhia das Letras, 1996.

MONTELLO, Josué (org.). *O modernismo na academia:* testemunhos e documentos. Rio de Janeiro: Academia Brasileira de Letras, 1994.

MORAES, Felipe Tavares de. "José Veríssimo, intelectual amazônico: a construção de um lugar de produção (Pará, 1877-1892)". In: *Anais do XXVIII Simpósio Nacional de História*. Florianópolis, 2015.

MORAES, Marcos Antonio de. "Epistolografia e crítica genética". In: *Ciência e Cultura*, vol. 59, n. 01. São Paulo jan-mar 2007.

MORAES, Marcos Antonio de. "Cena e bastidores da vida literária". In: MOREIRA, Maria Eunice. *Histórias da literatura:* teorias e perspectivas. Porto Alegre: EdiPUCRS, 2005.

MOREL, Marco; BARROS, Mariana Monteiro de. *Palavra, imagem e poder:* o surgimento da imprensa no Brasil do século XIX. Rio de Janeiro: DP&A, 2003.

MOREL, Marco. Prefácio. In: BARBOSA, Marialva. *História cultural da imprensa:* Brasil 1800-1900. Rio de Janeiro: Mauad X, 2010.

MORETTI, Franco. *Distant reading*. Londres/Nova York: Verso, 2013.

MORETTI, Franco. "Conjeturas sobre a literatura mundial". Tradução de José Marcos Macedo. I*n: Novos Estudos*, n. 58, nov 2000.

REFERÊNCIAS BIBLIOGRÁFICAS

MÜLLER, Adalberto; FELINTO, Erick. "Medialidade: encontro entre os estudos literários e os estudos de mídia". In: *Contracampo*, n. 19, Niterói, 2º semestre, 2008.

NABUCO, Joaquim. "Discurso: Academia Brasileira de Letras". In: *Revista Brasileira*, tomo IX, jul-set de 1897, Rio de Janeiro, p. 129.

NASCIMENTO, José Leonardo; FACIOLI, Valentim (orgs.). *Juízos críticos:* "Os Sertões" e os olhares de sua época. São Paulo: Nankin/Unesp, 2003.

NEEDELL, Jeffrey D. *Belle époque tropical*: sociedade e cultura de elite no Rio de Janeiro na virada do século. Tradução de Celso Nogueira. São Paulo: Companhia das Letras, 1993.

NETO, José Maria Bezerra. *"José Veríssimo:* pensamento social e etnografia da Amazônia (1877/1915)". In: *Dados*, vol. 42, n. 3, Rio de Janeiro, 1999.

NETO, Miguel Sanches. *Graça Aranha:* Série Essencial. Rio de Janeiro: ABL, 2010.

NEVES, Fernão. *A Academia Brasileira de Letras:* notas e documentos para a sua história (1896-1940). Rio de Janeiro: Academia Brasileira de Letras, 2008 [1940].

PAMPLONA, Alessandra Gaia. "A consagração periódica de José Veríssimo (1877-1884)". Dissertação de mestrado. Universidade Federal do Pará, 2009.

PARIKKA, Jussi. "Postscript: Of Disappearences and the Ontology of Media (Studies)". In: IKONIADOU, Eleni; WILSON, Scott (orgs). *Media after Kittler*. Londres/Nova York: Rowman & Littlefield, 2015.

PEREIRA, Lucia Miguel. *Machado de Assis:* estudo crítico e biográfico. 6ª ed. rev. São Paulo: Itatiaia/Edusp, 1988.

PIRES, Livia Claro. *"A liga brasileira pelos Aliados e o Brasil na Primeira Guerra Mundial"*. In: *Anais do XXVI Simpósio Nacional de História* (ANPUH). São Paulo, julho 2011.

PRISCO, Francisco. *José Veríssimo:* sua vida e suas obras. Rio de Janeiro: Bedeschi, 1937.

RAMA, Ángel. *A cidade das letras*. Tradução de Emir Sader. Rio de Janeiro: Brasiliense, 1984.

RIBEIRO, Ana Paula Goulart. *Imprensa e história no Rio de Janeiro dos anos 1950*. Rio de Janeiro: E-papers, 2007.

RIBEIRO, Ana Paula Goulart; HERSCHMANN, Michael (orgs). *Comunicação e história:* interfaces e novas abordagens. Rio de Janeiro: Mauad X/Globo Universidade, 2008.

RIO, João do. *O momento literário.* Organização, introdução e notas, Silvia Maria Azevedo e Tania Regina de Luca. São Paulo: Rafael Copetti Editor, 2019. Reedição de livro publicado em 1909.

RIZZINI, Carlos. *O livro, o jornal e a tipografia no Brasil 1500-1822.* São Paulo: Imprensa Oficial do Estado/Imesp, 1988 (edição fac-similar).

ROCHA, João Cezar de Castro. *Crítica literária:* em busca do tempo perdido? Chapecó: Argos, 2011.

ROCHA, João Cezar de Castro. "A materialidade da teoria" (Introdução). In: GUMBRECHT, Hans Ulrich. *Corpo e forma:* ensaios para uma crítica não hermenêutica. Organização de João Cezar de Castro Rocha. Rio de Janeiro: EdUerj, 1998a.

ROCHA, João Cezar de Castro. "A possibilidade da história literária" (anotações primeiras). In: MOREIRA, Maria Eunice (org.). *Percursos críticos em história e literatura.* Porto Alegre: Libretos, 2012.

RODRIGUES, Joana de Fátima. "Nas páginas do jornal – Ángel Rama e Antonio Candido: críticos literários na imprensa". Tese de doutorado. Universidade de São Paulo, 2011.

ROMERO, Silvio. *Zéverissimações ineptas da crítica* (Repulsas e desabafos). Porto: Oficinas do "Comércio do Porto", 1909.

ROUANET, Sérgio Paulo. "Apresentação". In: MACHADO, Assis de. *Correspondência de Machado de Assis:* tomo III, 1890-1900. Coordenação e orientação Sergio Paulo Rouanet; reunida, organizada e comentada por Irene Moutinho e Sílvia Eleutério. Rio de Janeiro: ABL, 2011.

SACRAMENTO, Igor; MATHEUS, Leticia Cantarela (orgs.). *História da comunicação: experiências e perspectivas.* Rio de Janeiro: Mauad, 2014.

SANTIAGO, Silviano (supervisão). *Glossário de Derrida.* Rio de Janeiro: Francisco Alves, 1976.

SEVCENKO, Nicolau. *Literatura como missão:* tensões sociais e criação cultural na Primeira República. 2ª edição. São Paulo: Companhia das Letras, 2003.

SIEGERT, Bernhard. "Media after Kittler". In: IKONIADOU, Eleni; WILSON, Scott (orgs.). *Media after Kittler.* Londres/Nova York: Rowman & Littlefield, 2015.

SCHWARCZ, Lilia. *Lima Barreto:* triste visionário. São Paulo: Companhia das Letras, 2017.

SCHWARCZ, Lilia Moritz. *Retrato em preto e branco:* jornais, escravos e cidadãos em São Paulo no final do século XIX. São Paulo: Companhia das Letras, 1987.

REFERÊNCIAS BIBLIOGRÁFICAS

SCHWARCZ, Lilia Moritz. "Biografia como gênero e problema". In: *História Social*, n. 24, 2013.

SCHWARZ, Roberto. "A importação do romance e suas contradições em Alencar". In: SCHWARZ, Roberto. *Ao vencedor as batatas:* forma literária e processo social nos inícios do romance brasileiro. São Paulo: Editora 34, 2000.

SODRÉ, Nelson Werneck. *História da imprensa no Brasil.* 4ª ed. (atualizada). Rio de Janeiro: Mauad, 1999.

SORÁ, Gustavo. *Traducir el Brasil:* una antropologia de la circulación internacional de ideas. Prólogo de Afrânio Garcia. Buenos Aires: Libros del Zorzal, 2013.

SOUSA, Jorge Pedro. *Uma história crítica do fotojornalismo ocidental.* Chapecó: Argos; Florianópolis: Letras Contemporâneas, 2004.

SOUZA, Candice Vidal e. *Repórteres e reportagens no jornalismo brasileiro.* Rio de Janeiro: FGV, 2010.

SOUZA, Roberto Acízelo de. *Variações sobre o mesmo tema:* ensaios de crítica, história e teoria literárias. Chapecó: Argos, 2015.

STERNE, Jonathan. *MP3:* The Meaning of a Format. Durham/Londres: Duke University Press, 2012.

SÜSSEKIND, Flora. *Papéis colados.* Rio de Janeiro: UFRJ, 2ª ed, 2003.

TULLIO, Guaraciaba Aparecida. "Transformação ou modernização? O projeto pedagógico de José Veríssimo para o Brasil República". Tese de doutorado. Universidade Estadual de Campinas (Unicamp), 1996.

VIANA FILHO, Luis. *A vida de Joaquim Nabuco.* São Paulo: MEC/Martins Fontes, 1973.

VENTURA, Roberto. *Euclides da Cunha:* esboço biográfico. São Paulo: Companhia das Letras, 2003.

VENTURA, Roberto. *Os Sertões:* Folha Explica. São Paulo: Publifolha, 2002.

VENTURA, Roberto. *Estilo tropical.* São Paulo: Companhia das Letras, 1991.

WELLBERY, David E. Foreword. In: KITTLER, Friedrich. *Discourse Networks, 1800/1900.* Traduzido por Michael Metteer com Chris Cullens. Prefácio de David Wellbery. Stanford: Stanford University Press, 1990.

WINTHROP-YOUNG, Geoffrey; WUTZ, Michael. "Translator's introduction". In: KITTLER, Friedrich. *Gramophone, Film, Typewriter.* Traduzido e introduzido por Geoffrey Winthrop-Young e Michael Wutz. Stanford: Stanford University Press, 1999.

Nota final

A partir da primeira versão do texto, de 2016, originalmente uma tese de doutoramento em Comunicação e Cultura no Programa de Pós-Graduação em Comunicação e Cultura da UFRJ, reelaborei uma série de aspectos em artigos apresentados em congressos e revistas. A pesquisa contou com o apoio de bolsas de pesquisa da Capes e da Faperj, esta última me permitiu passar seis meses na Universidade de Princeton (EUA), instituição que também me apoiou e que agradeço. Recebi ainda uma bolsa fundamental para a conclusão do projeto, do Programa Nacional de Apoio à Pesquisa (PNAP), da Fundação Biblioteca Nacional. Agora, agradeço novamente a Faperj, por tornar viável a edição deste livro.

Por fim, agradeço às professoras Ana Paula Goulart Ribeiro (que me orientou) e Marialva Barbosa, que, além da inspiração, contribuem com o prefácio e a orelha, respectivamente, deste volume. Em nome delas, agradeço a convivência com os demais professores, colegas e amigos da UFRJ, onde realizei toda a minha formação. Agradeço também o incentivo de Marco Lucchesi para a publicação do livro. Agradeço, ainda, a convivência com os novos colegas, amigos e alunos da Universidade Federal Fluminense (UFF). Em nome de muitos outros, agradeço sobretudo a meus pais, Heloisa e Paulo Henrique, e à minha filha querida, Olívia.

Trincheiras da crítica literária: o crítico José Veríssimo nos circuitos jornalísticos da *belle époque* carioca

Editor
Renato Rezende

Projeto gráfico
Fernanda Porto

Revisão
Ingrid Vieira

Agradecemos à Fundação Carlos Chagas Filho de Amparo à Pesquisa do Estado do Rio de Janeiro - Faperj, pelo apoio recebido.

Catalogação na publicação
Elaborada por Bibliotecária Janaina Ramos – CRB-8/9166

B546

Bertol, Rachel

Trincheiras da crítica literária: o crítico José Veríssimo nos circuitos jornalísticos da *belle époque* carioca / Rachel Bertol. – Rio de Janeiro: Circuito/FAPERJ, 2022.

    272 p.; 15,5 x 23 cm

    ISBN 978-65-86974-50-8

1. Veríssimo, José, 1857-1916 - Crítica e interpretação. I. Bertol, Rachel. II. Título.

CDD 869.9309

Índice para catálogo sistemático
I. Veríssimo, José, 1857-1916 - Crítica e interpretação

Editora Circuito
www.editoracircuito.com.br